★図解★

労務管理の基本と実務がわかる事典

社会保険労務士・
中小企業診断士
森島 大吾 監修

**働き方改革からテレワーク、ハラスメント対策まで。
最新の労務管理の基本がわかる！**

「パートタイム・有期雇用労働法」
「高年齢者雇用安定法」「育児介護休業法」
「パワハラ防止法」など最新の法改正に対応。

●採用、労働時間、賃金、休日・
休暇、解雇など基本事項を網羅。
●パート、外国人雇用、派遣、業務委託まで解説。

【トラブル予防に役立つ「労務管理」のキモがわかる】

労務管理／労働基準法／働き方改革法／就業規則／労働契約法／労働協約／労使協定／労働安全衛生法／労働契約／試用期間／内定／入社前研修／継続雇用制度／外国人雇用／短時間正社員制度／無期転換ルール／雇止め／労働者派遣／業務委託／勤務間インターバル／変形労働時間制／フレックスタイム制／事業場外みなし労働時間制／裁量労働制／高度プロフェッショナル制度／平均賃金／割増賃金／三六協定／固定残業手当／年次有給休暇／休業手当／育児休業／介護休業／テレワーク／副業・兼業／問題社員／解雇／退職勧奨／ストレスチェック／セクハラ／マタハラ／パワハラ／パワハラ防止法／労災保険／労災認定／休職／配転／出向／労働組合／労働基準監督署／内部告発　など

三修社

本書に関するお問い合わせについて

本書の記述の正誤、内容に関するお問い合わせは、お手数ですが、小社あてに郵便・ファックス・メールでお願いします。お電話でのお問い合わせはお受けしておりません。内容によっては、ご質問をお受けしてから回答をご送付するまでに1週間から2週間程度を要する場合があります。

なお、本書でとりあげていない事項や個別の案件についてのご相談、監修者紹介の可否については回答をさせていただくことができません。あらかじめご了承ください。

はじめに

企業経営では「ヒト、モノ、カネ」をより良くしていくことが重要です。最近では、人手不足等でせっかくの設備が非稼働となっていたり、後継者不足による廃業も増えています。「ヒト」がいなければ「モノ、カネ」も動かないため、人にまつわる戦略が必要なのです。

最近では労務管理のアウトソーシングや、ICTの普及により労働時間管理や賃金管理も比較的楽になりました。しかし、従業員が高いパフォーマンスを発揮するためには、しっかりとした労務戦略を持つ必要があります。それを可能にするには、基礎的な労務管理の知識です。つまり、労務管理は、「ヒト」をどのようにより良くしていくのかという戦略を立てるために、企業にとって必要不可欠な仕事といえます。労務管理は、労働契約の管理、労働時間の管理、休日・休暇の管理、賃金の管理など多岐に渡ります。それぞれに守らなければならない最低限のルールがあり、それらを規定しているのが労働法等です。

本書では、それら労務管理の仕事をする上で必要となる、知っておくべき知識をまとめた事典形式の入門書です。各章は、労働契約、労働時間、休日、退職などの項目でまとめています。それぞれ知りたい章から読み進めていくことができます。

また、高年齢者雇用安定法、パートタイム・有期雇用労働法、パワハラ防止法など、最新の法改正に対応した内容になっています。

令和３年の通常国会で成立した、育児休業の取得促進のための育児介護休業法の改正についても解説しています。

本書をご活用いただき、皆様のお役に立てていただければ監修者として幸いです。

監修者　社会保険労務士・中小企業診断士　森島　大吾

Contents

第３章 労働時間をめぐるルール

第4章　賃金をめぐるルール

第５章　休日・休暇・休業をめぐるルール

第６章　在宅勤務・副業などの新しい働き方

第７章　退職・解雇をめぐるルール

第８章　職場の安全衛生をめぐるルール

第9章 その他知っておきたい実務ポイント

第 1 章

労働法の基本

労働法の全体像と労務管理

ヒトの要素を担当する最も重要な経営活動である

労働基準法などの法律がある

労働者の働き方について定めているルールが労働法です。労働法とは、労働基準法、労働組合法、男女雇用機会均等法、労働契約法、最低賃金法、パートタイム・有期雇用労働法などの多数の法律と命令（政・省令）、通達、判例の総称です。

労働法は、働く人が生活と健康を守りながら仕事をするために重要な役割を果たしています。たとえば、就職しようと考えた時、労働者は会社との間で労働契約を締結します。どういう条件で働くかは基本的には当事者の自由ですが、労働者は弱い立場に置かれることが多いため、労働法が最低限の条件（労働時間、休日・休暇、最低賃金、解雇など）を定め、それよりも下回らないように規制をしています。

また、労働法は専門的・技術的な内容と関わることが多く、社会情勢を判断して弾力的に運用していく必要もあります。最近では、働き方改革と呼ばれる労働基準法、パートタイム・有期雇用労働法などの法改正が行われ、時間外労働の上限規制や不合理な待遇差の禁止が法整備されました。

法律で定める内容はある程度幅を持たせて規定されています。実際の運用基準や詳しい内容については、命令で定めています。命令・規則は、内閣が決める場合は「政令」、厚生労働大臣が決める場合は「省令」、中央労働委員会が決める場合は「規則」といいます。

通達とは行政庁（厚生労働大臣など）の解釈で示された法律運用の指針のことです。専門的で技術的な内容に関わる労働法の実務の多くは通達によって動いているともいえます。

また、判例の判断も重要です。判例とは、主に最高裁判所で出された判決のことです。同種の事件について裁判所が同様の判断を積み重ねることによって、判例は事実上の拘束力のある法律のようになります。有期労働契約者の雇止め法理は、判例を基にして法定化されたもののひとつです（労働契約法19条）。

労務管理の重要性

企業は、経営資源を合理的に組み合わせて利益を追求していく必要があります。経営資源とは、「資金（カネ）」「設備・情報（モノ）」「人材（ヒト）」です。経営活動の優劣は、経営資源を確保した上で組織化し、効果的・継続的に活用できるかどうかで決まります。

こうしたことを行う労務管理は、事

業活動と並んで企業の根幹になるといえるでしょう。

労務管理は、組織全体としてどのように社員を管理運用するかという点を重視します。一方、労務管理と似たものに人事管理があります。人事管理は社員一人ひとりについての人材の配置や処遇を管理することです。ただ、実際には労務管理と人事管理は重なり合う部分が多くあります。

労務管理は、社員の管理と運用を組織全体で行うものですが、実際に運用する際には、法改正などの時代の変化にも十分対応する必要があります。労務管理に関連している法律は数多くあります。労務管理を行う場合には、労働基準法をはじめとする法律を熟知し、適切に運用する必要があります。

労務管理の具体的な仕事内容

実際に労務担当者が行う業務は、主に①社会保険関連の業務、②安全衛生・福利厚生に関する業務、③雇用・退職に関する業務、④社内規程に関する業務、⑤給与計算に関する業務の5つの分野に分けて考えることができます。

①の具体例としては、社会保険の加入手続きや健康保険・労災保険の給付手続きなどがあります。②は職場環境の維持改善や安全対策、福利厚生の充実など、③は入退社の管理、④は就業規則、賃金規定などの管理、⑤は、勤怠管理や給与計算の業務が挙げられます。

なお、③の業務の一種である採用事務は人事部門が行うことが多く、②の福利厚生や⑤の給与計算に関しては総務部門が行うこともあります。

このように、労務管理の業務は、人事・総務部門で重なりあうことも多いのが実情で、会社によって担当する部署は若干異なっています。

労働法の全体像

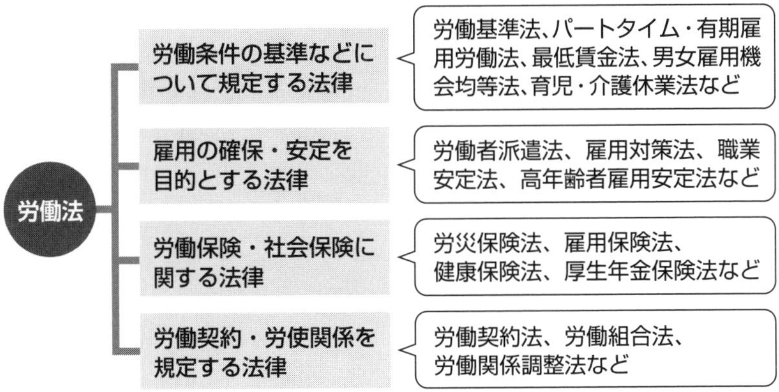

労働法	分類	主な法律
労働法	労働条件の基準などについて規定する法律	労働基準法、パートタイム・有期雇用労働法、最低賃金法、男女雇用機会均等法、育児・介護休業法など
	雇用の確保・安定を目的とする法律	労働者派遣法、雇用対策法、職業安定法、高年齢者雇用安定法など
	労働保険・社会保険に関する法律	労災保険法、雇用保険法、健康保険法、厚生年金保険法など
	労働契約・労使関係を規定する法律	労働契約法、労働組合法、労働関係調整法など

2 労働基準法

労働条件の最低条件を定めている

どんな法律なのか

労働基準法は、労働条件に関するもっとも基本的なルールであり、労働者が人間らしい生活を営むことができるように、労働条件の最低基準を定めた法律です。憲法27条においても、「賃金、就業時間、休憩その他の勤労条件は法律でこれを定める」と規定しており、この憲法の規定を具体化した法律が労働基準法です。労働組合法、労働関係調整法とあわせて「労働三法」と呼ばれています。

なお、「労働者」とは、職業の種類を問わず、事業または事務所に使用される者で、賃金を支払われる者をいう（労働基準法９条）と定義されていますので、正社員ばかりではなく、アルバイトやパートタイマー等のあらゆる従業員に適用されます。

そして、労働基準法の定める最低基準に達しない労働（雇用）契約、就業規則、労働協約は無効であり、無効となった部分は労働基準法上の最低基準が労働契約の内容になります。つまり、労働契約、就業規則、労働協約、労働基準法の内容に食い違いがある場合は、「労働協約→就業規則→労働契約」の順に効力が判断され、その最高位に労働基準法が位置付けられ、労働基準法が労働者の権利を守る最後の砦としての役割を果たしています。

さらに、使用者が労働基準法の定めに違反して労働者を働かせると、使用者側には罰則が科せられます。

たとえば、時間外労働については、労使間で時間外労働について定めた労使協定（三六協定）がないのに、法定労働時間を超えて労働させた場合には、６か月以下の懲役または30万円以下の罰金が科されます。具体的には、時間外労働を命じる権限を持っているとされる部長が、三六協定がないのに残業を部下に命じて行わせた場合、その部長は、実行行為者としての刑事責任を追及されることになります。

罰則は行為者自身にしか科さないのが原則ですが、労働基準法は違反行為者に加えて、その事業主（会社）にも罰金刑を科すとしています（会社は生身の人間ではないので懲役刑を科すことはできません）。このように違反行為者と事業主の両者に罰則を科す旨の規定を両罰規定といいます。労働基準法の違反行為者が「事業の労働者に関する事項について、事業主のために行為をした代理人、使用人その他の従業者」である場合に、その事業主に対しても労働基準法の定める罰金刑を科します。ただし、事業主（会社の代表者など）が違反防止に必要な措置をした場合は処罰されません。

一方、事業主（会社の代表者など）が、①違反の計画を知りその防止に必要な措置を講じなかった場合、②違反行為を知りその是正に必要な措置を講じなかった場合、③違反をそそのかした場合は、事業主も行為者として罰せられます。

主にどんなことを規定しているのか

労働基準法は、労働条件の最低基準を示すために、労働者にとって重要な①労働条件、②解雇、③賃金、④労働時間、⑤休日等に関する事項についてルールを定めています。

まず、①労働条件について、使用者が国籍、信条、社会的身分を理由として労働条件について差別的に取り扱うことを禁じています（同法３条）。あわせて、特に性別に関して、男女の均等待遇を規定しています（同法４条）。もっとも、労働基準法は「賃金」に関する男女の差別的取扱いを禁止している点には注意が必要です。

次に、②解雇に関して、労働者が業務上負傷・疾病にかかり療養のために休業する期間やその後の一定期間の解雇を禁じています。また、解雇を行う場合、使用者は、少なくとも30日前に予告（解雇予告）をしなければならず、解雇予告を行わなかった場合は、30日分以上の平均賃金を支払わなければならない旨を定めています。

③賃金に関しては、ⓐ通貨払いの原則、ⓑ直接払いの原則、ⓒ全額払いの原則、ⓓ定期日払いの原則という４つの基本原則を定めています。

④労働時間に関しては、三六協定がないのに、労働者を１週40時間・１日８時間（法定労働時間）を超えて労働させることが禁止されています。

⑤休日については、使用者は、労働者に毎週最低でも１回の休日を与えなければなりません（週休制の原則）。

労働基準法の規定内容

労働基準法

労働条件の最低基準を定めた法律

- ① 労働条件に関するルール
- ② 解雇に関するルール
- ③ 賃金に関するルール
- ④ 労働時間に関するルール
- ⑤ 休日等に関するルール

3 労働基準法違反と罰則

違反行為者は懲役や罰金刑の対象になる

懲役が科される可能性もある

労働基準法の各条項の責任主体としての「使用者」（事業主のために行為をするすべての者が該当します）が労働基準法で定めるルールに違反すると、違反行為者には罰則が科せられます。労働者も事業主のために行動するときは「使用者」に該当し、労働基準法に違反すると罰則が適用されることに注意が必要です。

労働基準法で最も重い罰則が科されるのは、労働者の意思に反して労働を強制した場合です。労働者に強制労働をさせた者には、1年以上10年以下の懲役または20万円以上300万円以下の罰金が科されます。

時間外労働については、三六協定がないにもかかわらず、法定労働時間を超えて労働させた者には、6か月以下の懲役または30万円以下の罰金が科されます。また、変形労働時間制についての労使協定の届出をしなかった者には、30万円以下の罰金が科されます。

会社も罰せられる場合もある

罰則は違反行為者にのみ科されるのが原則ですが、労働基準法は、違反行為者が「事業の労働者に関する事項について、事業主のために行為をした代理人、使用人その他の従業者」である場合には、事業主（会社）にも労働基準法が定める罰金刑を科すことにしています（両罰規定）。

ただし、事業主（会社の代表者）が違反防止に必要な措置をしていれば、罰則を免れます。また、違反を教唆する（そそのかす）などした事業主（会社の代表者）は「行為者」として罰せられます（会社の代表者に懲役刑が科される可能性が生じます）。

付加金の支払い

付加金とは、労働基準法で定める賃金や各種手当を支払わない使用者に対して、裁判所が支払いを命じる金銭のことです。裁判所は、賃金や各種手当を支払わない使用者に対し、労働者の請求によって、未払金の他、これと同額の付加金の支払いを命じることができます。付加金の請求権は違反行為時から5年で時効消滅します。ただし、経過措置として当分の間は3年間となります。

なお、使用者の付加金支払義務は、裁判所が支払命令をした時にはじめて発生するので、労働者が付加金支払命令前に使用者から未払金を受け取ると、裁判所は付加金支払命令ができなくなると考えられています。

主な労働基準法の罰則

1年以上10年以下の懲役又は20万円以上300万円以下の罰金	
強制労働をさせた場合(5条違反)	労働者の意思に反して強制的に労働させた場合
1年以下の懲役又は50万円以下の罰金	
中間搾取した場合(6条違反)	いわゆる賃金ピンハネ
児童を使用した場合(56条違反)	児童とは中学生までをいいます
6か月以下の懲役又は30万円以下の罰金	
均等待遇をしない場合(3条違反)	国籍・信条・社会的身分など
賃金で男女差別した場合(4条違反)	性別によって賃金について差別する
公民権の行使を拒んだ場合(7条違反)	選挙権の行使等が該当する
損害賠償額を予定する契約をした場合(16条違反)	実際の賠償自体は問題ない
前借金契約をした場合(17条違反)	身分拘束の禁止
強制貯蓄させた場合(18条1項違反)	足留め策の禁止
解雇制限期間中に解雇した場合(19条違反)	産前産後の休業中または業務上事故の療養中及びその後30日間
予告解雇しなかった場合(20条違反)	即時解雇の禁止
法定労働時間を守らない場合(32条違反)	時間外労働をさせるには三六協定が必要
法定休憩を与えない場合(34条違反)	途中に一斉に自由に
法定休日を与えない場合(35条違反)	所定と法定の休日は異なる
割増賃金を支払わない場合(37条違反)	三六協定の提出と未払いは別
年次有給休暇を与えない場合(39条違反)	年次有給休暇の請求を拒否する
年少者に深夜業をさせた場合(61条違反)	18歳未満の者
育児時間を与えなかった場合(67条違反)	1歳未満の子への授乳時間等のこと
災害補償をしなった場合(75~77、79、80条違反)	仕事中のけが等に対して会社は補償しなければならない
申告した労働者に不利益取扱をした場合(104条2項違反)	申告とは労働基準監督官などに相談すること
30万円以下の罰金	
労働条件明示義務違反(15条)	
法令や就業規則の周知義務違反(106条)	

働き方改革法

長時間労働の是正や多様な雇用形態を実現するための改正

働き方改革法と長時間労働の是正

平成30年に公布された働き方改革法は、事業主にとって非常に重要な法律です。ここでは、この法律の重要なポイントについて見ていきます。長時間労働の是正と多様で柔軟な働き方の実現に関しては、すでに大企業では平成31年（2019年）４月１日、中小企業においても令和２年４月１日から施行され、すべての企業において義務付けられています（一部適用除外があります）。

・労働時間に関する制度の見直し

まず、法定労働時間を超える時間外労働に、原則として１か月45時間、１年360時間という上限が明記されました。

また、「特定高度専門業務・成果型労働制（高度プロフェッショナル制度）」が新設されました。これは、高度な専門的な業務を担う高年収（少なくとも1075万円以上）の労働者について、所定の要件を満たす場合に、労働時間や休日、深夜労働の割増賃金に関する規定の適用を免除し、多様な働き方を認める制度です。

・勤務間インターバル制度の促進化

労働時間等設定改善法では、事業主が労働者の終業時刻から翌日の始業時刻までの十分な休息時間を確保するインターバルの確保に努める義務を負うことが明記されました。

・産業医などの機能の強化

産業医の選任義務を負う、労働者数が50名を超える事業場において、産業医が労働者に対して行った健康管理に関する勧告の内容などについて、事業主には、社内の衛生委員会に対して報告義務が課せられています。また、産業医を通じた労働者の健康維持に関する機能（産業保健機能）が強化されました。

公正な待遇の確保に関する改正

雇用形態にとらわれない労働者の公正な待遇の確保については、パートタイム・有期雇用労働法、労働契約法、労働者派遣法など、あらゆる雇用形態において、不合理な待遇を禁止する規定が整備された点が重要です。これらの改正は、令和２年４月１日から施行されています（中小企業については令和３年４月１日から）。特にパートタイム・有期雇用労働法の改正で、短時間労働者と有期雇用労働者の雇用管理が一体化された点が重要です。正規雇用労働者との不合理な待遇の禁止や、個々の待遇を決定する際に、職務内容の性質・内容を考慮することが明確化されました。

働き方改革の全体像と主な内容

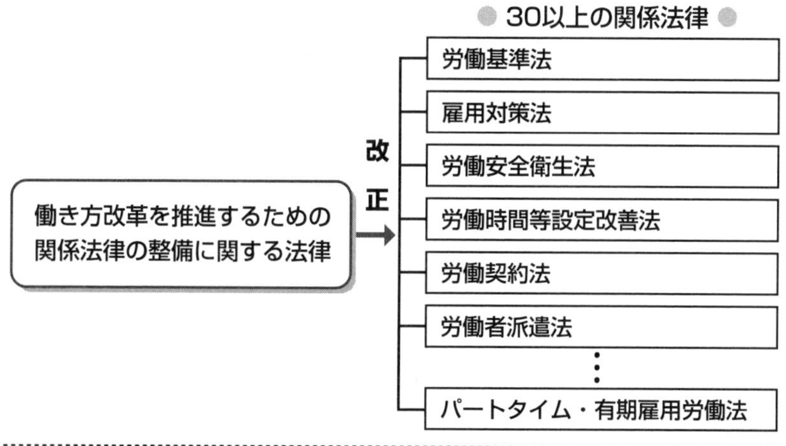

働き方改革のおもな内容

① 働き方改革の総合的・継続的な推進（施行：平成30年(2019年)7月6日）

- 国　労働時間の短縮など労働条件の改善、均衡のとれた雇用形態の実現に関する施策を講じる
- 会社側　長時間労働の是正、公正な待遇の確保などの労働環境の整備

② 長時間労働の是正・多様な働き方の実現（施行：原則平成31年4月1日）

労働時間の見直し

- 時間外労働の上限規制を明文化⇒原則、月45時間・年360時間
- 特定高度専門業務・成果型労働制（高度プロフェッショナル制度）の新設
  ⇒一定の年収（最低1075万円以上）の専門的な知識が必要な業務に就く労働者について、労働時間、休日、深夜労働に対する割増賃金などの規定を適用しない

勤務間インターバル制度の促進

⇒事業主が勤務間インターバルの確保に努める義務を負う

産業医などの機能の強化

⇒事業者は、産業医に関する報告義務や、産業医に対する情報提供義務などを負う

③雇用形態に関わらない労働者の公正な待遇の確保（施行：原則令和2年4月1日）

⇒あらゆる雇用形態における、不合理な待遇を禁止する

- パートタイム労働者と有期雇用労働者が一体的に保護されることになった

労働者と使用者

事業主に雇われていても「使用者」として扱われる場合がある

法律によって違う労働者の定義

「労働者」というとサラリーマンやＯＬを思い浮かべる人が多いと思いますが、誰が労働者にあたるのかについては各法律で規定が置かれています。

たとえば、労働基準法では「職業の種類を問わず、事業又は事務所に使用される者で、賃金を支払われる者」、労働組合法では「職業の種類を問わず、賃金、給料その他これに準ずる収入によって生活する者」を労働者としています。また、労働契約法では「使用者に使用されて労働し、賃金を支払われる者」を労働者と定めています。

現在会社に雇用されている者は、どの法律によっても労働者にあたります。

一方、失業中の者は雇用されていないので労働基準法や労働契約法の労働者にはあたりませんが、労働者の団結権や団体交渉権の保障を目的とする労働組合法の労働者には該当します。

また、個人事業主である作家が妻を秘書として雇った場合は、労働基準法の適用除外である「同居の親族のみを使用する事業」なので、妻は労働基準法の労働者にはあたりませんが、作家という使用者に雇われているため、労働契約法の労働者には該当します。

使用者かどうかの基準

「使用者」という言葉は「経営者」「役員」をイメージさせますが、労働基準法の「使用者」はそれより範囲が広くなっています。これは労働者の権利を左右する立場にある者に労働基準法上の責任を負わせるためです。

労働基準法10条は、使用者を「事業主または事業の経営担当者その他その事業の労働者に関する事項について、事業主のために行為をするすべての者」と定義しています。「使用者」にあたるかどうかは、労働者の権利を左右する立場にあるか否かによって決定され、役職とは直接関係ありません。個々のケースでは、実際に労働者を指揮・監督する権限があるのかを考慮することが大切です。

一方、労働契約法２条１項は、使用者を「その使用する労働者に対して賃金を支払う者」と定義しています。また、労働組合法では、集団的労働関係における労働組合の一方当事者となる労務・人事の担当者を使用者と扱っています。

労働者の場合と同様に、使用者の定義も各法律で異なった扱いがなされていることに気をつけましょう。

管理職の労働条件

「名ばかり管理職」を管理監督者として扱うのは適当ではない

管理職は管理監督者と扱われる？

一般に管理職は、労働基準法41条2号の「監督もしくは管理の地位にある者」とされ、これを「管理監督者（管理者）」といいます。管理監督者には、労働基準法上の労働時間（32条）、休憩（34条）、休日（35条）の規定は適用されないため、時間外賃金の代わりに管理職手当が支給されるのが普通です。

管理監督者といえるかどうかは、形式的な役職の名称ではなく、実際の職務内容、責任と権限、勤務態様、待遇がどうであるかといった点を総合的に判断する必要があります。

職務内容・責任と権限でいえば、経営の方針決定に参画する者であるか、または労務管理上の指揮権限を有する者でなければなりません。

また、勤務態様では、出退勤について厳格な規制を受けていないことが要求されます。さらに、待遇面についても、管理監督者として相応しい賃金をもらっているかどうかが判断されます。

そこで、「店長」「係長」などの役職にあっても、権限がないまま会社から役職名のみを与えられた者（名ばかり管理職）を管理監督者として扱うのは適当ではありません。管理職が管理監督者ではないと判断された場合は、労働時間などの規制が適用され、会社は、その管理職に対し時間外労働に対する割増賃金を支払う必要があります。

管理監督者か否かが争われた例

管理監督者が否かが争われた有名な事件として、日本マクドナルドの直営店の店長という立場が、残業代が支払われない管理監督者にあたるのかどうか争われ、店長は管理監督者にあたらないと判断をした裁判例があります（東京地裁平成20年1月28日）。

この裁判が社会的に注目を集めたこともあり、厚生労働省は平成20年9月9日、小売業や飲食業などのチェーン店で、各店舗の店長が管理職に該当するかどうかの判断基準を示す通達を出しました。この通達では、十分な権限、相応の待遇等が与えられていないのに、チェーン店の店長（管理職）として扱われている事例があることをふまえて、管理監督者性を否定する要素を挙げています。

管理監督者の制度は会社が安易に利用する傾向があるため、裁判になると管理監督者性が否定されることがほとんどである点に注意すべきです。

7 就業規則と作成手順

事業場内のルールブックである

労働者10人以上のときに必要

会社（使用者）が定める労働者に遵守させる会社のルールブックを就業規則といいます。就業規則には、労働者の待遇、採用、退職、解雇など人事の取扱いや服務規定（労働者がその会社の一員として日常の業務を行う上で念頭に置くべきルール、倫理、姿勢などについて定めた規定）、福利厚生、その他の内容を定めます。

就業規則は、会社の規模を問わず、使用者の裁量で作成することができます。ただし、労働者が常時10人以上いる事業場（事務所、店舗、工場、支社など会社の業務が行われる場所）では、就業規則の作成・届出と労働者への周知が義務付けられます（労働基準法89、106条１項）。

労働者には正社員だけでなく、パートやアルバイトも含みます。この要件に該当する事業場では、就業規則を作成しなければなりません。この作成義務に違反すると、30万円以下の罰金が科せられます。一方、常時10人未満の労働者しか使用していない事業場では、就業規則の作成義務はありません。

経営者と従業員が団結して事業に取り組んでいる間はよいのですが、アルバイトの入れ替えや経営者の交代など、会社で働く人は常に変動する可能性があります。このような事情を考えると、法律上の義務の有無に関係なく、従業員に対する規律として就業規則を作成しておくことは、会社組織の維持管理のために重要だといえます。

労働者代表との意見調整

労働基準法では就業規則の作成にあたり、①当該事業場に労働者の過半数で組織する労働組合（過半数組合）がある場合にはその労働組合、過半数組合がない場合には労働者の過半数を代表する者（過半数代表者）の意見を聴くこと、②就業規則の届出の際には、労働者の意見を記した書面（意見書）を添付することを義務付けています。

①の際に反対意見が出ても、それに合わせて就業規則を変更する法律上の義務はありません。ただ、従業員のやる気をそぎ、円滑な事業活動に支障をきたすことになる可能性もありますので、ある程度の意見調整は必要です。

規定が無効になることもある

就業規則は、当該事業場において労働者が守らなければならないルールですが、その内容は労働基準法等の法令や労使間で結んだ労働協約に反した内容で作成することはできません。

たとえば、1日8時間労働する従業員に対し、「休憩時間を設けない」とする就業規則を作成したとしても、労働基準法34条に違反しますので、その規定は無効になります。この場合、従業員は就業規則の当該規定に従う必要はありません。また、使用者と従業員が直接締結する労働契約において、就業規則で定める基準に達しない労働条件を定めた場合は、その部分の労働条件は無効となり、就業規則の基準に合わせることになります。

就業規則は常に見直しを求められる

就業規則を変更する場合も、就業規則の作成のときと同様の手続きが必要です。つまり、常時10人以上の労働者を使用する事業場では、①条文を変更した就業規則の文書や電子データを作成する、②事業場の過半数組合（過半数組合がない場合は過半数代表者）の意見を聴き、意見書を作成する、③意見書を添付して就業規則を労働基準監督署に届け出る、という段階を踏むことが必要です。

労働者の労働形態、労働状況の実態と就業規則が見合わなくなっている場合は、経営効率の低下の要因にもなりかねませんので、見直しを行い、必要に応じて変更を加え、より充実した就業規則にしていく必要があります。

就業規則が膨大になる場合

就業規則にルールのすべてを記載しようとすると、就業規則の本体が膨大な量になり使いづらくなることもあります。そこで、就業規則の本則とは別に、ある特定の事項だけを別途記載した別規程（社内規程）を作るという形をとるケースが多くあります。

もっとも、別規程を就業規則の本則と切り分けて別にするのは、あくまでも便宜上のことで、内容が就業規則に記載すべきものであるときは、就業規則と一体のものとして扱われます。そのため、労働基準監督署への届出の際には就業規則の本則と別規程を一緒に提出することになります。

就業規則とは

作成義務	常時10人以上の労働者を使用している事業場で作成義務がある
意見聴取義務	作成・変更に際しては、過半数組合（過半数組合がない場合は過半数代表者）の意見を聴かなければならない
周知義務	労働者に周知させなければならない
規範的効力	就業規則で定める基準に達しない労働契約は、その部分につき無効となり、無効部分は就業規則で定めた基準による

8 就業規則の記載事項

絶対的必要記載事項が欠けていると罰金が科せられる

３種類の記載事項がある

労働基準法は、就業規則の作成・届出と、労働者への周知を義務付けるとともに、就業規則の記載事項についても定めています。労働基準法では、就業規則に明記する事項を、絶対的必要記載事項、相対的必要記載事項、任意的記載事項の３種類に分けています。

絶対的必要記載事項

就業規則に必ず記載しなければならない事項です。一つでも記載がないと30万円以下の罰金に処せられます（労働基準法120条１号）。この場合の就業規則の効力は他の要件を備えている限り有効です。

・労働時間等に関する事項

具体的には、①始業・終業の時刻、②休憩時間、③休日・休暇、④労働者を２組以上に分けて交替に就業させる場合における就業時転換に関する事項です。

①は単に「１日８時間、週40時間」と定めるだけでは不十分です。②は休憩の長さ・付与時刻・与え方など具体的に規定する必要があります。③には休日の日数・与え方・振替休日などを定めます。

・賃金に関する事項

具体的には、①賃金の決定、計算・支払の方法、②賃金の締切・支払の時期、③昇給に関する事項です。なお、退職手当（退職金）や臨時の賃金等は相対的必要記載事項になるため、ここでの「賃金」からは除きます。

・退職に関する事項

解雇・定年・契約期間の満了など、退職に関するすべての事項を記載しなければなりません。さらに、解雇の事由についても明記が必要です。

なお、退職手当に関する事項は、相対的必要記載事項にあたります。

相対的必要記載事項

就業規則に記載することが義務付けられてはいませんが、該当する制度を設ける場合は、必ず就業規則に記載しなければならない事項です。具体的には、以下の８項目（次ページ図）が定められています。

① 退職手当の適用される労働者の範囲、退職手当の決定・計算・支払方法・支払時期に関する事項

② 臨時の賃金等・最低賃金額に関する事項

③ 労働者に負担させる食費・作業用品その他の負担に関する事項

④ 安全・衛生に関する事項

⑤　職業訓練に関する事項
⑥　災害補償・業務外の傷病扶助に関する事項
⑦　表彰・制裁（制裁とは労基法上の表現で懲戒のこと）の種類・程度に関する事項
⑧　その他当該事業場の労働者のすべてに適用される定めに関する事項

注意すべき点は「どのような違反をしたら、どのような内容の制裁が加えられるか」ということを就業規則に明確に明示しておく⑦の制裁（懲戒）についての規定です。制裁についての規定は就業規則の相対的必要記載事項と位置付けられているため、減給や出勤停止といった制裁内容は、就業規則内にルール化しなければなりません。

また、相対的必要記載事項については、これらの規定を新設する場合だけでなく、社内にすでに慣行として存在する事項も明記が求められます。

◎就業規則の任意的記載事項

就業規則に記載することが任意とされているものです。たとえば、就業規則制定の目的や趣旨、用語の定義、従業員の心得、採用、職種や職階などが該当します。

就業規則の記載事項

絶対的必要記載事項

労働時間等	始業・終業の時刻、休憩時間、休日・休暇、交替勤務の要領
賃　　金	決定・計算・支払の方法、締切・支払の時期、昇給について
退　　職	身分の喪失に関する事項…任意退職、解雇、定年など

相対的必要記載事項

退職手当	退職金・退職年金が適用となる労働者の範囲、決定・計算・支払方法・支払時期
臨時の賃金等	臨時の賃金等の支給条件と時期、最低賃金額
食事・作業用品などの負担	
安全・衛生	
職業訓練	
災害補償、業務外の傷病扶助	
表彰・制裁	
その事業場の労働者すべてに適用する定めを作る場合は、その事項（たとえば、服務規律、配置転換・転勤・出向・転籍に関する事項）	

就業規則に規定しないと懲戒できない

任意的記載事項

労働基準法に定められていない事項でも記載するのが望ましいもの
企業の理念や目的、採用に関する事項、など

第1章　労働法の基本

就業規則の不利益変更

労働者の同意なき不利益変更は労働者への周知と変更内容の合理性が要件

◎労働条件を不利益に変更する場合

たとえば、予想もしなかった天変地異などが生じたために、就業規則を変更する場合、職場（事業場）の過半数組合（過半数組合がない場合には過半数代表者）の意見を聴いて意見書を添付して労働基準監督署に届け出れば、変更は可能です。ここで注意すべき点は、労働者側との合意は必要ではなく、あくまで意見を聴けばよいということです。使用者は労働者側と合意することなく、就業規則を変更することができます。

しかし、就業規則の変更が労働者に不利益になる場合は、労働者と合意をすることなく、就業規則を変更することは原則としてできないことになっています（労働契約法９条）。つまり、就業規則で労働条件を不利益に変更する場合には、意見を聴くだけでは足りず、労働契約法の原則に従って、労働者との合意を必要としているのです。

この規定を反対に解釈すると、労働者に有利に就業規則を変更する場合は、合意は必要なく、単に意見を聴けばよいことになります。それだけで労働者の保護としては十分だと考えられるからです。

なお、就業規則は周知することで有効となりますので、従業員への説明は十分に行う必要があります。

◎労働者の合意を得ないでもよい場合

就業規則の変更により労働条件を不利益に変更する場合には、原則として労働者との合意が必要とされています。

ただ、一定の要件を満たした場合には、労働者との合意がなくても、就業規則の変更により、労働条件を不利益に変更することが可能です（労働契約法10条）。労働者との合意を得ずに、就業規則の変更により労働条件を不利益に変更するためには、変更後の就業規則を労働者に周知させる（広く知らせる）という手続きが必要です。さらに、就業規則の変更内容が、労働者の受ける不利益の程度、労働条件の変更の必要性、変更後の就業規則の内容の相当性、労働組合との交渉の状況などの事情を考慮して「合理的なもの」でなければなりません。

以上の要件を満たすのであれば、労働者を不当に不利にする就業規則の変更とはいえないので、労働者との合意を得ずに就業規則を変更することが可能とされています。

労働契約法①

労働契約の締結・変更に関するルールを規定している

労働契約を定める際のルール

労働契約法は平成20年３月に施行された法律です。日本の雇用慣習においては、会社への入社はその組織に組み込まれることを意味する傾向にあるため、会社（使用者）と労働者が労働契約（雇用契約）を結ぶという考え方は、あまりなじみがないかもしれませんが、労働者は雇われる際に、会社との間で労働契約を結びます。

労働契約法は、労働者と使用者が労働契約を定める際に守らなければならないルールについて定めた法律です。労働契約法は条文数が少ないですが、労働契約法のルールが守られることで、労使間で生じることの多い解雇や労働条件をめぐるトラブルを未然に防止する、という効果を期待することができます。

また、労働者が雇われる際に、会社との間で労働契約を結ぶ場合、原則として契約の内容は自由です。

しかし、契約だからといってどんなことでも定めてもよいわけではありません。ましてや会社は契約や交渉に精通していますが、一般の労働者は契約に関してそれほど詳しいわけではありません。

そのような力関係に差がある両者が契約を結んでも、労働者に不当に不利な契約が結ばれてしまうおそれが高いといえます。そのため、適正な労働契約が結ばれるように、労働契約法においては、労働者と会社（使用者）が労働契約を締結し、または変更するにあたって、労働者の権利を保護するための必要な規制を設けています。

労働契約法が定める労働契約の原則

労働契約を結ぶ際のルール

1. 労使間が対等の立場による合意によって労働契約を締結・変更すること
2. 労働契約の締結・変更にあたっては就業実態に応じた均衡を考慮すること
3. 仕事と生活の調和に配慮して、労働契約を締結・変更すること
4. 労働者・使用者は労働契約を遵守して、信義に従い誠実に行動すること
5. 労働契約に基づく権利の行使であっても権利を濫用してはならない

11 労働契約法②

有期の労働契約が無期に転換される場合がある

労働契約法の特徴

労働契約法には以下のような特徴があります。

・対等な立場での合意を明文化

労働契約法は、当事者間の自主的な交渉に基づいた合意によって労働契約が結ばれ、それによって労使間の法律関係が決定されることを目的としています。また、仕事と生活の調和に配慮して労働契約を結ぶように、という規定が置かれています（3条3項）。ワークライフバランス（子育てや親の介護など、仕事と仕事以外の生活との調和がとれている状態を表す言葉）の理念を組み込んだ規定ということになります。

・就業規則関係の規定が多い

労働契約は個々の労働者と会社との間で結ぶのが原則ですが、社内に広く知られている就業規則がある場合、就業規則に記されている労働条件を労働契約の内容とすることができます。

・出向や有期雇用について明文化

出向命令が無効とされる場合やパートタイマーなどの有期雇用者を解雇する場合のルールが置かれています。

通常の労働者への転換

特徴的な規定のひとつに、有期労働者との労働契約（有期労働契約）に関する「期間の定めのない労働契約への転換」が挙げられます。

同じ使用者と締結していた複数の有期労働契約の通算期間が５年を超えれば、有期労働者は労働契約を無期のものに転換するよう申し込むことができます。派遣労働者として派遣元の企業と契約している労働契約の通算期間が５年を超えた場合には、派遣元の会社に無期転換の申込みをすることができます。複数の有期労働契約の通算期間が５年を超えていれば、有期労働者はいつでも無期労働契約への転換の申込みができます。

使用者は、労働者のこの申込みを自動的に承諾したとみなされるので、使用者側がこの申込みを拒否することはできません。無期労働契約に転換した際の労働条件は、原則として、有期労働契約を締結していたときと同じになります。

ただし、契約期間が通算５年を超えている場合であっても、６か月以上のクーリング期間（契約を結んでいない期間）をはさんでいる場合、クーリング期間前の契約期間は通算されません。クーリング期間後の時点から契約期間を通算することになります。

労働契約法違反のトラブルやケース

①有期の労働契約が継続して更新されており、労働契約を更新しないことが解雇と同視できる場合や、②労働者が労働契約の更新がなされるという合理的な期待をもっている場合、使用者による労働契約の不更新（雇止め）が制限されます。

労働契約の期間満了に伴い、使用者が雇用関係を一方的に終了させる「雇止め」は、解雇（契約期間中に使用者が一方的に雇用関係を終了させること）には該当しません。しかし、有期労働契約を繰り返し更新した後に突然更新を拒絶することによる紛争が多発しているため、有期労働契約の更新についてのルールが置かれています。

前述した、①労働契約を更新しないことが解雇と同視できるかどうか、②労働者が労働契約の更新に対して合理的期待をもっているかどうかは、更新の回数、労働契約の内容、雇用の継続に対する使用者の言動などから判断します。①②のいずれかがあると判断されると、合理的理由を欠き、社会通念上相当でない雇止めが無効となり、有期労働契約の更新が承諾されたとみなされます。これを「雇止め法理」と呼ぶことがあります。

また、有期労働者の労働条件を無期労働者と異なったものにする場合は、①職務内容（業務内容、業務に伴う責任の程度）、②職務内容の変更の範囲（事務から営業への変更など）、③配置の変更の範囲（転勤・出向の有無など）、④その他の事情を考慮して、不合理と認められるものであってはならないと規定されています。

不合理な労働条件が定められたとしても、そのような労働条件の定めは無効であるとされています。不合理な労働条件を押しつけられた有期労働者には、無期労働者と同じ労働条件が認められ、使用者に対して損害賠償請求が可能です。

有期労働者から無期労働者への転換

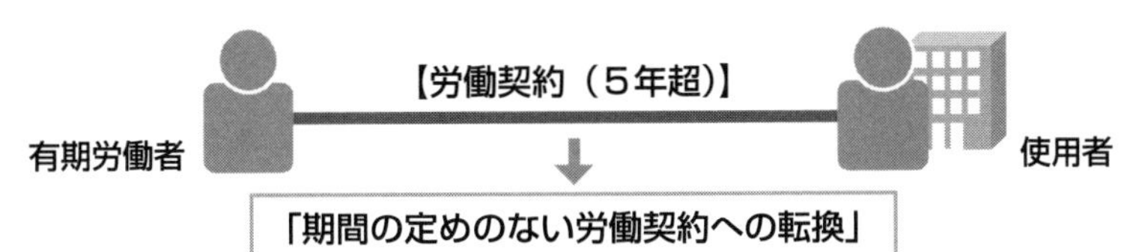

☆ 6か月以上のクーリング期間（未契約期間）をはさんでいる場合、クーリング期間前の契約期間は通算されません。

☆ 使用者は、労働者のこの申込みを自動的に承諾したとみなされるため、使用者の側がこの申込みを拒否することはできません。

12 労働協約と労使協定

ともに労働組合と使用者の間で書面により締結される

労働協約

労働組合が労働条件を向上させるため、使用者との間で書面により結んだ協定を労働協約といいます（労働組合法14条）。労働協約にどのような内容を定めるかは、原則として当事者の自由です。主に組合員の賃金、労働時間、休日、休暇などの労働条件に関する事項や、労働組合と使用者との関係に関する事項をその内容とします。

労働協約は、団体交渉によって労使間で合意に達した事項を文書化し、労使双方の代表者が署名または記名押印することで効力が生じます。つまり、労働協約は、使用者が主導的立場で制定できる就業規則とは異なります。

労働協約の効力が及ぶのは、原則として協約当事者である労働組合の組合員に限られます。ただし、事業場の同種の労働者の４分の３以上が適用される労働協約は、その事業場全体の同種の労働者に対して適用されます（一般的拘束力）。

労使協定

労使協定とは、事業場の過半数の労働者で組織される労働組合（そのような労働組合がない場合には労働者の過半数を代表する者）と、使用者との間で、書面によって締結される協定です。三六協定（労働基準法36条に基づく時間外・休日労働に関する協定）、変形労働時間制に関する協定、年次有給休暇の計画的付与に関する協定など、さまざまな労使協定がありますが、そのほとんどが労働基準法を根拠とするものです。

なお、労使協定には、労働基準監督署への届出が義務付けられているものとそうでないものがあります。

労働協約と労働契約などとの関係

労働協約は労働基準法などの法令に次ぐ効力があるので、就業規則や労働契約に優先します。そのため、労働協約に反する労働契約や就業規則は無効になり、無効となった部分は労働協約で決めた内容が労働契約の内容になります。

注意すべき点は、労働協約が就業規則や労働契約よりも不利な内容であっても、原則として就業規則や労働契約が無効となって、労働協約が適用されることです。たとえば、労働契約で時給2000円と定めても、後から労働協約で時給1800円と定めると、原則として時給が1800円に切り下げられます。

13 労使委員会

労働条件について調査審議し、事業主に対し意見を述べる

労使委員会とは

近年では、これまでにない新しい労働条件が、会社の各事業場で次々と導入されつつあります。そのたびに労使が意見交換し、労働条件を折衝しているのでは、あまりにも非効率的です。

そこで労働基準法によって、労使の間に入って協議を進める担当機関として「労使委員会」の設置が認められました。特に企画業務型の裁量労働制を採用しようとする事業場は、労使委員会を設置しなければなりません。

労使委員会の目的は、賃金、労働時間などの事業場における労働条件について調査審議し、事業主に意見を述べることです。労使委員会は継続的に設置される機関で、使用者と事業場の労働者を代表する者から構成されます。

労使委員会での議事については、議事録を作成・保管するとともに、事業場の労働者に対して周知させることになっています。また、労使委員会の決議は、労使委員会の委員の５分の４以上の多数決によることで労使協定の代替とすることが認められる場合があります（下図参照）。つまり、労使委員会の決議があれば、労使協定を定める必要がなくなる場合です。ただし、時間外・休日労働に関する三六協定に代えて労使委員会で決議した場合も、労働基準監督署には届け出なければなりません。

労使協定に代えて労使委員会で決議できる労働基準法上の事項

① 1か月単位の変形労働時間制　② フレックスタイム制
③ 1年単位の変形労働時間制　④ 1週間単位の非定型的変形労働時間制
⑤ 休憩時間の与え方に関する協定　⑥ 時間外・休日労働（三六協定）
⑦ 割増賃金の支払いに代えて付与する代替休暇
⑧ 事業場外労働のみなし労働時間制
⑨ 専門業務型裁量労働制のみなし労働時間
⑩ 時間単位の年次有給休暇の付与　⑪ 年次有給休暇の計画的付与制
⑫ 年次有給休暇に対する標準報酬日額による支払い

※「貯蓄金管理」「賃金の一部控除」は、必ず労使協定が必要で、労使委員会の決議による代替ができない。
※「企画業務型裁量労働のみなし労働時間制」は、労使協定が不要で、労使委員会の決議が必要である。

14 労働安全衛生法

労働者が快適に職場で過ごせるようにする法律

◎どんな法律なのか

労働安全衛生法は、職場における労働者の安全と健康を確保し、快適な職場環境を作ることを目的として昭和47年に制定された法律です。もともとは労働基準法に安全衛生に関する規定がありましたが、その重要性から独立した法律として置かれることになりました。このため、同法１条には「労働基準法と相まって労働者の安全と健康を確保するとともに、快適な職場環境の形成を促進する」と規定されています。同法には、①この目的を達成するために厚生労働大臣や事業者が果たすべき義務や、②機械や危険物、有害物に対する規制、③労務災害を防止するための方策を講じなければならないこと、④事業者は労働者の安全を確保するために安全衛生を管理する責任者を選出しなければならないこと、⑤法に反した際の罰則などが規定されています。

◎どのようなスタッフを配置する義務があるのか

労働安全衛生法は、労働者の安全と衛生を守るため、さまざまな役割をもつスタッフを事業場に配置することを事業者に対して要求しています。労働安全衛生法により配置が義務付けられているスタッフや組織は、総括安全衛生管理者、産業医、安全管理者、衛生管理者、安全衛生推進者・衛生推進者、安全委員会・衛生委員会などです。

◎会社が講じるべき措置

労働安全衛生法は、事業者が配置すべきスタッフの種類の他にも、事業者が講じるべき措置について定めています。まず、機械などの設備により、爆発・発火などの事態が生じる場合や、採石や荷役などの業務から危険が生じる可能性がある場合には、それを防止する措置を講じなければならないことを定めています（20、21条）。また、ガスや放射線あるいは騒音といったもので労働者に健康被害が生じるおそれがある場合にも、事業者は労働者に健康被害が生じないように必要な対策を立てなければならないとしています（22条）。さらに、下請契約が締結された場合には、元請業者は下請業者に対して、労働安全衛生法や関係法令に違反することがないように指導しなければならないとしています（29条）。

◎労働者への安全衛生教育

労働安全衛生法では、事業者が労働者の生命や健康を守るために安全衛生教育を行わなければならないことを定めています。たとえば、事業者が新たに労働者を雇い入れた場合や作業内容を変更した場合は、労働者に対して安全や衛生についての教育を行うことが義務付けられています（59条）。

◯労働者の健康保持のための措置

労働安全衛生法は、労働者の健康を守るために、作業の適切な管理を事業者の努力義務としています。

さらに、事業者は、労働者に対して定期的に健康診断を実施しなければなりません（66条）。実施後には、診断結果に対する事後措置について医師の意見を聴くことも義務付けられています。健康診断を経て、労働者の健康が害されるおそれがあると判明した場合、事業者は必要な対策を講じます。

◯快適な職場環境を形成するために

事業者は、労働者が快適に労務に従事できるよう、職場環境を整える努力義務が課されています（71条の2）。

具体的には、厚生労働省が公表する「事業者が講ずべき快適な職場環境の形成のための措置に関する指針」を参考にします。この指針では、労働環境を整えるために空気環境、温熱条件、視環境、音環境を適切な状態にすることが望ましいとされています。また、労働者に過度な負荷のかかる方法での作業は避け、疲労の効果的な回復のため休憩所を設置することも重要です。

さらに、労働者が事業場で災害に遭うことを防ぐため、厚生労働大臣には「労働災害防止計画」の策定が義務付けられています（6条）。労働災害防止計画を策定するにあたり、まずは労働政策審議会の意見を聴きます。その上で社会情勢による労働災害の変化を反映させ、労働災害防止対策またはその他労働災害の防止に関する事項を定めます。

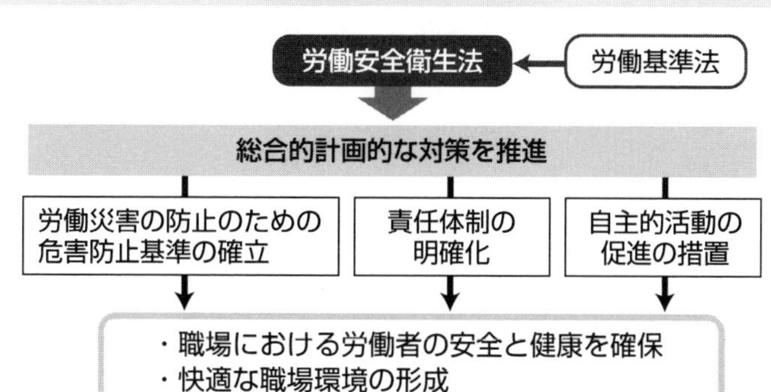

15 社会保険・労働保険

会社は加入が義務付けられている

公的保険制度の概要

公的保険は労働保険と社会保険に分けることができます。労働保険は労災保険と雇用保険の２つの制度からなります。労働保険と区別して社会保険というときは健康保険、厚生年金保険、国民年金、国民健康保険、介護保険などのことを社会保険といいます。公的保険制度の概要は以下のとおりです。

① 労働者災害補償保険（労災保険）

労働者が仕事中や通勤途中に発生した事故などによって負傷したり、病気にかかった場合に治療費などの必要な給付を受けることができます。また、障害などの後遺症が残った場合や死亡した場合などについても保険給付があります。

② 雇用保険

労働者（被保険者）が失業した場合や本人の加齢（年をとること）、家族の育児・介護などのために勤め続けることが困難になった場合に手当を支給する制度です。また、再就職を円滑に進めていくための支援も行われます。

③ 健康保険

被保険者とその家族が病気やケガをした場合（仕事中と通勤途中を除く）に必要な医療費の補助を行う制度です。

出産した場合や死亡した場合にも一定の給付を行います。

④ 厚生年金保険

被保険者が高齢になり働けなくなったとき、体に障害が残ったとき、死亡したとき（遺族の所得保障）などに年金や一時金の支給を行います。

⑤ 介護保険

医療の進歩によって平均寿命が長くなり、自身の力で日常生活を継続することが難しくなるということが生じています。こういった場合に利用できるのが介護保険です。介護保険では、食事、排せつなどの日常生活上の介護を保険給付として行います。

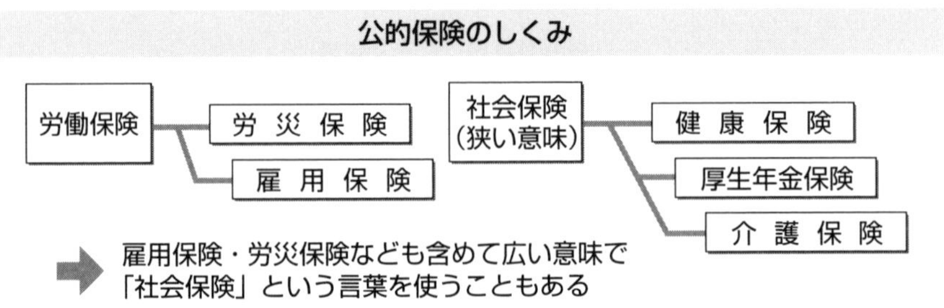

第２章

労働契約・さまざまな雇用形態をめぐるルール

労働契約

労働条件の明示や中間搾取の禁止などの約束事が労働者を守る

必ず書面で明示する必要がある

労働契約は労働者（被雇用者）が使用者に労務の提供をすることを約し、使用者がその対価として賃金を支払う契約です。契約という意識がなくても、「雇います」「雇われます」という合意だけで契約は成立します。ただ、お互いが合意さえすれば、どんな内容の労働契約を結んでもよいというわけではありません。

労働契約はさまざまな法令などの制約を受けます。その中で主な基準となるのは労働基準法、労働協約、就業規則です。これらに違反しない範囲で労働契約は有効になります。

労働基準法は、労働条件は労働者と使用者が対等の立場で決めるべきだとし（２条１項）、労働者を保護するために、合意された内容のうち労働基準法で定める最低基準に満たないものを無効とし、無効となった部分は同法に規定されている内容がそのまま契約の内容になるとしています（13条）。

使用者は労働者を雇い入れる（労働契約を締結する）際に、労働者に対して、労働条件を明示しなければなりません（次ページ図）。さらに、労働者を雇い入れる際に、賃金や労働時間などの重要な労働条件を明確に説明することを義務付けています（15条１項）。

労働条件の明示は口頭でよいのが原則ですが、労働条件のうち賃金・労働時間・契約期間・就業場所・業務内容などの一定の事項については、書面（労働条件通知書）を交付して明示しなければなりません。特にパートタイム労働者を雇用する場合には、上記の事項に加えて、①昇給の有無、②退職手当の有無、③賞与の有無、④相談窓口について、文書または電子メールなどによって明示することが必要です。

最近は、残業時間の増加に頭を悩ます企業も多いようです。そこで導入する企業が増えているのが固定残業代制です。たとえば月に30時間の残業が見込まれるとして、毎月30時間までは残業手当を固定金額にする制度です。その月の残業がなくても、30時間分の残業手当を支払い、30時間を超えた場合は超えた分を追加で支払います。この制度により、社員はムダに残業することがなくなるため、労働時間の短縮につながり、給与計算も簡素化されるメリットがあります。

ただし、この制度を導入する場合には、就業規則などに固定残業代制を採用する旨と、何時間分の残業手当を支払うのかを明記して、基本給と固定残業手当を明確に区別する必要があります。それを怠ると固定残業手当が基本給に含まれると扱われ、残業手当の計算基礎になってしまいます。

求人を受理しない場合もある

景気が回復していくと、中小企業では労働力の確保に苦労することがあります。企業の知名度、イメージ、福利厚生といった面ではなかなか大企業には太刀打ちできません。さらには給与水準も大企業より低くなっているのが一般的です。中小企業の人事担当者は創意工夫を凝らして求人票を作成しているようです。しかし、その内容に虚偽があると、特に採用してからトラブルになります。

最近増えているのが、固定残業手当を基本給に合算して表示するケースです。会社側からすると、毎月定額を支払うので、基本給と同じ感覚になるのはわかります。しかし、応募者は、見込まれる残業時間から、毎月の給与が残業手当を含めていくらくらいになるのか、それで生活できるのかということも考えて応募しています。実際に1か月働いて、求人票に書いてあった給与より低い場合はトラブルになり、ハローワークに通報される場合もあります。ハローワークではこのような通報を受けると、事実関係を確認し、法違反が認められると求人票を受理してもらえなくなりますので、注意が必要です。

労働者に明示する労働条件

書面で明示しなければならない労働条件	●労働契約の期間に関する事項 ●期間の定めのある労働契約を更新する場合の基準に関する事項 ●就業場所、従事すべき業務に関する事項 ●始業・終業の時刻、所定労働時間を超える労働の有無、休憩時間、休日、休暇、交替勤務制の場合の交替に関する事項 ●賃金(※)の決定・計算・支払の方法、賃金の締切・支払の時期、昇給に関する事項 ●退職・解雇に関する事項
右に示した事項を使用者が定めている場合には明示しなければならない労働条件	●退職手当の定めが適用される労働者の範囲、退職手当の決定・計算・支払の方法、退職手当の支払の時期に関する事項 ●臨時に支払われる賃金(退職手当を除く)、賞与・賞与に準ずる賃金、最低賃金に関する事項 ●労働者の負担となる食費、作業用品などに関する事項 ●安全、衛生に関する事項　●職業訓練に関する事項 ●災害補償、業務外の傷病扶助に関する事項　●表彰、制裁に関する事項 ●休職に関する事項

※　退職手当、臨時に支払われる賃金、賞与などを除く

2 男女雇用機会均等法

性別による差別を禁止している

均等法の目的

憲法14条は、法の下の平等を規定しています。人は、政治的、社会的、経済的関係において性別を理由に一切の差別的な取扱いを受けるものではないとされています。これを受けて、労働基準法では、「使用者は、労働者の国籍、信条または社会的身分を理由として、賃金、労働時間その他の労働条件について、差別的取扱いをしてはならない」として労働条件の差別禁止を規定しています（3条）。

また、働く人が性別により差別されないようにするため、男女雇用機会均等法（雇用の分野における男女の均等な機会及び待遇の確保等に関する法律）が定められています。男女雇用機会均等法は、性別による不当な差別の禁止とともに、男女がともに育児や介護について家族としての役割を果たしながら充実した職業生活を営むことができる環境を整備することも目的としています。

男女雇用機会均等法が定めるルール

たとえば、男女雇用機会均等法により、募集・採用の際に、その対象から男女のいずれかを排除することが禁じられます。また、一定の職務への配置について、その対象から男女のいずれかを排除することも禁止されます。

この法律に違反した場合、直ちに是正が求められます。労働者と事業主との間で性別による差別に関する紛争が生じた場合には、都道府県労働局長は紛争解決に必要な助言・指導・勧告をすることができます。また、厚生労働大臣の是正勧告に事業主が従わないときは、会社名を公表するという制裁を受ける場合があります。さらに、紛争調整委員会（弁護士など労働問題の専門家で組織された委員会で各都道府県の労働局に設置されている）に調停を申請することもできます。

男女雇用機会均等法では、男性に対する差別も禁止されています。たとえば、事務職員は女性しか採用しないという会社もありましたが、今は女性のみに限定して募集を行うことができません。

さらに、禁止される差別の種類にも注意する必要があります。募集や採用、定年などを性別により差別することが禁止されるだけではありません。降格、職種変更、雇用形態の変更（パートへの変更など）、退職勧奨、雇止め（労働契約の更新）についても、性別による差別が禁止されています。

なお、男女雇用機会均等法に違反した場合の罰則として、厚生労働大臣に対する報告に関する規定に違反した場合（不報告または虚偽報告）には、20万円以下の過料が科せられます。

このように、性別による差別は厳しく禁止されています。そして、罰則を受けたり、会社名を公表されることは会社のイメージを悪くし、社会的な信用の低下を招きます。企業は、性別による差別をしないよう、従業員に対して注意・教育することが必要です。

間接差別の禁止やハラスメント防止策の実施

間接差別とは、性別などで直接差別していなくても、他の条件で区別することで実質的に性別を差別することをいいます。たとえば、「身長170cm以上の人しか採用しない」という条件で募集をした場合が考えられます。身長170cm以上の女性は少ないので、実質的に男性だけを採用することになり、女性に対する差別になります。

また、採用や昇進における転勤の条件についても間接差別となる可能性があるため注意する必要があります。

男女雇用期間均等法では、妊娠・出産・育児休業・介護休業を理由とする不利益取扱い（ハラスメントを含む）を禁止しています。さらに、それに加えて防止措置を講ずることも義務付けられています。具体的な防止措置の内容は、①事業主の方針の明確化・周知・啓発、②苦情相談窓口や担当者の選任、③ハラスメントに対する迅速な対応、④原因究明と対策などです。相談者が安心して相談できるようにプライバシーに配慮することも必要です。

男女雇用機会均等法の定めるルール

男女雇用機会均等法の主なルール

労働者が性別により差別されることなく、十分に能力が発揮できる職場環境を作ることを目的としている。

- 募集や採用における性別による差別の禁止
- 昇進や配置における性別による差別の禁止
- 間接差別の禁止
- 婚姻・出産・育児における不利益な取扱いの禁止
- セクシュアルハラスメント対策の整備

➡ 事業主（会社）は、男女雇用機会均等法のルールに従って雇用管理を行わなければならない

3 試用期間

試用期間後の本採用拒否は解雇と同じ

14日以内なら解雇予告が不要

正規従業員（正社員）を採用する際に、入社後の一定の期間（通常は3か月程度）を、人物や能力を評価して本採用するか否かを判断するための期間とすることがあります。これを試用期間といいます。

試用期間を設ける際に注意しなければならないことがあります。それは「試用期間○か月」などと明確に示して雇用契約を締結しても、法律上は本採用の雇用契約と同じように扱われるということです。本採用の雇用契約と同等である以上、試用期間終了の時点で、会社側が一方的に「本採用は見送る」として、自由に入社を断ってもよいことにはなりません。本採用の見送りは解雇と同じとみなされるので、解雇予告（178ページ）など解雇の手続きに沿って行う必要があります。

ただ、実際に働かせてみたところ、面接では判別しきれなかった実務能力やコミュニケーション能力に問題があることがわかり、本採用することが難しいと考え直すことはあるでしょう。

そのため、労働基準法21条は「試の使用期間」（労働基準法21条で定められている解雇予告が適用されない試用期間）中の者を14日以内に解雇する場合には、通常の解雇の際に必要な「30日前の解雇予告」または「解雇予告手当金の支払い」をしなくてもよいと規定しています。つまり、試用期間開始から14日以内の解雇は、通常の解雇として扱わないということです。

ただ、14日ではミスマッチを判断するにはかなり短いかもしれません。その場合は、試用期間以外の方法で採用することも検討する必要があります。

なお、この「14日」は労働者の労働日や出勤日ではなく、暦日でカウントしますので、土日や祝日も含めることになります。

試用期間は原則として延長できない

試用期間中は解雇権が留保されているため、労働者の地位は不安定です。そのため、不当に長い試用期間を想定することは許されず、原則として試用期間の延長は認められません。試用期間の長さは3か月から6か月程度が妥当なところです。

ただ、労働者が試用期間の大半を病欠した場合など、特別な事情があって、労働者も同意しているのであれば、試用期間が延長されることもあります。試用期間の延長があり得る場合は、その旨を就業規則に定めておく必要があります。

試用期間以外の方法もある

「試しに雇用してミスマッチを防ぎたい」という場合に採る手段としては、契約を２回締結するということが考えられます。たとえば、まず3か月など短期間の契約で実際に職場に入ってもらい、実務に対する能力やコミュニケーション能力といったことを見きわめます。その期間の満了後に改めて本採用するかどうかを判断するわけです。この場合の短期間契約の種類としては、次のようなものがあります。

①　有期雇用契約

求職者と会社が直接、短期の雇用契約を締結し、本採用する際に再度期間の定めのない雇用契約を締結する方法です。

②　紹介予定派遣

紹介予定派遣とは、派遣された労働者が派遣先の会社の労働者として雇用されることを予定して実施される派遣労働です。派遣会社に登録された人を６か月以内の一定期間派遣してもらい、派遣期間の終了時に本人と会社双方で話し合って直接雇用をするかどうかを決めることになります。この場合、最初は派遣会社と会社の間で派遣契約を締結し、直接雇用の段階になって本人と会社が雇用契約を締結することになります。

③　トライアル雇用

就職が困難な求職者を、ハローワーク・紹介事業者等の紹介により雇い入れて試行雇用（トライアル雇用）する制度です。試行雇用期間は原則として３か月です。要件を満たすトライアル雇用を実施した事業主に対しては、奨励金（トライアル雇用助成金）が支給されます。

④　インターンシップ

ミスマッチがないようにするために、どのような職業経験を体験してもらうか、あらかじめ準備・検討しておくことが大切です。

試用期間を設定する上での注意点

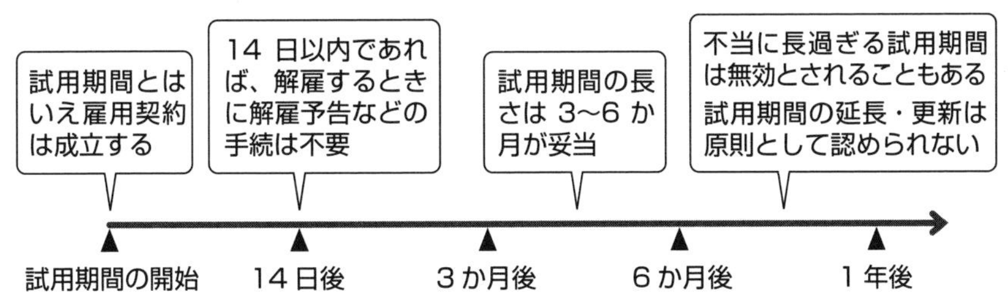

不採用や内定取消をめぐる問題点

内定取消の理由によっては無効となる場合がある

◎内定とは

内定（採用内定）とは、会社が学生に採用内定通知書を交付し、学生が誓約書などの書面を会社に提出することにより、解約権留保付きの労働契約が成立していることをいいます。

解約権留保付きとは、採用が内定してから入社するまでの間に、大学を卒業できないなど、一定の事情がある場合には、会社が学生の内定を取り消すことができるということです。

ただし、内定をもらった者は通常、求職活動をやめてしまうことから、後日会社側から理由もなく内定を取り消されると、その精神的苦痛や財産的損害は計り知れないものとなります。

ですから、会社は学生に内定を出した後は、後述するように合理的な理由もなく勝手に内定を取り消すことはできません。

ただ、会社が出した「内定」が条件付きの労働契約あるいは労働契約の予約という程度に達していない場合は、内定取消を理由に不法行為として損害賠償を請求できるだけです。

◎内定取消が無効になる場合

会社は学校卒業予定者に対して、採用内定の通知を出すのが通常です。誓約書の提出を求める企業もあるでしょう。志望する会社から内定を受けて就職活動を中止すれば、以降は他の会社に採用される途は極めて制限されます。また内定者は、採用先の会社の研修への参加を求められることもあります。

採用内定者と会社との間の法的関係は、前述のように「解約権留保付きの労働契約」が成立していると考えられています。つまり「卒業後、予定された入社日から働く」という内容の労働契約が成立しています。ただし、採用内定通知書や契約書に記載されている一定の取消事由が生じた場合には、使用者側で解約（内定取消）できるという解約権が留保されています。

しかし、内定の取消は他社への就職のチャンスを奪い、学生に大きな財産的損害や精神的苦痛を与えます。ですから、内定取消をするには、客観的に合理的な理由があり、社会通念上是認できるものでなければならず、そのようでない内定取消は無効となります。

◎内定取消ができる場合

どんな場合に内定を取り消すことができるのでしょうか。抽象的に言えば、会社と内定者との間の信頼関係を破壊するような事実が内定者に起こったときや、著しい経済事情の変動があった場合があてはまります。たとえば履歴書に事実と違うことを書いても、それが仕事の適格性とまったく関係なければ、それを理由に取り消すことはできないとされます。逆に、たとえば外国語の文書を扱う部署で語学力をあてにして採用するときのように、その人の特殊な技能を見込んで採用したのに、その技能についての経歴がまったくのウソであった場合には、内定を取り消すことができるといえます。

では、内定当時より景気が悪くなったことを理由として内定を取り消すことはできるのでしょうか。

そもそも内定後の短い期間に景気が悪くなったとすると、経営者の景気予測に誤りがあったことになります。よって、予測できない著しい景気変動がない限り、内定者の内定を取り消すことは違法・無効だと考えられます。

最高裁判所の判例の中にも大学生が卒業の直前に内定を取り消された事案について、採用の内定によって解約権留保付きの労働契約が成立したものであって、内定取消事由は内定当時知ることができなかった事実であることを要し、合理的な理由があって、社会通念（社会常識）上相当と認められる場合の他は、内定を取り消すことはできないと判断しています。

なお、内定時に労働契約の手続きがすべて終わり、ただ、卒業を単純な条件とした場合には、条件が成就したとき（卒業したとき）に労働契約は完全に効力を生じます。

内定を通知した学生に記載させる誓約書のサンプル

誓　約　書

△△△△株式会社　代表取締役社長　○○　○○　殿

この度貴社に従業員として入社するにあたり、次の条項を誓約し厳守履行いたします。

1　貴社就業規則および服務に関する諸規定・諸命令を堅く遵守し誠実に勤務すること
2　先に提出した履歴書および入社志願書の記載事項は真実に相違ないこと
3　貴社従業員としての対面を汚すような行為をしないこと
4　故意又は重大な過失、その他不都合な行為によって貴社に損害をおかけしたときはその責任を負うこと

令和　　年　　月　　日

現住所　東京都世田谷区○○町１丁目１番１号
氏　名　○○　○○　㊞
平成○○年○月○日生

5 内々定と内定の違い

内々定は、まだ労働契約の成立に至っていない段階

内々定とは

内々定は、会社における採用の実務において、一般的に行われているものです。採用担当者などが、学生に対して、「もう他の会社を受けなくてもいいですよ」などと、明確な形をとらずに、暗に採用の通知を行うものです。

このため、内々定と内定とは、法律的に見て大きな違いがあります。内定の場合には、すでに労働契約が成立しているため、会社が内定を通知した後に内定を取り消すとすれば、それは「解雇」にあたります。学生は、会社に対して、労働契約の存在を申し立てることが可能ということになります。

一方、内々定の場合は、労働契約の成立が認められていないため、学生の側が内々定の取消について訴訟を起こしても、労働契約関係を主張することはきわめて困難だと考えられます。

内々定を取り消された場合は

裁判所は、内々定により労働契約は成立せず、内定と内々定は明らかに性質が違うものであるとしています。しかし、その一方、「内々定取消は、労働契約締結過程における信義則に反し、原告（内定者）の期待利益を侵害するものとして不法行為を構成するから、被告（会社）は原告が採用を信頼したために被った損害を賠償すべき責任を負うというべきである」として、内々定の取消について、会社側に責任があるとする判断を行い、労働契約が確実に締結されるだろうと考えた内定者の期待は保護に値するとしました。

契約交渉を行っている当事者の間には、原則として、何らの権利義務関係もないはずです。しかし、契約締結までの準備段階で、一方当事者の言動によって、契約を有効に成立すると信じた側が不相当な損害を被ることがあります。そのため、契約締結の交渉に入った当事者には、民法の信義則の定めによって、お互いの利益に配慮し、相手方に損害を発生させないように行動する義務があり、その義務に違反した者は、契約が成立すると相手方が信じたことによる損害を賠償する責任があるものとされています。契約締結上の過失と呼ばれるものです。

内定式の直前に突然内々定を取り消した上に、採用方針の変更などについて十分な説明も行わないなど、会社が内定者に対する配慮に欠いた対応を行った場合には、契約締結上の過失が認められ、損害賠償が課される可能性が高いことに留意する必要があります。

本採用前のインターンシップをめぐる問題

学生が「労働者」とみなされる場合がある

インターンシップとは

インターンシップは、学生の側からすると、実務経験を積み、職業意識を高めるための企業内研修ということになります。一方、企業側のメリットとしては、企業イメージの向上の他、新入社員教育への応用、就労後の企業と学生のミスマッチの回避などがあります。

インターンシップは、さまざまな観点から種類分けができますが、以下の4つに分けて考えてみましょう。

①　企業ＰＲタイプ

インターンシップ受入企業として、企業の認知度を高め、企業のイメージのアップを図るために行うものです。

②　実務実習タイプ

医療・福祉関係の大学で行われている実際の現場での教員免許取得のための実習、研究・開発の実習などがあります。

③　職場体験タイプ

実際の職場での体験を通じて、学生たちの職業観の確立を支援するものです。

④　採用活動タイプ

インターンシップ自体が採用活動につながっているものです。

「労働者」にあたるのか

インターシップの法的な問題は、インターン生が、労働基準法上の「労働者」にあたるのかどうかという点にあります。厚生労働省の通達によると、その判断基準を次のように示しています。

- 見学や体験的なもので、業務に係る指揮命令を受けていないなど、使用従属関係が認められない場合は労働者に該当しない。
- 直接生産活動に従事するなど、その作業による利益・効果が事業場に帰属し、かつ、事業場と学生との間に使用従属関係が認められる場合は労働者に該当するものと考えられ、また、この判断は実際に即して行う。

つまり、企業がインターン生に対して指揮命令を行い、使用従属関係にあれば、インターン生が労働者であると認められる可能性が高いということになります。労働者とみなされた場合には、労働基準法・最低賃金法などの労働法が適用されます。その場合、会社としては、インターン生に対して、賃金の支払いや労働時間に応じた割増賃金の支払いが義務付けられます。

もし、インターン生が労働者とみなされる可能性のある研修を行う場合には、インターン生と労働契約を取り交わした上で、労働法に基づいて適切に実施する必要があります。

身元保証契約

社員の保証人と会社の間で交わされる契約書

身元保証書の提出

入社時には、会社のルールに則って業務に従事することを約束する「誓約書」と、不正があったときなどには損害賠償などの保証人となることを明記した「身元保証書」、資格を所持している証明となる「資格証明書」などを提出してもらうケースもあります。

「身元保証書」は、社員の保証人と会社の間で交わされる契約書です。

身元保証契約は労働契約に伴い、労働者が不正行為をして使用者に損害を与えたときに、使用者（会社）に対し、身元保証人が損害賠償をするという契約です。身元保証書を交わす意義は、もし身元保証をする相手が会社に対して損害を与えた場合、身元保証人が連帯してその責任を負うということを文書で示すことにあります。

身元保証に関する法律

労働契約を結ぶ際には、使用者の立場の方が一般的に強いので、会社が身元保証を要求するケースは多いといえます。身元保証は具体的な債務の保証でないため軽い気持ちで応じてしまうことも多いようです。

しかし、身元保証人になると、保証契約を締結した時点では、将来いくらの損害賠償責任を負わされるのかわからないため、きわめて不安定な立場に置かれます。また、負わされる責任も、時として予想もしていなかったような高額になることもあります。

そこで身元保証人の責任は、①身元保証をする期間の定めがないときは3年、②期間を定めたときでも5年を超えることはできない（更新もできますが、更新後の期間の定めも5年を超えることができない）とされています。なお、令和2年4月の民法改正により、身元保証契約の際に、賠償責任の上限額を決めることが義務となり、上限額を定めない場合は身元保証契約が無効になります。

また、以下の場合には、使用者はなるべく早く、身元保証人に通知をしなければなりません。

・労働者に業務上不適任または不誠実な事跡があり、そのため身元保証人の責任を生じるおそれがあることがわかったとき

・労働者の任務または任地を変更し、そのため身元保証人の責任を加重し、または監督を困難にするとき

身元保証人は、以上の通知を受けた時または以上の事実を知った時は、将来に向かって身元保証契約の解除をすることができます。

8 入社前研修

会社は内定段階でも、学生を労働者として扱えるわけではない

内定を取り消すことができるのか

内定段階の時期は会社側から見ると、労働契約における労務の提供を求める権利は確保しているものの、その権利を行使できる時期（入社日）に至っていない状態です。この時期に、会社は、学生に対して研修を強制することができるのでしょうか。

近時の判例によると、内定段階では労働契約の効力が発生していないため（効力が発生するのは正式な入社日です）、会社側が入社前研修を強制的に命じることはできないとされています。

したがって、会社としては、入社前研修を行おうとするときは、内定者の同意の下に実施しなければなりません。また、入社前研修に参加しなかった内定者に対し、内定の取消や入社後に不利益な取扱いをすることは許されません。

適性に問題がある場合

入社前研修に参加してくれた内定者について、会社側から見て、入社後に自社の業務を遂行していく能力や適性に欠けていることが判明した場合には、どのように対処すべきかが問題になります。

たとえば、内定者に対して、「内定を辞退することも考えたらどうか」などと言うことは許容されるのでしょうか。

近時の判例によると、内定者に対して、内定の取消や内定辞退の強要を明示的または黙示的に行うことは許されないとしています。

したがって、会社としては、入社前研修においては、内定者の適性について多少問題があっても、研修の成果を身につけ、成長していけるよう最大限サポートしていかざるを得ないといえます。

内定辞退への損害賠償の請求

内定者の中に、入社の直前になって内定を辞退する者もいます。会社としては、多大なコストがムダになるだけではなく、予定採用者数に欠けるときは、中途採用などのための新たな経費が必要になります。こうした会社が被った経済的損害を内定辞退者に対して損害賠償請求できるのでしょうか。

この問題については、会社としては、内定者が、会社との信頼関係を破壊するようなやり方で内定の辞退をした場合には、損害賠償請求できる可能性があると近時の判例で判断されました。

高年齢者雇用安定法と継続雇用制度

継続雇用制度として再雇用制度の導入も可能である

◎高年齢者雇用安定法とは

これまで60歳が仕事を退職する節目の年齢とされてきました。しかし、60歳になっても健康で、まだ働きたいという意欲を持っている人は多くいます。会社が、人手不足の環境下で、まだまだ元気な60歳以降の高齢者を活用したい、と考えるのは当然でしょう。

そこで、高年齢者の雇用について、高年齢者の雇用の安定や再就職の促進などを目的として定められた法律が、高年齢者雇用安定法（高年齢者等の雇用の安定等に関する法律）です。高年齢者の定年に関する制限、高年齢者の雇用確保のために事業者が講じるべき措置、高年齢者雇用推進者の選任といった事柄が定められています。

高年齢者雇用安定法では、労働者の定年を60歳未満にすることを禁止しています。さらに、65歳未満の定年制を採用している事業主に対し、雇用確保措置として、①65歳までの定年の引上げ、②65歳までの継続雇用制度（高年齢者が希望するときは定年後も引き続き雇用する制度）の導入、③定年制の廃止、のいずれかを導入する義務を課しています。企業の実態として、雇用確保措置のうち、多くの企業が採用しているのが、②65歳までの継続雇用制度です。

また、令和３年４月からは、70歳までの就業確保を支援することが企業の努力義務となりました（52ページ）。具体的な措置として、①～③に加えて、④継続的に業務委託契約する制度や、⑤社会貢献活動に継続的に従事できる制度を導入して70歳までの雇用を支援することも追加されました。④と⑤は、65歳以降については高齢者の健康や生活環境も配慮して必ずしも雇用という形態に縛られずに働きたいという高齢者のニーズをくみ取ったものといえます。

◎定年の廃止、定年年齢の引上げとは

毎年、厚生労働省が発表している令和２年「高年齢者の雇用状況」では、65歳まで定年を引き上げている企業の割合は、20.9％、定年を廃止している企業の割合は2.7％で、年々増加しています。

定年の廃止や定年年齢を引き上げるメリットは、それまでの職務の中で培ったノウハウを活用し、仕事の効率化ができることです。また、高年齢者を積極的に活用する企業に対する評価が高まることで、人材採用で有利になることもあります。

一方で、デメリットは、比較的、賃金

の高い労働者が増えて、人件費負担によって会社の利益が圧迫されることです。

また、定年を廃止すると、従業員が退職を申し出ない限り、いくつになっても働き続けることが可能となります。そのため、年齢の代わりとなる、退職・解雇の基準を明確にしておく必要があるでしょう。

継続雇用制度とは

毎年、厚生労働省が発表している令和２年「高年齢者の雇用状況」では、継続雇用制度を導入している企業は76.4％で、大部分の企業がこの制度を導入しています。

継続雇用制度の具体的な内容は法令で定められているわけではなく、65歳まで雇用する条件については、高年齢者雇用安定法の趣旨および各種労働関係法令に違反しない範囲で、各企業で自由に定めることができます。そのため、労働条件の引下げがまったく認められないわけでありません。たとえば、「57歳以降は労働条件を一定の範囲で引き下げた上で65歳まで雇用する」という制度も継続雇用制度として認められます。

しかし、定年になる前と比べて職務内容や配置などがほとんど変わっていないのに、賃金が大きく低下するなどという場合には、同一労働同一賃金（62ページ）の原則に基づき、不合理な労働条件として継続雇用制度の下で締結された契約が違法・無効と判断されるケースもあります。

その一方で、継続雇用制度の下で、以前とはまったく異なる職務や部署に配置することは、労働者自身にとっても負担であると同時に、会社にとっても生産性の低下などを招くおそれがあります。明らかに合理性を欠く配置転換には訴訟リスクが伴うため、適切な

経過措置の対象年齢引上げスケジュール

	年金の支給開始年齢	経過措置の適用が認められない労働者の範囲
平成25年4月1日から平成28年3月31日	61歳以降	60歳から61歳未満
平成28年4月1日から平成31年3月31日	62歳以降	60歳から62歳未満
平成31年4月1日から令和4年3月31日	63歳以降	60歳から63歳未満
令和4年4月1日から令和7年3月31日	64歳以降	60歳から64歳未満
令和7年4月1日以降	65歳以降	60歳から65歳未満

※ 年金の支給開始年齢欄の年齢は男性が受給する場合の年齢を記載

処遇が求められるといえます。

継続雇用制度の類型としては、再雇用制度と勤務延長制度の2つがあります。

① **再雇用制度**

再雇用制度とは、定年になった労働者を退職させた後に、もう一度雇用する制度です。雇用形態は正社員、契約社員、パート社員などを問いません。再雇用を行う場合には、労働契約の期間を1年間として、1年ごとに労働契約を更新することも可能ですが、契約更新の条件として65歳を下回る上限年齢が設定されていないことなどが必要です。

再雇用制度導入の手続きには、特に決まった形式があるわけではありません。就業規則の変更を届け出ることや、労働協約を結ぶなどして、再雇用制度を導入することが必要です。労働者と企業とが定年後に雇用契約を締結するというシステムを導入することが、再雇用制度導入の手続きになります。

② **勤務延長制度**

勤務延長制度とは、定年になった労働者を退職させず、引き続き定年前と同じ条件で雇用する制度です。再雇用制度と継続雇用制度とは、定年に達した労働者を雇用する点では共通しています。再雇用制度は、雇用契約を一度解消してから労働者と改めて雇用契約を締結するのに対して、勤務延長制度では今までの雇用契約が引き継がれる点で、両者の違いがあります。

勤務延長制度導入の手続きについても、特に決まった形式があるわけではありません。就業規則の変更や労働協約の締結などによって、労働者と企業との間の労働契約を60歳以降も延長するというシステムを導入することが、勤務延長制度導入の手続きになります。

継続雇用制度の対象者を限定することは可能か

継続雇用制度を導入する場合には、希望者全員を対象としなければなりません。ただ、「事業主が講じるべき高年齢者の雇用確保の実施と運用について」という指針では、就業規則に定める解雇事由や退職事由に該当する者（心身の故障のために業務を遂行できないと認められる者、勤務状況が著しく悪く従業員としての職責を果たし得ない者など）については、継続雇用をしないことが認められています（次ページ図）。

また、高年齢者雇用安定法が改正される平成25年4月1日以前から定められた労使協定による経過措置に該当する者は、65歳までの継続雇用の対象外とすることができます（前ページ図）。

この経過措置は、年金の支給開始年齢に合わせて徐々に年齢が引き上げられており、令和7年4月2日以降は、65歳まで継続雇用制度の対象としなければなりません。

異なる企業での再雇用も認められる

高年齢者雇用安定法では、一定の条

件を満たした場合には、定年まで労働者が雇用されていた企業（元の事業主）以外の企業で雇用することも可能です。その条件とは、定年まで労働者が雇用されていた企業と定年後に労働者が雇用されることになる企業とが実質的に一体と見ることができ、労働者が確実に65歳まで雇用されるというものです。

具体的には、①元の事業主の子法人等、②元の事業主の親法人等、③元の事業主の親法人等の子法人等（兄弟会社）、④元の事業主の関連法人等、⑤元の事業主の親法人等の関連法人等で雇用することが認められます。①～⑤を特殊関係事業主（グループ会社）といいます。

他社を自己の子法人等とする要件は、その他社の意思決定機関を支配しているといえることです。たとえば親法人が子法人の株主総会の議決権の50％超を保有している場合、その子法人は①に該当し、親法人を定年退職した労働者をその子法人で再雇用すれば、雇用確保措置として認められます。

◎再雇用後の雇用形態は企業によってさまざま

継続雇用制度の中でも、再雇用を実施している企業は多くあります。再雇用のメリットは、定年前と異なる労働条件や雇用形態で雇用契約を締結できる点にあります。不合理な待遇差の判断方法には「その他の事情」という考慮要素があり、定年後の再雇用も考慮されると考えられています。

再雇用後の雇用形態は、契約社員制度が最も多く活用されます。雇用契約期間を有期契約にした上で、労働時間、仕事内容を変更する場合などが該当します。

契約期間を設ける場合であっても、原則として、契約更新をすることによって65歳まで雇用する義務はあります。ただし、高年齢者の年齢以外の勤務状況や能力といった要素を考慮して、労働者が65歳になる前に雇用契約の更新を行わないとする措置をとることは可能です。

継続雇用制度の対象者の限定

継続雇用する労働者の限定

- 就業規則に定める解雇事由や退職事由に該当する場合
  - ・心身の故障のために業務を遂行できない
  - ・勤務状況が著しく悪く従業員としての職責を果たせない
  - ・労働者の勤務状況が著しく悪い
  - など
- 平成25年3月までに締結した労使協定で、継続雇用制度の対象者を限定する基準を定めていた場合

10 高年齢者の就業確保措置

継続雇用から創業支援等措置まで、さまざまな支援措置がある

高年齢者の就業確保措置とは

令和３年４月以降、65歳以上の高年齢者に対して70歳まで就業を可能とする下記のような措置を実施しなければなりません（努力義務）。ただし、原則として①～③のうちのいずれかの措置を実施することが必要であり、例外的に、労働者の過半数代表者との同意によって、④、⑤のような創業支援等措置を実施することができるとなっている点に留意しておきましょう。また、これらの複数の措置を組み合わせて実施することも可能です。

①　定年の引上げ

既存の65歳までの雇用確保措置で定年を引き上げる場合には、定年年齢を65歳とすることが必要です。70歳までの就業確保措置においても同様に、定年年齢を70歳とすることが求められます。

②　定年制の廃止

定年の定めを廃止します。年齢を理由に退職させることはできないため、退職や解雇基準を作成することが必要になります。

③　継続雇用制度の導入

65歳までの雇用確保措置と同様に、勤務延長や再雇用制度を導入して70歳まで就業を確保する方法です。ただし、70歳までの就業確保措置の場合には希望者全員を対象とせず、対象者を限定することができます（過半数労働組合等の同意を得ることが望ましい）。また、65歳以降も特殊関係事業主で雇用することも可能です。60歳で定年し、特殊関係事業主で65歳まで再雇用された高年齢者の就業確保措置については60歳まで雇用していた事業主が責務を負うとされています。

④　継続的に業務委託契約を締結する制度

企業は雇用契約という形ではなく、高年齢者が希望すれば委託契約などを締結して70歳までの就業を確保することもできます。ただし、委託契約については金銭を支払うものに限定されています。

⑤　社会貢献活動に継続的に従事できる制度

高年齢者が社会貢献活動などでの就業を希望する場合には、それらの事業に従事させることで、70歳までの就業確保措置を実施することができます。従事させる事業には、「事業主が実施する社会貢献活動」「事業主から委託を受けた団体が実施する社会貢献活動」「事業主から必要な資金や援助を受けている団体が実施する社会貢献活動」、があります。いずれの社会貢献

活動においても、不特定多数を対象としており、その多数の者の利益の増進に寄与することを目的とする事業でなければなりません。

また、団体と高年齢者との契約は、労働契約を除く委託契約やその他の契約が考えられており、金銭を支払うものに限られています。

◯創業支援等措置を実施するには

上記のとおり、70歳までの就業機会の確保には、業務委託契約締結や社会貢献活動に従事することも含まれます。これら2つの措置（上記④、⑤）を創業支援等措置と言い、国は実施する場合の手順を示しています。

まず、創業支援等措置を実施する場合には、「創業支援措置の実施に関する計画」を作成します。計画には、創業支援等措置を講ずる理由、従事する業務の内容、支払う金銭、契約を締結する頻度、納品、契約の変更・終了に関する事項を記載します。

次に、過半数労働組合や労働者の過半数を代表する者の同意を得ます。そして、その計画を労働者に周知します。なお、社会貢献事業で事業主が委託、出資する団体で従事させる場合には、その団体との間で契約を文書で締結しておく必要もあります。

該当する労働者と個々に契約を締結することで、実際に業務委託契約や社会貢献活動に継続的に従事させることができます。

業務委託契約は個人事業主となるため、割増賃金や社会保険の加入義務がありません。そのため業務委託契約で従事させる場合には「労働者性」について気を付け、トラブルを避けるために、就業の場所や就業する時間、仕事の受注について相手に判断をゆだねることが必要です。

70歳までの就業確保措置

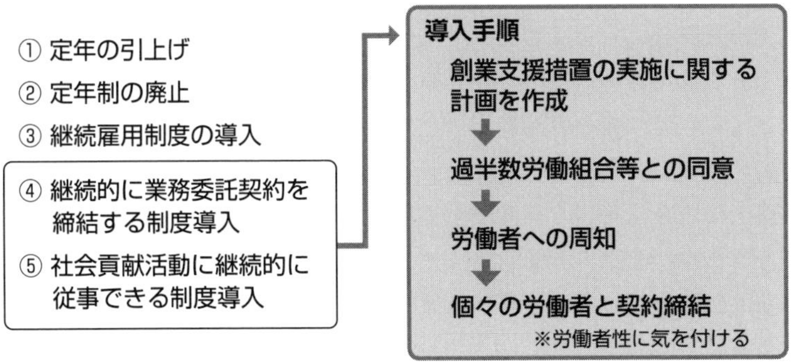

① 定年の引上げ
② 定年制の廃止
③ 継続雇用制度の導入
④ 継続的に業務委託契約を締結する制度導入
⑤ 社会貢献活動に継続的に従事できる制度導入

→ 導入手順

創業支援措置の実施に関する計画を作成
↓
過半数労働組合等との同意
↓
労働者への周知
↓
個々の労働者と契約締結
※労働者性に気を付ける

外国人雇用

雇う前に知っておかなければならないことをつかむ

在留資格は29種類ある

外国人が日本で就労するためには、一定の在留資格を持っていることが必要です。在留資格とは、外国人が日本に入国や在留して行うことができる行動などを類型化したものです。令和２年９月現在は29種類あり、一定の在留資格に該当しなければ就労は認められません。日本で就労できる外国人は「高度な専門的能力を持った人材」に限られています。具体的には、芸術、報道、研究、教育、技術・人文知識・国際業務、介護、興行、技能、技能実習などに限定されています。

外国人の就労資格の有無については、原則として在留カードによって確認することができます。

特に注意が必要なのは、不法就労者であっても、他の「労働者」と同様に、労働基準法など各種の労働法上の規定が適用されるという点です。そのため、不法就労助長罪の成立とは別に、不法就労者であるからという理由で、労働条件などにおいて、他の労働者よりも劣悪な条件で雇っている場合には、労働基準法上の国籍に基づく不合理な差別にあたります。また、労働基準法で定める基準に達しない労働条件は無効となります。

なお、在留資格については、近年、「特定技能」が追加されており、従来よりも長期にわたって外国人労働者の雇用を可能にする制度が構築されています。具体的には、特定技能は「１号」と「２号」に分類されています。「１号」は、介護や建設などの職種を想定し、日本語での会話などが可能であれば、最長で５年間にわたり、日本に滞在することが可能になります。そして「２号」は、基本的に１号からの移行を前提に、より難易度の高い試験合格者を対象とした、更新可能な、長期滞在を可能にする在留資格です。また、要件を満たせば家族（配偶者・子）の帯同も可能です。

技能実習制度について

技能実習制度とは、外国人が技能・技術・知識（技能など）の修得・習熟・熟達を図ることを目的に日本の企業に雇用され、対象の業務に従事する制度です。技能実習を行う外国人には、次のような３つのステップを修了することが求められます。

第１段階では、技能などを「修得」することを目的に、外国人が対象の業務に従事します。第２段階では、第１段階の修了者を対象に、技能などに

「習熟」するために業務に従事することが求められます。最後の第３段階では、第２段階の修了者を対象に、技能などについて「熟達」するレベルまで引き上げることを目的に、対象の業務に従事することが求められます。つまり、第２段階以降は、その前の段階を終了している人のみが対象になります。

技能実習制度においては、外国人は「技能実習」の在留資格に基づいて、日本の企業と雇用契約を結んだ上で業務に従事します。就業の対価としての報酬を受け取ることも可能です。

技能実習制度は、①企業単独型の技能実習と、②団体監理型の技能実習に大別することができ、技能実習制度に基づいて、６種類の内容に分類されます。１号は修得を目的としていますが、２号で習熟、３号で熟達と段階的に習熟度が高くなります。在留期間については「技能実習１号」で１年以内、「技能実習２号」と「技能実習３号」で２年以内が実習期間として定められています。すべての技能実習の段階を経ることで最長５年間滞在することが可能です。

①　企業単独型技能実習

日本の企業の支社や現地法人などが外国にある場合に、その職員である外国人が、技能などの修得のため、その日本の企業との間で雇用契約を結んで、講習や技能修得のための業務に従事する場合を指します（講習期間中は雇用契約が締結されません）。

②　団体監理型技能実習

外国人が技能などを修得する目的で、日本の非営利の管理団体により受け入れられた後、必要な講習を受ける場合です。外国人は、その管理団体の傘下の企業との間で雇用契約を結び、業務に従事します（講習期間中は雇用契約が結ばれません）。

就労が認められる主な在留資格

在留資格	内　容	在留期間
教育	教育機関で語学の指導をすること	5年、3年、1年または3か月
医療	医療についての業務に従事すること	5年、3年、1年または3か月
興行	演劇やスポーツなどの芸能活動	3年、1年、6月、3月または15日
法律・会計業務	外国法事務弁護士、外国公認会計士などが行うとされる法律・会計業務	5年、3年、1年または3か月
技術・人文知識・国際業務	理学・工学・法律学・経済学などの知識を要する業務	5年、3年、1年または3か月
報道	外国の報道機関との契約に基づいて行う取材活動	5年、3年、1年または3か月

12 短時間・地域限定正社員制度

短時間の勤務で正社員の身分が取得できる制度

短時間正社員制度とは

短時間正社員制度とは、フルタイムの正社員として働くことが困難な労働者について、処理する事務の質は他の正社員と異ならないのに対し、就労時間が他の正社員よりも短い正規雇用型の労働者を指します。短時間正社員制度について具体的に定めた法律はないため、労働基準法や最低賃金法などの法律を順守している限り企業独自でルールを決定することができます。

一般的には、①期間の定めのない雇用契約（無期労働契約）を締結していること、②時間単位の基本給や賞与、退職金などの算定にあたり同等の業務を担う他の正社員と同様に扱われること、という条件を満たす者が短時間正社員に該当します。

短時間正社員制度のメリットとデメリット

短時間正社員制度は、まかせる職種は正社員と同質であるにもかかわらず、他の正社員よりも短就労時間での勤務が認められていますので、多様な人材が正社員として、勤務が可能になります。また、特にパート社員などの非正規雇用型の労働者にとっては、キャリアアップの一環として、通常の正社員とは異なる形態が増えることで、より正社員登用のチャンスが拡大することにもつながります。

そして、企業側にとっても、有能な人材を短時間正社員制度を通じて確保することができるため、企業全体の生産性や効率が向上するとともに、少子・高齢化が進む我が国において、企業の社会的責任を果たすきっかけとして、短時間正社員制度を位置付けることも可能です。

もっとも、短時間正社員制度においては、質的にはフルタイムの正社員と同様の条件で、雇用関係を締結するということが原則ですが、物理的に勤務している時間が短いために、どうしても他の正社員よりも、処理することのできる業務の量が少なくなり、物理的な差が不均衡を招くおそれがあります。短時間正社員制度を採用する際に、企業は不均衡が生じないように留意しつつ、細かな労働条件を練る必要があります。

どのように管理すればよいのか

企業が短時間正社員制度を導入する際には、労働条件についても綿密に検討する必要があります。あくまでも正社員として登用する制度である以上、成果評価や人事評価の方法について、原則的に他の正社員と同様の基準に従って判断する必要があります。さらに、キャリアアップの方法として短時間正社員制度を導入する企業については、具体的なキャリアの相互転換に関する規定を、あらかじめ明確に規定しておく必要があります。

地域限定正社員とは

短時間正社員制度とは別に地域限定正社員制度を設けている会社もあります。短時間正社員は、労働時間に制限がある労働者ですが、地域限定正社員は転勤に制限のある労働者です。地域限定正社員では、全国的な転勤はせず、県内や市町村内での転勤はできる、あるいは、転勤はまったくしないというような制度を設けることができます。

なお、これまで大企業では、新卒採用の中で、総合職は全国転勤あり、一般職は、転勤なしというような制度設計をしていることはありました。

地域限定正社員制度を設けるメリットは、短時間正社員制度と同様に有能な人材を確保できることです。最近では、仕事と家庭の両立が重要視され、単身赴任を拒否するケースがあります。転勤の有無によって、有能な人材が流出していくことは会社にとって不利になります。

また、パートタイム・有期雇用労働法が施行され、正社員と有期雇用労働者の不合理な待遇差を禁止しています。不合理な待遇差の考慮要素には、転勤の有無があるため、有期雇用労働者から正社員のステップアップとして、地域限定正社員制度を導入するケースも増えています。

短時間正社員制度

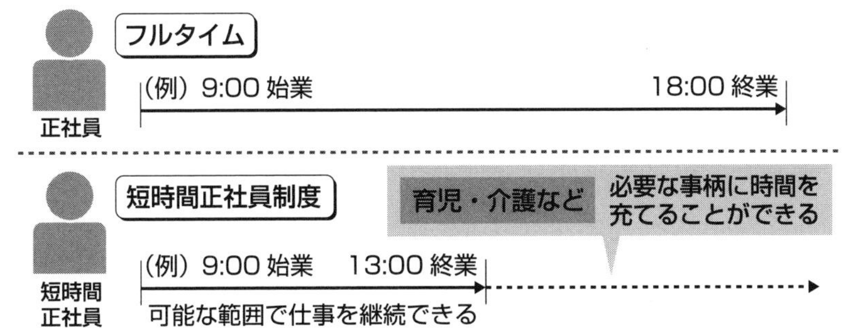

① 期間の定めのない雇用契約（無期労働契約）を締結していること
② 時間単位の基本給や賞与、退職金などの算定にあたり同等の業務を担う他の正社員と同様に扱われること ➡ 担当する業務の質は他の正社員と同様　∴派遣社員やパート社員は対象にならない

13 パートタイマーを雇う際の注意点

パートタイマーの保護を目的とした法律もある

パートタイマーとは

パートタイマー（パートタイム労働者または短時間労働者、パート社員ともいう）とは、雇用期間の定めがあり、正社員と比べて短い労働時間（少ない労働日数）で働く人と解釈すれば間違いにはならないようです。

パートタイム・有期雇用労働法2条では、短時間労働者とは、「1週間の所定労働時間が同一の事業主に雇用される通常の労働者の1週間の所定労働時間と比し短い労働者をいう」と定義されています。

労働基準法などの適用

労働基準法の「労働者」とは、職業の種類を問わず、事業または事務所に使用される者で、賃金を支払われる者のことです。パートタイマーも労働者に含まれますから、労働基準法の適用を受けます。また、労働基準法だけでなく、労働契約法、労働組合法、最低賃金法、労働安全衛生法、労災保険法、男女雇用機会均等法など労働者に関する他の法律も適用されます。

特に、次の項目は間違いやすい項目なので注意が必要でしょう。

① **年次有給休暇**

パートタイマーにも年次有給休暇が与えられます。ただし、パートタイマーの所定労働日数が通常の労働者に比べて相当程度少ない場合、年次有給休暇は比例付与になります。

休暇に関する事項は、就業規則の絶対的必要記載事項ですので、年次有給休暇に関する条項をパート用就業規則に定めなければなりません。就業規則には比例付与の表を載せるか、単に年次有給休暇は労働基準法に従って付与すると規定するだけでもよいでしょう。

② **労働時間**

所定労働時間を超える労働の有無は、労働契約の締結の際に書面（労働条件通知書）で明示しなければなりません。パートタイマーに時間外・休日労働を要請する際は、そのつど事情を説明の上、個別的な同意を求める方法をとることが望まれます。

③ **健康診断**

以下のいずれかにあたらない限り、常時使用される労働者とはいえず、一般健康診断を実施する義務はありません。

ⓐ 期間の定めのない労働契約により使用される者（期間の定めがある労働契約であっても、当該契約の更新により1年以上使用されることが予定されている者および当該労働契約の更新により1年以上引き続き使用

されている者を含む）

ⓑ　１週間の労働時間数が当該事業場において同種の業務に従事する通常の労働者の１週間の所定労働時間の４分の３以上であること

パート用就業規則を作成する

正社員やパートタイマーといった雇用形態にかかわらず、常時10人以上の従業員を抱える会社は、就業規則を作成する必要があります。就業規則の具体的な内容については、法令や労働協約に反しない範囲内であれば、各事業所の事情に沿って自由に定めることができます。パート用就業規則を作成する際に注意すべき点としては、以下のようなものがあります。

①　対象者を明確にする

就業規則を複数作成する場合は、その就業規則を遵守すべき労働者が誰なのかを明確にしておく必要があります。雇用形態の違う労働者それぞれについて、別個の就業規則を作成する義務はないため、似たような労働条件である労働者については、同じ就業規則を使ってもかまいません。しかし、正社員とパートタイマーは労働時間や賃金体系が異なるのが一般的なため、正社員用就業規則とは別に、パートタイマー用就業規則を作成し、労働条件の違いを明記しておくことは、トラブルの未然防止にもつながります。

②　正社員との均衡を考慮する

パートタイマーという雇用形態でも、正社員と「仕事内容・責任の程度・配置転換の範囲など」が同等の場合は、賃金等も同等の待遇としなければなりませんので、十分注意しましょう。

③　パートタイマーの意見を聴く

パートタイマーが労働組合に加入していない場合や、その人数が少ない場合においても、パートタイマーの意見を反映するため、パートタイマーを対象とする就業規則を作成・変更しようとする際に、事業主は、事業所で雇用するパートタイマーの過半数を代表する人の意見を聴かなければなりません。

パートタイマーとは

パートタイム・有期雇用労働法による定義

１週間の所定労働時間が同一の事業所に雇用される通常の労働者の１週間の所定労働時間に比べて短い労働者

例

・スーパーのレジ係
・工場の工員
・ファミレスの店員等

14 有期雇用労働者を雇う際の注意点

契約期間、労働条件、更新についての原則と例外をおさえておく

契約期間には上限がある

有期雇用契約を結ぶときには、まず、契約期間について注意することが必要です。

有期労働契約とは、契約期間に定めのある労働契約です。契約期間は原則として、上限３年以内で定めることが必要です。雇用契約期間を６か月や１年と定めているケースが多くありますが、それよりも長く設定しようと考える場合には上限があることに注意が必要です。

有期労働契約は、やむを得ない理由や使用者が任意に同意した場合など以外では、原則として途中で退職希望をすることができません。そのため、不当に長い契約を結ぶと退職できないまま長期的にその会社との契約を結び続けなければならないという不都合が生じてしまうため上限を設けているのです。

ただし、専門的な知識等を有する労働者、満60歳以上の労働者との労働契約については、上限が５年とされています。専門的な知識等を有する労働者とは、博士の学位を有する者、弁護士などの資格を有する者、システムエンジニアで年収が1075万円以上の者などをいいます。

また、一定の事業の完了に必要な期間を定める労働契約の場合は、その期間を契約期間とすることができます。たとえば、ダム建設の工期が終了するまでの４年間を契約期間として定める場合が該当します。

逆に、極端に短い契約期間を定めないように配慮する必要もあります。１か月ごとに雇用契約を更新することは、労働者の生活が安定しないなどの不利益が生じる可能性があるためです。

次に、労働条件についても注意が必要です。労働契約は、労働者と使用者が合意をすれば自由に内容を決定することができます。しかし、労働基準法や就業規則に定める労働条件よりも下回ることはできません。たとえば、有期雇用労働者だからという理由で、年次有給休暇がない、割増賃金が支払われない、という労働条件は無効となります。また、就業規則で、有期労働契約者にも休職制度や特別休暇制度を適用している場合には、個別に制度を利用できないように契約を結ぶことはできません。

労働契約を結ぶときには、賃金や労働時間、更新の有無、（更新がある場合）判断の基準を文書で労働者に明示しておくことが大切です。

労働契約の変更、更新についても気をつける

労働者と使用者が合意の下で労働条件を変更することはできます。ただし、前述したように労働基準法や就業規則を下回ることはできません。

使用者が一方的に個別の合意を得ずに就業規則を変更する場合があり、これは、労働者の不利益変更に該当するため原則として認められません。しかし、変更の内容が合理的で、労働者への周知が行われている場合は例外的に認められることがあります。

労働契約の更新についても注意が必要です。トラブルになりやすいのは「雇止め（66ページ）」です。期間の定めのある労働契約は、その期間が終了すれば契約期間満了となるため、その時点で退職扱いにするのは当然といえそうです。しかし、契約締結時に更新の有無を明示せず、更新を労働者が期待している場合や、労働契約が反復更新され、実質的に無期雇用と変わらない場合、３回以上契約更新された労働者等については雇止めと判断されることがあります。

また、有期労働契約者を期間途中で解雇するときは、客観的に合理的な理由を欠き、社会通念上相当であると認められない場合、解雇権濫用として無効となります。

やむを得ず解雇を行う場合でも30日前に予告するか、解雇予告手当（30日分以上の平均賃金）を支払うことが必要です。

有期労働契約締結の注意点

契約期間：（原則）上限３年

（例外）専門的な知識等を有する労働者
満 60 歳以上の労働者
→ 上限５年

一定の事業の完了に必要な期間を定める労働契約の場合
… その期間

労働条件：（原則）自由に決定できる

※労働基準法、就業規則に定める労働条件よりも下回ることはできない。
→労働条件の変更時も同様。不利益変更に注意する。

契約更新：雇止めに注意する

- 契約締結時に更新の有無を明示せず、更新を労働者が期待している場合
- 労働契約が反復更新され、実質的に無期雇用と変わらない場合
- ３回以上契約更新された労働者　など

短時間・有期雇用労働者の雇用管理の注意点

パートタイマー・有期雇用労働者のための法律がある

パートタイマー、有期雇用労働者にも労働基準法などが適用される

パートタイマーや有期雇用労働者も「労働者」であることに変わりないため、労働基準法の規定が適用されます。たとえば、所定の条件を満たすことで年次有給休暇の取得が可能であり（パートタイマーの場合、正社員よりも取得日数は少なくなる場合があります）、予告なく解雇された場合には解雇予告手当の請求もできます。ただし、パートタイマーや有期雇用労働者は正社員に比べて労働時間が短いこと、責任の程度が異なるなどの理由で、業務の内容が限定される他、昇進や昇給が限定的であるなど、正社員に比べて冷遇された労働条件下に置かれることがあります。ただ、労働者側にも「正社員並みに時間を拘束されたくない」「責任の重い仕事にはつきたくない」といった事情があって、双方が納得の上で雇用契約を結ぶため、社会一般の常識の範囲内であれば、待遇の格差が問題とされることは少ないといえます。

そして、パートタイマーや有期雇用労働者には、労働基準法や後述するパートタイム・有期雇用労働法の他、労働契約法、最低賃金法、労働安全衛生法、労災保険法、男女雇用機会均等法、育児・介護休業法など、労働者の待遇などについて定めたさまざまな法律が適用されます。

パートタイム・有期雇用労働法について

パートタイム・有期雇用労働法の正式名称は「短時間労働者及び有期雇用労働者の雇用管理の改善等に関する法律」です。この法律は、令和２年４月に施行されました（中小企業においては令和３年４月）。この法律では、短時間・有期雇用労働者について、適正な労働条件の確保、雇用管理の改善、通常の労働者への転換などに関することが定められています。最も重要な内容は、いわゆる「同一労働同一賃金」と呼ばれる正社員と非正規社員の間の不合理な待遇差などの禁止について定められている点です。

これまで、短時間労働者については、パートタイム労働法において「不合理な労働条件の禁止」や「差別的取扱いの禁止」が規定されていました。また、有期雇用労働者については、労働契約法20条において「不合理な労働条件の禁止」が規定されていました。

働き方改革関連法の公布に伴い、労働契約法20条をパートタイム労働法に統合し、新しく短時間・有期雇用労働者に対して「不合理な労働条件の禁止」や「差別的取扱いの禁止」を規定した法律が、パートタイム・有期雇用労働法です。

この法律では、短時間・有期雇用労働者と同一の事業主に雇用されるすべての通常の労働者とを比較し、不合理な待遇差の解消をめざしています。待遇には、あらゆる待遇を含んでおり、基本給、各種手当、賞与だけでなく、教育訓練や安全管理なども含まれています。

そもそも、「不合理な労働条件の禁止」や「差別的な取扱いの禁止」とはどのような状態のことを指すのでしょうか。

まず、不合理な労働条件の禁止とは、①職務の内容（業務の種類とその業務に伴う責任の程度）、②職務の内容・配置の変更の範囲（人事異動のしくみなど）、③その他の事情などを考慮し、通常の労働者（正社員など）の待遇と短時間・有期雇用労働者の基本給や賞与などの待遇について不合理な相違を設けることを禁止しています（均衡待遇規定。８条）。たとえば、役職手当については、管理する部下の人数が異なっている場合、業務に伴う責任の程度が異なっていると判断できるため、その違いに応じて均衡の取れた役職手当を支給する必要があります。

一方で、通勤手当については、通勤にかかった費用を補填するという意味合いがあるため①～③の要素との関連は薄く、通常の労働者のみに支給し、短時間・有期雇用労働者に支給しないケースでは、不合理と判断されます。

つまり、通常の労働者（正社員など）と短時間・有期雇用労働者において、①～③に違いがあるのであれば、その違いを考慮して賃金などの待遇を決定しなければなりません(均衡待遇)。

次に、差別的な取扱いの禁止とは、①職務の内容（業務の種類とその業務に伴う責任の程度）、②職務の内容・配置の変更の範囲（人事異動のしくみなど）が、通常の労働者と同一の短時間・有期雇用労働者との間で、基本給や賞与などの待遇について差別的取扱いを禁止しています（均等待遇規定。９条）。つまり、通常の労働者（正社員など）と短時間・有期雇用労働者において、①、②がすべて同じであれば賃金などの待遇について差を設けることは禁止されます（均等待遇）。

③その他の事情は、「定年後に再雇用された者」である点も含まれています。そのため、最近の裁判例では定年後の基本給などの減額は不合理ではないと判断しています。一方で、精勤手当を正社員に支給して、有期雇用労働者に支給しないのは不合理と判断しています。判例では、総額で何割減らすことができるというような判断をしているわけではなく、諸手当などの賃金項目の趣旨を個別に考慮して、不合理である

か不合理でないかを判断しています。

◎待遇差を説明する義務もある

パートタイム・有期雇用労働法は、短時間労働者や有期雇用労働者が、通常の労働者との間の待遇差の内容やその理由について説明を求めた場合には、事業主はそれらに応じる必要があると規定しています（14条）。ただし、「あなたはパートタイム労働者だから、時給○○円です」というような説明では義務を果たしたとはいえません。前述した、①職務の内容、②職務の内容・配置の変更の範囲、③その他の事情などの要素の違いを文書などにまとめて口頭で説明するとよいでしょう。

他方で、法律は、待遇差の内容や理由を説明することを求めているだけで、労働者が納得するまで説明することを求めているわけではありません。

◎同一労働同一賃金ガイドラインについて

「不合理な労働条件の禁止」や「差別的取扱いの禁止」については、どういった待遇差が不合理なのかどうか判断が難しいといえます。そのため、同一労働同一賃金ガイドライン（短時間・有期雇用労働者及び派遣労働者に対する不合理な待遇の禁止等に関する指針）が厚生労働省により定められています。このガイドラインでは、基本給、賞与、手当、福利厚生などについて、待遇の相違が不合理と認められるかどうかについての原則となる考え方や問題となる具体例などが示されています。

たとえば、賞与について、企業の業績への貢献に応じて労働者に支給している場合では、短時間・有期雇用労働者が、正社員と同一に貢献していたのであれば同一に支給しなければなりません（均等待遇）。ただし、貢献に一定の違いがある場合には、違いに応じて支給しなければなりません（均衡待遇）。短時間・有期雇用労働者だからという理由でまったく支給しないということは認められない可能性があります。

ガイドラインでは、基本給の考え方も示していますが、正社員とパートタイム労働者の基本給の決め方は企業によってさまざまな要素があり、ガイドラインで示されているような単純ではないなど問題もあるようです。

◎パートタイム・有期雇用労働法の取組み手順

会社によってさまざまな賃金体系や雇用体系があるため、一律にあるべき姿を定めることができません。そのため取組み手順に沿って、会社にもっともふさわしい制度として運用をしていく必要があります。大まかな取組み手順は次のとおりです。

①　労働者の雇用形態を確認する

法律の対象となる短時間・有期雇用労働者を雇用しているかどうか確認し

ます。雇用していないようであれば対応の必要はありません。

② 待遇の状況を確認する

短時間・有期雇用労働者と正社員との間で、取扱いが異なるかどうかを確認します。たとえば、正社員には賞与や通勤手当を支給し、短時間・有期雇用労働者には、それらを支給していないというようなことを確認していきます。

③ ３考慮要素のうち、待遇の性質・目的に照らして適切かどうか判断する

３考慮要素とは、前述した①職務の内容、②職務の内容・配置変更の範囲、③その他の事情です。各待遇ごとの性質・目的が、３考慮要素のどれに当てはまるか検討し、当てはまらない場合は不合理な待遇差が生じている可能性があります。

たとえば、役職手当は、一般的にその役職に応じた責任によって支給しているという性質があります。そのため、３考慮要素のうち職務の内容に関連があり、その違いに応じて支給額が異なることは均衡待遇といえます。しかし、交通費の実費負担という性質の通勤手当は、３考慮要素に関連が薄く、不合理な待遇差と判断される可能性があります。

均等待遇と均衡待遇

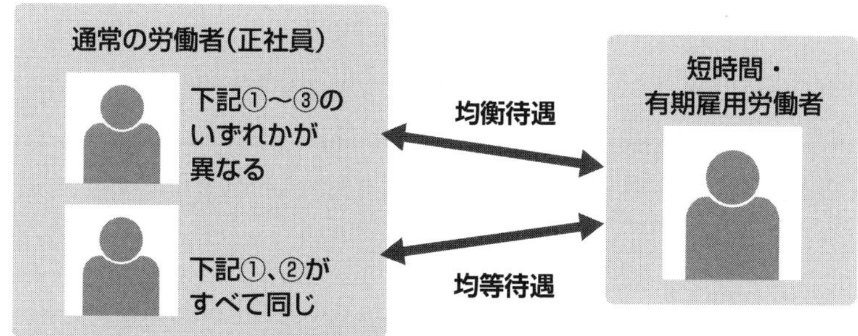

均衡待遇 … 違いに応じたバランスの取れた待遇とする
均等待遇 … 違いがないので同待遇とする

■ 判断要素

①職務の内容	業務の内容、当該業務に伴う責任の程度
②職務の内容・配置の変更の範囲	転勤、昇進といった人事異動、役割の変化など（将来の見込みも含む）
③その他の事情	合理的な労使の慣行、定年後に再雇用された者など

16 有期雇用労働者の雇止め

有期雇用契約満了の際には気をつける

雇止めとは

期間の定めのある労働契約（有期労働契約）において、契約期間の満了をもって労働契約の更新を拒否することを雇止めといいます。雇止めについては、更新による雇用継続を期待させる使用者の言動が認められたり、更新の手続きが形式的に行われていたような場合には、労働者に更新期待権が発生すると考えられ、更新拒否が解雇権の濫用と同視されることがあります。解雇権の濫用と同視されることを防ぐためには、厚生労働省が示した以下の基準を満たさなければなりません。

① 労働契約締結時に、更新の有無や更新の判断基準を明示すること
② 有期労働契約が３回以上更新されているか、１年を超えて継続勤務している従業員を雇止めするには、少なくとも30日前にその予告をすること
③ 雇止めの理由を明示するよう請求があった場合は、遅滞なく証明書を交付すること

①については、有期労働契約の雇止めのトラブル防止のため、契約締結時に更新の有無や更新する場合の判断基準を明らかにしておくことが大切です。

たとえば、更新の有無については、ⓐ自動的に更新する、ⓑ更新する場合があり得る、ⓒ契約の更新はしない、と雇用契約書に明示することが一般的です。

また、ⓑの更新する場合があり得る、とした場合には、その判断基準も合わせて雇用契約書に明示しておく必要があります。次のような判断基準の記載が考えられます。

・契約期間満了時の業務量
・労働者の勤務成績、勤務態度
・労働者の能力
・会社の経営状況
・従事している業務の進捗状況

「雇止め」となる場合とは

有期労働契約を更新した後に雇止めをすることによる紛争が多いため、有期労働契約の更新について「雇止め法理」というルールが置かれています。

具体的には、①有期労働契約の更新が繰り返されていて雇止めが解雇と同視できる場合、もしくは、②労働者が有期労働契約の更新に対する合理的な期待をもっている場合には、合理的理由を欠き、社会通念上相当でない雇止めが無効となり、会社側（使用者）が有期労働契約の更新を承諾したとみなされます（労働契約法19条）。そして、①雇止めが解雇と同視できるかどうか、②契約更新に対して合理的期待をもっ

ているかどうかは、更新の回数や通算雇用期間、有期労働契約の内容、雇用の継続に対する使用者の言動などから判断します。

不更新特約がある場合

会社は、労働者と有期労働契約を締結する際、契約期間や契約更新の回数を５年以内となるように定めた条件で契約することがあります。このような条件を不更新特約や不更新条項と呼びます。この場合、契約書等の文言で契約内容が明らかにされていると考えられ、労働契約法19条の雇止め法理の適用を受けることなく、５年以内の契約終了が可能になります。

しかし、入社時に不更新特約を盛り込んだ有期労働契約を交わすことで、会社は無期労働契約への転換義務（次ページ）を回避できる場合があります。

実務上、単に契約書等で前述した不更新特約を設けただけでは、必ずしも雇止めが有効になるとは限りませんので注意が必要です。

このように、不更新特約による不利益な労働契約を締結せざるを得ない状況にあったと認められると、雇止めは客観的に合理性を欠くと判断され、裁判所等で否定されることになります。

一方、５年が経過した後に、労働者が無期労働契約への転換を申し込まないことを条件に、契約更新をすることや、無期労働契約に転換するよう求める権利をあらかじめ放棄させておいた上で、労働契約を結ぶことはできません。

そのため、あらかじめ不更新特約について十分に説明し、継続的に相談に応じることなどの配慮をする必要があります。また、不更新特約を盛り込んだ労働契約自体が有効としても、新たな就職のあっせんや、慰労金の支払い、年休残日数への配慮を行うなど、会社は労働者に真摯に向き合い、無用のトラブルを防止することが重要です。

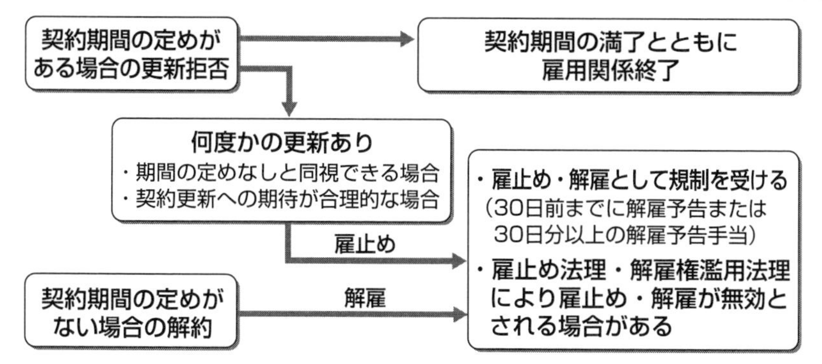

無期転換ルール

有期契約が5年以上になると、無期転換を申込みができる

無期転換ルールとは

平成25年4月1日以後に開始した有期労働契約が、同一の使用者との間で、通算5年を超えて更新された場合において、労働者からの申込みにより、期間の定めのない労働契約（無期労働契約）へ転換することが義務付けられています。これを無期転換ルールといい、使用者は労働者からの申込みを断ることはできません。同一の使用者かどうかは、事業所単位ではなく事業主単位で判断します。無期労働契約に転換した際の労働条件は、原則として転換前と同一の労働条件が適用されます。

「クーリング期間」について

無期転換ルールは、「通算して5年」という通算契約期間の算定について例外が認められています。それは、有期労働契約の終了から次の有期労働契約の開始までの間（空白期間）が6か月以上の場合は「通算」が認められなくなるというものです。このときの空白期間をクーリング期間と呼んでいます。

この点、使用者がクーリング期間に関する規定の適用を受けるため、もとの有期労働契約の終了後、実質的に職務内容などが同じであるにもかかわらず、派遣の形態に変更したり、請負契約の形式を装い、労働契約の当事者を形式的に他の事業主に切り替えたりする場合があります。この場合、形式的にはクーリング期間が生じるように見えますが、これは使用者が無期労働契約への転換を嫌がり、無期転換ルールの適用を逃れるための潜脱行為だといえます。このような派遣や請負などを利用した潜脱行為があったときは、クーリング期間が発生せず、潜脱行為の期間を含めて、有期雇用労働者は「通算して」雇用されていたと判断されると考えられています。

無期転換ルールの効果

有期労働契約のパートタイマーが無期労働契約へ転換しても、それはパートタイマーが正社員になることを直ちに意味するものではありません。有期労働契約から無期労働契約に転換した場合、契約期間以外の労働条件（職務の内容、勤務地、労働時間、賃金など）は、労働協約や就業規則などに別段の定めがある場合を除き、これまでの労働条件がそのまま引き継がれるからです。

一方、無期労働契約に転換される際に、別段の定めがないにもかかわらず、これまでの労働条件を引き下げることはできません。有期労働契約者には通常定められていない定年などの労働条件を適用する必要がある場合は、あらかじめ明確に設定しておく必要があります。

◎無期転換ルールについての各種特例について

有期労働契約から無期労働契約への転換ルールには、以下のような特別ルール（特例）があります。

① 研究者に対する特例

特例の対象となる専門家は、大学や研究開発法人などとの間で有期労働契約を締結している教員、研究者、技術者などです。このような専門家が大学や研究開発法人などとの間で有期労働契約を結ぶ場合は、専門家の申し出により無期労働契約への転換が可能になるまでの通算契約期間が10年超に延長されます。

② 高度な専門知識を持つ有期雇用労働者に対する特例

高度な専門知識を持つ有期雇用労働者は、一定期間、無期労働契約への転換申込みがなされないという特例が設けられています。特例の適用対象となるのは、高収入・高度な専門知識を持つ有期雇用労働者で、10年を上限としたプロジェクトに従事する場合です。

③ 60歳以上の定年後に有期契約で継続雇用される者に対する特例

60歳以上の定年後に有期契約で継続雇用される者に対しては、無期労働契約への転換申込みがなされないという特例が設けられています。これはあくまで定年前まで正社員のように無期雇用されていた者に限定されており、60歳未満から有期労働契約が反復されている者については、無期転換ルールが適用されるため注意が必要です。

このように②と③に該当する者は、雇用の安定が損なわれることが少ないため特例で除外されています。また、特例を利用するためには、雇用管理措置（高年齢者雇用推進者の選任など）の計画を作成した上で、都道府県労働局長の認定を受けることが必要です。

無期転換ルールの例外（有期特措法）

５年超の一定期間内に完了予定のプロジェクトに従事する高度専門知識を持つ有期雇用労働者

10年を上限とするプロジェクト完了予定期間は無期転換申込権が発生しない

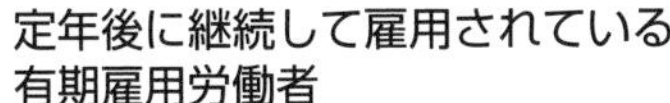

定年後に継続して雇用されている期間は無期転換申込権が発生しない

18 労働者派遣

派遣元、派遣労働者、派遣先の三者が関わる契約である

労働者派遣とは

派遣会社が雇用する派遣社員を、その雇用関係を維持しつつ、受入企業の指揮命令により受入企業のために労働に従事させることを労働者派遣といいます。労働者派遣は、労働者と雇用主の一対一の関係と異なり、労働者である派遣労働者を雇用している派遣元と、派遣社員が実際に派遣されて働く現場となる派遣先の三者が関わります。労働者派遣は三者が関わるため、通常の一対一の雇用関係と比べると複雑な法律関係となります。

労働者派遣の場合は、派遣元と派遣労働者の間で雇用契約が交わされますが、派遣労働者が労働力を提供する相手は派遣先です。派遣先は、派遣労働者に対し業務に関連した指揮や命令を出します。派遣労働者に対する賃金は派遣元が支払います。

なお、派遣元と派遣先の間では、労働者を派遣することを約束した労働者派遣契約（派遣契約）が結ばれます。

２種類の派遣期間の制限が及ぶ

労働者派遣においては、派遣先の業務に関係なく、①派遣先事業所単位の期間制限と、②個人単位の期間制限の２種類の制限が適用されています。

①　派遣先事業所単位の期間制限

同じ派遣先の「事業所」（工場、事務所、店舗など場所的に独立しているもの）に派遣できる期間（派遣可能期間）は３年が限度となります。派遣先が３年を超えて受け入れようとする場合は、派遣先の過半数組合などからの意見聴取が必要です。

②　個人単位の期間制限

同じ派遣労働者を派遣先の事業所における同じ「組織単位」（「課」や「グループ」に相当します）に派遣できる期間（派遣可能期間）も３年が限度となります。この制限は過半数組合などの意見聴取による延長ができません。

派遣契約の内容で何を決めるか

労働者派遣契約（派遣契約）は、派遣先と派遣元との間で、個別の派遣労働について契約書を作成します。その後、派遣元は派遣社員（派遣労働者）に就業条件明示書を交付します。

派遣契約には、派遣社員から苦情の申し出を受けた場合の処理などに関する事項、派遣契約の解除の際の派遣社員の雇用の安定を図るための措置等も取り決めておく必要があります。その他には、派遣料金、債務不履行の場合の賠償責任についても、あらかじめ契

約書に記載しておきましょう。

派遣契約の解除の制限

労働者派遣契約の解除が問題になるのは、主として派遣先の都合で契約期間満了前に派遣契約を解除する場合です。

この場合、派遣先は、派遣元の同意を得るとともに、相当の猶予期間をおいて派遣元に解除の申入れを行う必要があります。そして、関連会社などで派遣社員が新たに働けるように手配するなどの努力をしなければなりません。

派遣社員の新たな就業機会を確保できない場合には、解除によって派遣元に生じた損害の賠償をすることが必要です。たとえば、派遣先は、派遣契約の解除を行う予定の日の30日以上前に解除の予告を行う必要があります。予告を行わず直ちに解除をする場合には、派遣先は、派遣元に対して、派遣社員の30日分の賃金に相当する金額以上の損害賠償を支払わなければなりません。

派遣契約の解除の際にその理由を派遣元から問われた場合には、派遣先は理由を明らかにする義務を負います。

もっとも、派遣先が行う派遣契約の解除には、いくつかの制限（解除自体が禁止される場合）があります。

まず、労働者派遣法は、派遣社員の国籍、信条、性別、社会的身分、派遣社員が労働組合の正当な行為を行ったことなどを理由に、派遣先が派遣契約を解除することを禁止しています。

次に、各種の労働法に基づき、人種や門地、婚姻や妊娠出産、心身の障害、派遣社員が派遣先に苦情を申し出たことなどを理由とする解除も禁止されています。派遣先が違法行為を行っていたことを派遣社員が関係行政機関に申告した場合、派遣先がそれを理由に派遣契約を解除することも許されません。

個人単位の期間制限

同一組織単位（○○課）内での派遣期間 ＝ 3年

※同じ事業所内の場合は過半数組合などの意見聴取が必要（3年の事業所単位の期間制限に達する場合）

【派遣元が派遣労働者に対して行うべき雇用安定措置】
①派遣先に直接雇用を促す　②新たな派遣の場を提供する
③派遣元での無期雇用を約束する　④上記以外の雇用安定措置

業務委託

業務委託から事業譲渡までさまざまである

業務委託契約とは

最近では、インターネットを通じて自宅で仕事を請け負うフリーランスという働き方が一般的になっていきました。インターネットでは、さまざまな仕事の依頼などを仲介サイトで見ることができます。このように、不特定多数のフリーランスに対して、会社の業務を委託する形態のことを「クラウドソーシング」といいます。

会社にとっては自社で労働者を雇うよりも業務委託をすることで、効率的な経営ができるというメリットがあります。一方で、フリーランスにとっては、自分のライフスタイルに合わせ仕事ができるというメリットがあります。このように、外部の人材を活用する場合、さまざまな契約形態の注意点を知っておく必要があるでしょう。

労務提供先の指揮監督を受けずに業務を行う場合を一般的に業務委託と呼んでいます。業務委託には、仕事の完成を約束する請負契約としての性質を持つ場合と、単に委託された業務を遂行する準委任契約としての性質を持つ場合があります。

契約形態によって法規制が異なりますので、どのような契約形態なのかが重要となります。

労務提供先の指揮監督の下で業務を行う雇用の場合、労働基準法などの規制があります。また、労働者派遣においても、労働者派遣法だけでなく、労働基準法などが部分的に適用されます。

他方、業務委託の場合、労働基準法などの規制はありませんが、下請法などの規制があります。

業務委託契約のポイント

業務委託契約という名称は、法律上の定義があるわけではないにもかかわらず、一般的にはよく使用されています。業務委託契約を準委任と意図している場合もあります。そのため、業務委託契約書という名称であったとしても、実態は請負である可能性があります。ここでは、それらの区別のポイントを見ていきます。

① 対象となる業務が具体的に特定されているか

請負の目的は「仕事の完成」です。仕事が完成（終了）した時点で、通常は何らかの成果物が生み出されるため、請負であれば契約書に成果物の記載があるはずです。他方、準委任の目的は「事務の委託」ですから、委託された事務処理（業務）が他の業務から完全に独立した形でなされるかどうかがポイントです。準委任の契約書には、具体的な事務処理の内容が記載されているはずです。

② **作業場所**

請負の場合、請負人の作業場所で仕事をするのが一般的です。他方、準委任の場合は、業務内容により変わるので、作業場所から判断するのは難しいでしょう。清掃や警備のように、委託者の事務所などでなければ遂行できない事務処理があるからです。

③ **納期や契約期間**

請負の場合は、成果物の納入で仕事が完成（終了）するため、契約で納期を定めることになります。他方、準委任の場合は、事務処理を継続する期間（契約期間）を定めることになります。

④ **報酬の定め方**

請負の場合は、完成した成果物につき「1ついくら」「総額いくら」といった定め方になっているはずです。他方、準委任の場合は、業務ごとに報酬を定めたり、業務の遂行により生じた成果物に対して報酬を定めるのが一般的ですが、業務に要した時間に応じて報酬を定める場合もあります。

⑤ **指揮命令権**

請負や準委任の場合、指揮命令権は依頼者（注文者・委託者）の側にありません。作業従事者に対しては、その雇用主である請負人・受託者だけが指揮命令権を持っています。したがって、契約書に指揮命令権の所在が明記されていれば、請負や準委任ではなく労働者派遣に該当します。具体的な仕事や業務の指示がなくても、始業・終業時刻、休憩時間の管理、時間外労働・休日労働の命令権を依頼者が持っている場合も労働者派遣とみなされます。請負や準委任において依頼者が命令できる範囲は、依頼者の事務所などで作業する場合であっても、入館可能な時間帯や禁止行為の設定などにとどまります。

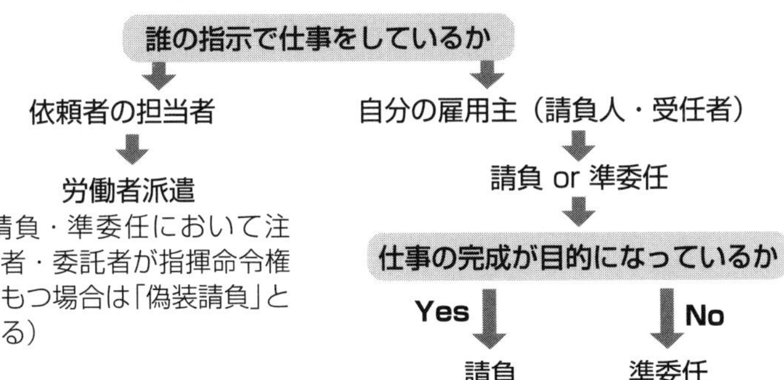

Column

トランスジェンダーをめぐる法律問題

LGBTとは、同性愛者の女性（レズビアン）、同性愛者の男性（ゲイ）、異性と同性の両方を恋愛対象とする男女（バイセクシュアル）、性同一性障害など出生時の性別と自己の認識する性別に隔たりがある男女（トランスジェンダー）の頭文字をとった表現です。

LGBTは社会的偏見にさらされてきたという経緯があります。職場においても、雇用差別やハラスメント被害などの問題があります。たとえば、採用面接の会場に、戸籍上の性別と違った服装で行ったところ、トランスジェンダーであることを理由に、面接を中断されてしまった場合や、社内で、労働者がトランスジェンダーであることについて、本人の意思に反して他の労働者に暴露するような行為などが挙げられます。これらの行為は、偏見に基づく差別的な取扱いを生じさせる可能性があります。

なお、ハラスメント被害について、厚生労働省は、セクハラに該当する許されない行為を指針として定めています。特に言葉を浴びた労働者が、性的志向や自己に対する性的な自認について、実際にLGBTであるか否かは問わない点が重要です。LGBTを差別するような言動それ自体がセクハラにあたるということです。

さらに、「性的指向又は性自認を理由とする差別の解消等の推進に関する法律案」が施行に向けて進められていましたが、令和３年度の通常国会に提出は見送られています。この法律案では、性的指向（恋愛感情又は性的感情の対象となる性別についての指向）や性自認（自己の性別についての認識）による差別の禁止、差別の解消に向けた基本的事項が規定されています。今後も、LGBTなどの性的少数者に対する差別禁止や解消に向けた法整備が進められていくものと考えられます。

第３章

労働時間をめぐるルール

労働時間のルールと管理

週40時間、１日８時間の労働時間が大原則である

週40時間、１日８時間

仕事が忙しい場合にも、使用者は労働者に対して自由に残業をさせることができるというものではありません。労働基準法には、「法定労働時間（週40時間、１日８時間）を超えて働かせてはならない」という原則があります（労働基準法32条）。これに違反する場合には刑事罰（６か月以下の懲役または30万円以下の罰金）が科されます（労働基準法119条）。

週の労働時間の合計の上限（40時間）と１日の労働時間の上限（８時間）の両面から規制がなされています。労働時間に関する労働基準法の規定には次のような例外があります。

① １か月単位での平均が１週あたりの法定労働時間を超えない定めをした場合に、労使協定または就業規則などにより、特定の週または日に法定労働時間を超えて労働する場合（労働基準法32条の２）

② 労使協定かつ就業規則などにより、始業・就業時間をその労働者にゆだねる場合（フレックスタイム制、労働基準法32条の３）

③ 労使協定により、１週あたりの法定労働時間を超えない範囲内で、１か月超～１年以内を対象期間とする場合（労働基準法32条の４）

④ 日ごとの業務に繁閑の差が生じることが多い事業の場合（労働基準法32条の５）

それぞれの規定には詳細な制約があります。いずれも労働者側と使用者とが、事業の実情にあわせて労働時間を集中または分散できるようにするための規定です。労働時間の算定が困難な業種については、裁量労働制という働き方も認められています。事業内容、会社規模などによる例外もあります。

法定内残業と時間外労働

割増賃金を支払わなければならない「時間外労働」は、法定労働時間（週40時間、１日８時間）を超える労働時間です。労働基準法は、就業規則で定められた終業時刻後の労働のすべてに割増賃金の支払を要求しているわけではありません。

たとえば、ある会社の就業規則で９時始業、５時終業で、昼休み１時間と決められているのであれば、労働時間は７時間です。そこで６時まで「残業」したとしても、８時間の枠は超えていませんから、時間外労働にはなりません。この残業を法定内残業といいます。法定内残業は時間外労働ではありませんから、使用者は割増賃金ではなく、通常の賃金を支払えばよいわけです。もっとも、この場合でも使用者が割増賃金を支払うことについては問題ありません。

◎変動的給与計算のための時間管理

会社が労働者に給与を支給するときは、一定のルールに従って支給額を計算することになります。

給与は固定的給与と変動的給与に分かれます。固定的給与とは、原則として毎月決まって同じ額が支給される給与のことで、たとえば、基本給・役職手当・住宅手当・家族手当・通勤手当などがこれにあたります。これに対して、変動的給与とは、支給されるごとに支給額が異なる給与です。時間外手当・休日労働手当・深夜労働手当などの残業手当や、精皆勤手当などがこれにあたります。

固定的給与は、原則として就業規則（賃金規程）であらかじめ毎月の支給額が決まっているため、月中での入退社や休職からの復帰、欠勤や遅刻・早退などがない限り、あらためて計算する必要はありません。

一方、変動的給与は、毎日の出退勤状況や残業時間に応じて、給与を支給するたびに金額が異なるため、支給額を計算する必要があります。そこで、変動的給与を計算するために、それぞれの労働者について、日々の出勤・欠勤の状況、労働時間・残業時間などのデータが必要になります。データ収集のために一般的に利用されるのが出勤簿やタイムカードです。サービス残業などをさせると、残業代不払いとして法的な問題になりますから、会社としては労働時間管理表を作成し、労働時間を適正に管理することが必要です。なお、出勤簿、タイムカード、賃金台帳は、最後に記入した日から３年間、事業所に保存しておく必要があります。

割増賃金を支払う義務が生じる場合

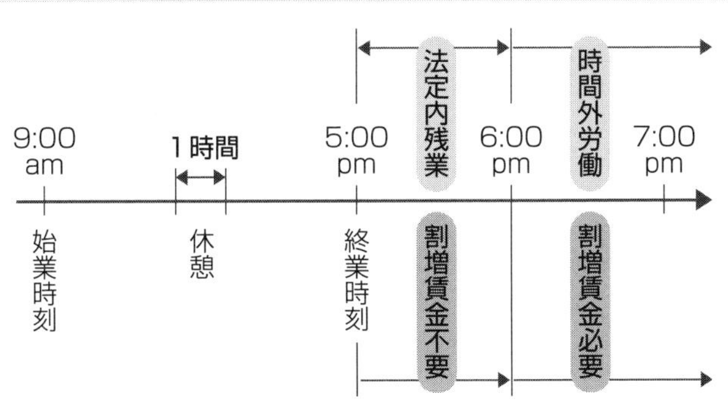

勤務間インターバル

終業時刻から翌日の始業時刻までの休息時間を確保する制度

どんな制度なのか

勤務間インターバル制度とは、労働者が１日の勤務が終了（終業時刻）してから、翌日の勤務が開始（始業時刻）するまでの間に、一定時間以上の間隔（インターバル）を確保する制度です。終業時刻から翌日の始業時刻までの間に休息時間（勤務間インターバル）を設けて、労働者の長時間労働を解消することが目的です。

たとえば、始業時刻が午前９時の企業が「11時間」の勤務間インターバルを定めている場合、始業時刻に労働者が勤務するためには、原則として前日の終業時刻が午後10時前でなければなりません。

企業が勤務間インターバル制度を導入する場合、大きく２つの意義があります。１つは、一定の時刻に達すると、それ以後、労働者は残業ができなくなるということです。もう１つは、一定の休息時間が確保され、労働者の生活時間や十分な睡眠時間を確保し、労働者のワークライフバランスの均衡を保つことが推進される点です。

導入促進のための助成金など

厚生労働省は、勤務間インターバル制度を導入した企業のうち、一定の条件を満たす企業が申請することによって、導入に向けた取組みの費用負担を助成する「働き方改革推進支援助成金（勤務間インターバル導入コース）」という制度を設けています。

ただし、助成対象になる企業規模が限定されています。たとえば、サービス業の場合は、資本・出資額いずれかが5000万円以下であり、常時雇用する労働者の人数が100人以下の企業に限定されています。その上で、助成金の支給を受けるため、企業において労務管理担当者に対する研修や、労働能率の増進に資する設備・機器の導入を行うなど、一定の取組みを行うことが必要です。さらに、助成金の支給を受けるためには、成果目標の設定が求められている他、少なくとも９時間以上の勤務間インターバルを置くことが必要です。

働き方改革推進支援助成金（勤務間インターバル導入コース）による助成を希望する企業は、原則として、過去２年間に月45時間を超える時間外労働の実態があり、勤務間インターバルを導入することで、生活時間や睡眠時間の確保、過重労働の防止を推進していくことが必要です。

どんな問題点があるのか

勤務間インターバル制度によって始業時刻が繰り下げられた場合、繰り下げられた時刻に相当する時間の賃金に関する問題があります。

たとえば、繰り下げられた時間については、労働免除とするという方法が考えられます。労働免除が認められると、繰り下げられた時間分については、労働者は賃金を控除されることがありません。しかし、これを企業側から見ると、労働者ごとに労働時間の繰り下げなどの管理を適切に行う必要があるとともに、労働者同士の公平性にも配慮しなければならないという負担がかかります。

このように、勤務間インターバル制度は、労働者の健康や安全を確保するのに役立つ制度である一方で、労働者にとって重大な関心事である賃金に対して影響を与えるおそれがあるため、その導入に際しては、労使間で事前に明確な合意に至っている必要があります。

就業規則にも規定する必要がある

企業は、勤務間インターバル制度の導入を、努力義務として課されることになりました。つまり、長時間労働の改善について、企業側の意識の向上が求められているということです。

そこで、企業が勤務間インターバル制度を導入する場合には、就業規則などに明確に規定を置き、特に繰り下げた時間に相当する賃金の問題などについても、事前に明確にしておくことが望まれます。

勤務間インターバルとは

勤務間インターバル → 労働者が1日の終業時刻から翌日の始業時刻までに、一定時間以上経過しなければならないという制度

（例）勤務間インターバルが『11時間』の場合

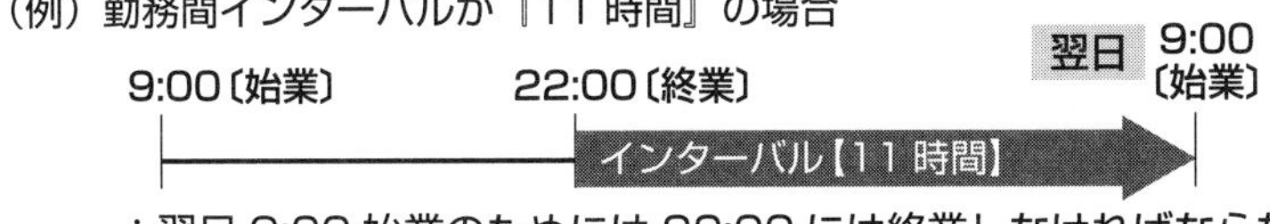

∴翌日 9:00 始業のためには 22:00 には終業しなければならない

勤務間インターバルの効果

→ ①長時間労働の解決　②労働者の生活時間や十分な睡眠時間の確保

3 休憩時間

休憩時間は労働時間の途中に一斉に与える

◎休憩時間も法律で定められている

労働時間は休憩時間を除外して計算するのですが、これとは別に休憩時間についても定めがあります。使用者は労働者に対し、労働時間が6時間を超える場合は45分以上、8時間を超える場合は1時間以上の休憩時間を与えなければならず、休憩時間は労働時間の途中に一斉に与えなければなりません（一斉付与の原則）。ただし、労使協定に基づき交替で休憩させるなどの例外が認められます。

多くの会社では、まとまった休憩時間を昼食時に設定しています。一斉に与えなければならないのは、バラバラに休憩をとると、休憩がとれなかったり、休憩時間が短くなったりする労働者が出ることを防ぐためです。

また後述するように、休憩時間は拘束してはならず、労働者に自由に利用させなければなりません（自由利用の原則）。休憩時間に社員を講堂に集めて勉強会をするというのでは、法律の認める休憩時間にはなりません。

◎組合活動や政治活動も許される

休憩時間は自由利用が原則です（労働基準法34条3項）。使用者が休憩時間中の労働者の行動を制約することはできません。以下、それぞれのケースを見ていきましょう。

①　外出

労働者は休憩時間中、自由に外出できます。もっとも、事業場の中で自由に休憩できるのであれば、外出について所属長などの許可を必要とする許可制は違法ではありません。

②　自主的な勉強会

労働者が自主的に活動している場合は問題ないのですが、使用者が参加を強制している場合（事実上の強制も含みます）は、休憩の自由利用の原則に反します。

③　電話番

電話番をさせるのは、休憩室で自由に休憩しながらであっても、労働から解放したものとはいえないので、休憩の自由利用の原則に反します。

④　組合活動

労働者が休憩時間を利用して組合活動を行うことは自由です。組合活動は憲法で保障された権利です。

⑤　政治活動

職場秩序や会社の事業に対する具体的な支障がない限り、政治活動も許されると考えられます。

変形労働時間制

労働時間を合理的に使うことができる

変形労働時間制には３類型ある

会社の業種の中には、「土日だけ忙しい」「月末だけ忙しい」「夏だけ忙しい」などのように、時期や季節によって繁閑の差が激しい業種もあります。このような業種の場合、忙しいときは労働時間を長くして、逆に暇なときは労働時間を短くしたり、休日にしたりする方が合理的といえます。そこで考えられたのが変形労働時間制です。

変形労働時間制とは、一定の期間を通じて、平均して「１週40時間（44時間の特例あり）」の範囲内であれば、期間内の特定の日や特定の週に「１日８時間、１週40時間」を超えて労働させてもよいという制度です。労働基準法が認めている変形労働時間制には、次の３種類があります。

① １か月単位の変形労働時間制
② １年単位の変形労働時間制
③ １週間単位の非定型的変形労働時間制

なお、満18歳未満の者を変形労働時間制によって労働させることはできないのを原則としています。

変形労働時間制のメリットは、前述のように、業種に合わせた合理的な労働時間を設定できることが挙げられます。また、労働時間が法定労働時間に収まる範囲が広がるので、企業側が残業代を削減できるのも大きなメリットといえます。

一方、変形労働時間制のデメリットとしては、個別の労働者ごとに労働時間が異なるため、会社としての一体性を保つことが困難になり、社員のモチベーションや、規律を正すことが困難になる場合があります。また、企業の担当者は、複雑な労働時間の管理等の手続を行わなければなりません。

変形労働時間制の種類

- 変形労働時間制
  - １か月単位の変形労働時間制
  - １年単位の変形労働時間制
  - １週間単位の非定型的変形労働時間制

1か月単位の変形労働時間制

月単位の平均労働時間が法定労働時間内に収まればよい

どんな制度なのか

1か月以内の一定期間を平均して、1週間の労働時間が40時間を超えなければ、特定された日または週に法定労働時間を超えて労働させることができる制度です。たとえば月初や月末だけ忙しくなる仕事のように1か月の中で仕事量に繁閑のある業種や職種に利用できます。ただし、1か月単位の変形労働時間制をとるためには、労使協定または就業規則その他就業規則に代わるものによって、1か月以内の一定の期間を平均して、1週間あたりの労働時間が法定労働時間を超えない旨の定めをしなければなりません。

たとえば、週休2日制（土・日曜日休日）を採用しているある企業では、月末にかけて業務量が増える業種です。業務量が増えた時期の労働時間が、仮に1日10時間の労働が必要な業務であれば、10時間×5日間＝50時間が、労働時間にあたります。法定労働時間は、1日8時間×5日間＝40時間ですので、法定労働時間を超える部分（50時間－40時間＝10時間）については時間外労働にあたり、会社は残業代を負担しなければなりません。

一方で、1か月単位の変形労働制では、1か月間の平均労働時間が法定労働時間内であればよいわけです。労働日が4週間ある1か月を例にとると、法定労働時間は、1日8時間労働×5日間（1週間）×4週間（1か月）＝160時間です。月末の第4週で1日10時間労働が必要な場合でも、第1週が平均6時間労働（6時間×5時間＝30時間）、第2週が平均7時間労働（7時間×5日間＝35時間）、第3週が平均9時間労働（9時間×5日間＝45時間）等の場合には、1か月の合計労働時間は160時間ですので、1週間の平均労働時間は法定労働時間に収まります。

1か月間の変形労働制をとるためには、具体的に以下の①～⑤のような事項について、あらかじめ定める必要が生じます。注意点としては、就業規則で定める場合には、「各日の始業・終業時刻」を定める必要が生じます。

一方、労使協定による場合は、協定の有効期間を定めなければならず、その協定を事業場の所在地を管轄する労働基準監督署に届け出ることも必要です。1か月単位の変形労働時間制の採用にあたっては、1か月単位の変形労働時間制について定めている労使協定または就業規則などに定める事項をよく確認するようにしましょう。

①　1か月以内の一定の期間（変形期

間）とその期間の起算日

② 対象労働者の範囲

③ 変形期間の１週間平均の労働時間が40時間（44時間の特例あり）を超えない定め

④ 変形期間における各日・各週の労働時間（所定労働時間）

⑤ 各日の始業・終業時刻（労使協定による場合は「有効期間の定め」が必要になる）

変形期間について、法定労働時間の総枠を超えて各週の所定労働時間を設定することはできません。

変形労働時間制は法定労働時間制の変形ですから、特定の週、特定の日に、「１週40時間、１日８時間」を超える労働時間が定められても、超えた部分は時間外労働にはなりません。時間外労働になるのは、就業規則などで定めた所定労働時間（上記④）を超えており、かつ１週40時間または１日８時間を超える時間についてです。

また、上記により時間外労働とされた時間を除き、変形期間の法定労働時間の総枠を超える時間も時間外労働になります。時間外労働となる労働時間については、当然ですが割増賃金の支払いが必要になります。なお、１か月単位の変形労働時間制の対象期間は、１か月以下であればよく、１か月に限定されるわけではありませんので、「４週間」「３週間」といった期間であってもかまいません。変形期間における法定労働時間の総枠は、以下の算式によって求めます。

法定労働時間の総枠＝１週間の法定労働時間×変形期間の日数／７

たとえば、変形期間を１か月としている事業所で、１週の法定労働時間が40時間の場合だとします。

１か月が30日の月の労働時間の総枠は171.4時間（＝40時間×30日÷７）です。１か月が31日の月の場合は、177.1時間（＝40時間×31日÷７）、同じく１か月が28日の月の場合は、160時間（＝40時間×28日÷７）となります。

１か月単位の変形労働時間制の例

対象期間	労働時間
1週目	36時間
2週目	34時間
3週目	42時間
4週目	42時間
4週間	154時間

3週目と4週目は法定労働時間をオーバーしているが、4週間の労働時間の合計が160時間（40時間×4週）以下なので時間外労働とはならない

1年単位の変形労働時間制

1か月超1年以内の期間を単位として所定労働時間を設定する制度

どんな制度なのか

業種によっては、夏に消費者の需要が集中していて、その間は忙しいものの、それを過ぎればグンと仕事量が減ってしまうような事業もあります。このような季節によって繁閑の差が大きい業種は、忙しい時期には時間外労働が多くなり、暇な時期には、その事業所の所定労働時間内でも仕事がなくて暇をもて余したりします。

そこで、1か月よりも長い期間（1か月を超え1年以内の期間）を単位として、それぞれの事業所の業務形態にあわせた所定労働時間を設定することを可能にしたのが、1年単位の変形労働時間制です。

1年単位の変形労働時間制を採用することで、労働時間を効率的に活用することができるようになり、また、同時に労働時間の短縮も図ることができるようになります。

1年単位の変形労働時間制を採用するためには、労使協定によって一定の事項を定めなければなりません。この場合の労使協定は所轄労働基準監督署に提出する必要があります。

労使協定に定める事項としては以下のようなものがあります。

① 対象労働者の範囲
② 対象期間
③ 特定期間
④ 対象期間における労働日と労働日ごとの労働時間
⑤ 対象期間の起算日
⑥ 労使協定の有効期間

①の対象労働者の範囲に制限はありませんが、対象期間の途中で退職した者などについては、労働時間を再計算して割増賃金を支払わなければならない場合もあります。また、途中入社の者についても割増賃金の支払いが必要になる場合があります。

②の対象期間は1か月を超え1年以内の期間になります。事業所の事情にあわせて、たとえば、3か月、10か月、120日といった期間を自由に設定することができます。

③の特定期間は、対象期間の中で業務が忙しくなる期間のことです。

④については、労使協定の中で対象期間のすべての日の労働時間をあらかじめ定めておくのが原則です。ただ、対象期間を1か月以上の期間ごとに区分する場合には、次の事項を定めておくことで足ります。

ⓐ 最初の期間（対象期間の初日の属する期間）の労働日と労働日ごとの労働時間

ⓑ　最初の期間以外の各期間における労働日数と総労働時間

なお、最初の期間を除く各期間については、各期間の初日の少なくても30日前に、その事業所の過半数組合などの同意を得て、各期間の労働日と労働日ごとの労働時間を特定する必要があります。

対象期間が長く、事前に先々の業務の繁閑の程度を予測できない場合は、3か月以上の期間で区切って、最初の期間の所定労働日ごとに労働時間を決め、残りの期間については労働日と総労働時間を定めておくという方法も許されます。

労働時間には上限がある

1年単位の変形労働時間制には、対象期間中の労働日数と労働時間について上限があります。

労働日数については、対象期間が3か月を超えるときは1年あたり280日が限度となります。労働時間については、対象期間の長さに関係なく、1日あたり10時間、1週あたり52時間が限度になります。この場合、対象期間が3か月を超えるときは、対象期間中の労働時間が48時間を超える週が連続する場合の週数が3以下であり、かつ、対象期間を初日から3か月ごとに区切った各期間において労働時間が48時間を超える週の初日の数が3以下である、という制限があります。

また、対象期間において連続して労働させることができる日数は6日が限度になります。ただ、特定期間（特に忙しいとき）については、1週間に1日の休日が確保できればよいとされていますので、最長で連続12日間労働させることができます。もっとも、労働日や労働日における労働時間の定め方には、①対象期間すべてに関して定める方法と、②対象期間を1か月以上の期間に区分して、区分した期間ごとに定めるという2種類があります。

なお、1年単位の変形労働時間制を採用している会社に予期しない事情が生じ、やむを得ず休日の振替えを行わなければならない場合、同じ週内に限り休日の振替えを行うことができます。これは1週に1回の休日を確保するという原則に基づくもので、予期しない事情があっても異なる週に休日を振り替えることはできません。

1年単位の変形労働時間制

● 1年単位の場合の労働日数・労働時間の総枠（3か月超～1年未満）

280日 × 対象期間の日数 ÷ 365

1日10時間以内、1週52時間以内、連続6日間（原則）

1週間単位の非定型的変形労働時間制

手続きが煩雑で、採用できる業種も限られている

どんな制度なのか

旅館や料理店、行楽地にある売店などのように、日によって繁閑の大きな差があり、就業規則などで各日の労働時間を特定することが困難な事業所の場合、1週間を単位として、日によって所定労働時間を調整できるとした方が効率的です。

そこで、このような特定の業種で、一定規模以下の事業所については、1週間の所定労働時間が40時間以内であれば、1日の労働時間を10時間まで延長できることにしました。この制度が「1週間単位の非定型的変形労働時間制」です。1週間単位の非定型的変形労働時間制を採用することができるのは、小売業、旅館、料理店、飲食店のうち常時30人未満の労働者を使用する事業です。

1週間単位の非定型的労働時間制を採用するためには、以下の2つの事項について労使協定を締結し、所轄労働基準監督署に届け出る必要があります。

① 1週間の所定労働時間を40時間以内で定める

② 1週間に40時間を超えて労働した場合には割増賃金を支払うこと

事業主は、原則として、1週間単位の非定型的変形労働時間制で働くことになる労働者に対して、1週間の各日の労働時間をその1週間が開始する前に書面で通知しなければなりません。

1週間単位の非定型的労働時間制を採用した場合に、実際の労働者の労働時間は、どのようになるのでしょうか。具体例を見てみましょう。

たとえば、ある飲食店は、週末（土曜日・日曜日）は、平日に比べてより多くの集客が見込まれているとします。この場合、平日は多くの客が来店するわけではありませんので、働いている従業員の労働時間を、それほど多く設定する必要がない代わりに、週末はより多くの時間を働いてほしいことになります。そこで、この飲食店が前述の要件を満たしている場合、1週間単位の非定型的変形労働時間制が役に立ちます。この飲食店で働く従業員Aが、週6日勤務（水曜日が休日）の労働者である場合を例に、Aについて、1週間単位の非定型的変形労働制に基づいて、労働時間を設定した場合を表してみましょう。

まず、平日の前半は、特に集客が少ないことが見込まれるため、所定労働時間をそれぞれ、以下のように設定します。

ⓐ月曜日　3時間

ⓑ火曜日　４時間
ⓒ水曜日　休日
ⓓ木曜日　４時間

そして、週末にかけて集客が増えることに対応するために、週の後半の所定労働時間を以下のように設定します。

ⓔ金曜日　９時間
ⓕ土曜日　10時間
ⓖ日曜日　10時間

以上の設定では、従業員Ａについて、後半の曜日は１日８時間労働という法定労働時間を超えています。そこで、本来は、時間外労働にあたる部分について、この飲食店はＡに対して、割増賃金を支払う必要があります。しかし、１週間単位の非定型的変形労働時間制として、前述のようにＡの労働時間を設定しておくと、たしかに後半の曜日の労働時間は法定労働時間を超えていますが、10時間を超えておらず、また、１週間の所定労働時間の合計は、

３時間＋４時間＋４時間＋９時間＋10時間＋10時間＝40時間

となっており、40時間以内にとどまっています。したがって、Ａの労働時間の設定は、有効な１週間単位の非定型的変形労働時間制として認められますので、後半の曜日の法定労働時間を超える部分についても、この飲食店は、割増賃金を支払う必要はありません。

もっとも、Ａの労働時間がⓔは９時間、ⓕⓖは10時間を超える日が生じた場合には、１週間の労働時間の合計が40時間以内に収まっていても、この飲食店は、Ａに対して、割増賃金を支払うべきことに注意しなければなりません。

１週間単位の変形労働時間制

●１週間単位の変形労働時間制を採用するための要件

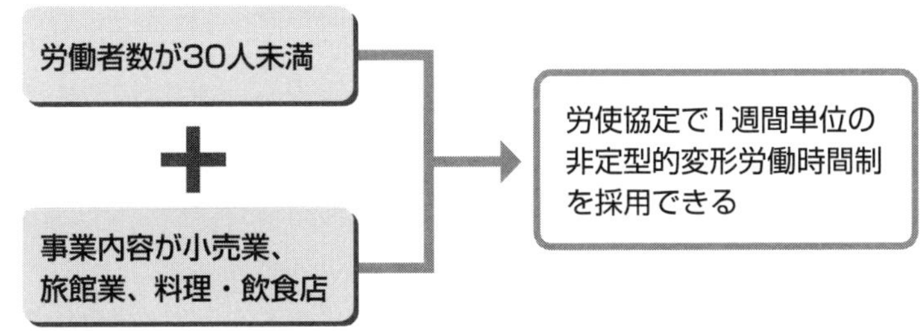

●１週間単位の変形労働時間制の例

	日	月	火	水	木	金	土	合計
第１週	6	4	4	定休日	6	10	10	40
第2週	定休日	5	4	6	7	9	9	40

フレックスタイム制

就業規則などに制度を定めて、労使協定を結ぶ

始業と終業の時刻を選択できる

事業の内容によっては、労働者が自分で出退勤の時刻を決めることが適している場合があります。このような事業について有効な制度がフレックスタイム制です。フレックスタイム制は、3か月以内の一定の期間（清算期間）内の総労働時間を定めておいて、労働者がその範囲内で各日の始業と終業の時刻を選択することができる制度です。フレックスタイム制を導入する場合、事業所の労働者全員が必ず労働しなければならない時間帯を設けるのが一般的です。この時間帯をコアタイムといいます。コアタイムの前後の一定の範囲で、労働者が自由に始業時刻と終業時刻を選択できる時間帯をフレキシブルタイムといいます。

フレックスタイム制を採用した場合、清算期間を平均して1週間あたりの労働時間が法定労働時間（原則は40時間、44時間の特例あり）の枠を超えなければ、1週間または1日の法定労働時間を超えて労働させても割増賃金を支払う必要はありません。一方、法定労働時間の枠を超過して働いている労働者に対しては、超過分については割増賃金を支払う必要があります。

なお、清算期間における実際の労働時間が「総労働時間」（労使協定で定めた総枠）を上回っていた場合、過剰した部分の賃金は、その期間の賃金支払日に支払わなければなりません。支払いを翌月に繰り越すことは賃金の全額払いの原則に反する違法行為になります。逆に、清算期間における実際の労働時間が総労働時間を下回っていた場合、その期間の賃金を支払った上で、不足している労働時間を次の期間に繰り越す（不足分を加えた翌月の総労働時間が法定労働時間の枠の範囲内であることが必要）こともできますし、その期間内で不足している労働時間分に相当する賃金をカットして支払うこともできます。

導入する場合の注意点

フレックスタイム制を採用する場合、労使協定で、①フレックスタイム制が適用される労働者の範囲、②清算期間（3か月以内）、③清算期間内の総労働時間、④標準となる1日の労働時間、⑤コアタイムを定める場合はその時間帯、⑥フレキシブルタイムを定める場合はその時間帯、について定めておくことが必要です。③の総労働時間は1か月単位の変形労働時間制と同じ計算方法によって求めます。

フレックスタイム制により、労働者は自分の都合で働くことができますが、必ずしも業務の繁閑にあわせて勤務するとは限りません。さらに、コアタイムでない限り出社時刻や退社時刻を指示できないため、会社の意思と合致しないなど、デメリットもあるため、導入しても廃止する会社もあります。

フレックスタイム制のデメリットとしては、まず、フレックスタイム制を導入すること自体が困難な業種があります。たとえば、編集や設計、研究開発等の業種の会社では、フレックスタイム制を採用すると、日常の業務に支障が生じてしまうおそれがあります。つまり、フレックスタイム制では、コアタイム以外、原則として従業員のすべてが集合する機会が少なくなりますが、日常の業務が従業員の協同体制によって成り立つ業種では、従業員が連携することによって業務を行っていくことが前提になるため、そもそもフレックスタイム制を導入することは困難です。会社の側としてもフレックスタイム制を活用しようというインセンティブが生まれにくい状況にあります。

また、編集や設計などが典型的ですが、業務の量が一定ではなく、一時に入る業務の量が膨大になる場合には、フレックスタイム制を採用してしまうと、業務をこなすことは難しくなります。時期における業務の増減について見通しが立たない場合も多いため、コアタイムの設定等についても、あらかじめ明確に定めておくことができません。

フレックスタイム制では、労働者自身で始業、終業時刻を決定できるため、子どもの保育園の送迎や親の介護など家庭と仕事の両立にメリットのある制度です。最近では、清算期間が1か月から3か月に延長される等の法改正が行われ、より柔軟な働き方が選べるようにもなってきました。なお、清算期間が1か月を超える場合には労使協定を所轄労働基準監督署に提出する必要があります。

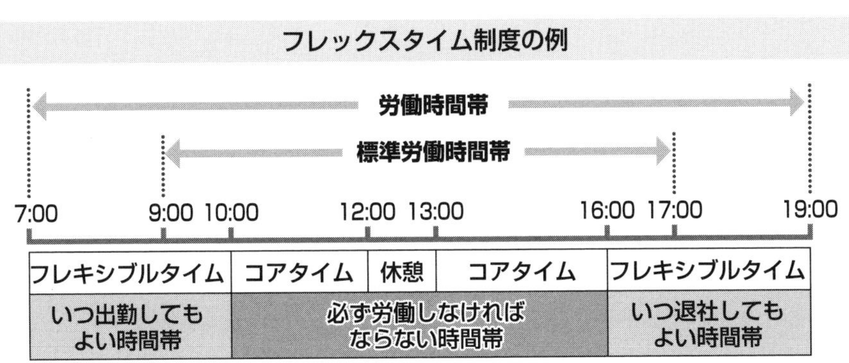

第3章 労働時間をめぐるルール

事業場外みなし労働時間制

労働時間の算定が難しい場合に活用できる

◎外勤社員の労働時間について

営業担当者などの一日中外勤の労働者の労働時間はどう算定するのでしょうか。外勤の場合も、実際に働いた時間を計算するのが、労働基準法の考え方の基本です。外勤に従事する人の場合について、労働基準法は、「事業場外（事業場施設の外）で業務に従事した場合において、労働時間を算定しがたいときは、所定労働時間労働したものとみなす」と定めています（労働基準法38条の２第１項）。外勤に従事する労働者の労働時間について、社内で働く他の労働者と同じように、始業時刻から終業時刻まで労働したとみなします。これを事業場外労働のみなし労働時間制といいます。

また、「当該業務を遂行するためには通常所定労働時間を超えて労働することが必要となる場合には、当該業務の遂行に通常必要とされる時間労働したものとみなす」とされているので、通常、始業時刻から終業時刻までの所定労働時間に終えることができないような仕事の場合は、その仕事をするのに通常必要な時間労働したとみなすことになります。なお、「通常その仕事に必要な時間」が８時間を超える場合は、事業場外労働のみなし労働時間を定める労使協定を結び、労働基準監督署へ届け出る必要があります。

◎適用されないケースもある

外で働く場合でも、労働時間を算定できる場合があります。たとえば上司と同行して外出することはよくあることだといえます。その中に労働時間を管理する立場の上司がいる場合、その上司が始業時刻、終業時刻を把握し、記録する必要があります。つまり会社が「労働時間を算定しがたい」とはいえない状況です。労働時間の管理は、会社に設置されたタイムカードに打刻することだけではありません。携帯電話で上司の指示を受けながら働く場合もみなし労働時間は適用されません。

また、会社によっては、個人の物とは別に携帯電話を貸与することもあります。その場合、随時連絡をとり、指示することが可能ですので、労働時間を管理できる状況にあると解釈されます。さらに、出社して上司からその日の訪問先や帰社時刻など当日の具体的指示を受け、それに従い業務に従事した後に帰社する場合もみなし労働時間は適用されません。

これらの場合は、実際に働いた時間を計算して労働時間とします。事業場外のみなし労働時間の適用除外についての行政通達は昭和63年に出されたもので、その後、通信技術も大幅に進化しています。事業場外のみなし労働時間の適用の余地は狭まっています。

事業場外労働と残業代の支給の有無

事業場外労働のみなし労働時間制は、事業場外の労働時間の全部または一部を所定労働時間とみなす制度です。

ただし、その労働が所定労働時間を超えて労働しなければ業務を遂行できない場合もありますので、このような場合は、できるだけ労使で協議して、その業務を行うのに、通常どの程度の時間を必要とするのかをあらかじめ決めて、その時間を労働時間とすることになります。昭和63年の行政通達では、当該業務を遂行するのに、通常は所定労働時間を超えない場合は所定労働時間労働したものとみなし、通常は所定労働時間を超える場合は「通常必要とされる時間」か「労使協定で定めた時間」をもってその労働時間とすることしています。これによって、時間外手当の計算が簡単になりますが、時間外手当を支払わなくてもよいというわけではありません。労使で協議して決めた時間が1日10時間であれば、8時間超となりますから、1日2時間の時間外手当を支給することになります。このように、定められている労働時間が8時間を超えていれば残業代の支払いが必要になります。

なお、労使協定で労働時間を定めた場合は、その労働時間が8時間以内であれば協定を締結するだけでよいのですが、8時間を超える場合は、協定を労働基準監督署に届け出なければなりません。営業担当者の事業所外での労働時間は管理できないとして、残業代は払わずに「営業手当」を支給し、残業代も営業手当の中に含まれると考える会社もあります。しかし、通常必要であると定められている労働時間が8時間を超えている場合は、月に何回事業所外での労働があるかを把握し、「営業手当は○時間分の残業代を含む」などと規定しておかなければ、別途残業代の支払いが必要になります。

午後から外回りに出た場合の労働時間の算定

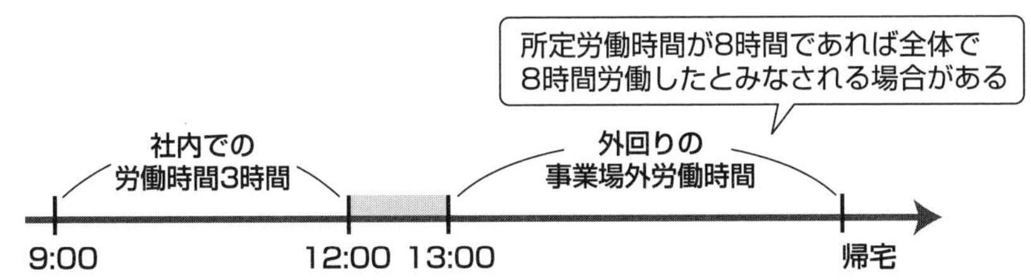

10 裁量労働制

労使協定により定めた時間を労働したものとみなす制度

裁量労働制とは

業務の中には必ずしも労働の成果が労働時間と関連しない職種もあります。労使協定によって、実際の労働時間と関係なく、労使協定で定めた時間を労働したとみなす制度が設けられています。このような労働を裁量労働といい、裁量労働により労働時間を測る方法を裁量労働制といいます。裁量労働制には、労働基準法で定める専門業務に就く労働者について導入可能な専門業務型裁量労働制と、企業の本社などで企画、立案、調査や分析を行う労働者が対象の、企画業務型裁量労働制の２種類があります。

専門業務型裁量労働制とは

「専門業務」とは、新商品や新技術の研究開発など、情報処理システムの分析・設計、取材・編集、デザイン考案、プロデューサー、システムコンサルタントなどの業務です。

導入する際には、労使協定でさまざまな事項を定めなければなりません。まず、対象となる業務を定めます。専門業務であるため裁量労働が認められているので、その業務の範囲は厚生労働省令で定められています。社内ルールで「専門」と考えても、厚生労働省令で定める業務に該当しなければ、裁量労働は認められません。

次にみなし労働時間を定めます。たとえば、専門的な業務に従事する労働者について、所定労働時間を「７時間」と規定しておくと、実際には所定労働時間よりも短く働いた場合（５時

専門業務型裁量労働制を導入する際に労使協定で定める事項

1	対象業務の範囲
2	対象労働者の範囲
3	1日のみなし労働時間数
4	業務の遂行方法、時間配分などについて、従事する労働者に具体的な指示をしないこと
5	労使協定の有効期間（3年以内が望ましい）
6	対象業務に従事する労働者の労働時間の状況に応じた健康・福祉確保措置
7	苦情処理に関する措置
8	⑥と⑦の措置に関する労働者ごとの記録を有効期間中と当該有効期間後3年間保存すること

間など）であっても、所定労働時間の労働に従事した（7時間働いた）ものと扱うということです。

また、業務の遂行、手段、時間の配分について会社が具体的な指示をしないこと、対象労働者の健康を確保するための措置を講ずること、労働者からの苦情の処理に関する措置を会社が講じることを定める必要があります。

企画業務型裁量労働制とは

「企画業務」とは、①経営企画を担当する部署における業務のうち、経営状態・経営環境などについて調査や分析を行い、経営に関する計画を策定する業務や、②人事・労務を担当する部署における業務のうち現行の人事制度の問題点やそのあり方などについて調査や分析を行い、新たな人事制度を策定する業務、などを指します。労働時間については、専門業務型裁量労働制と同様で、「みなし労働時間」を採用することを認めています。

企画業務型の裁量労働制の場合、労働者と使用者の代表で構成する労使委員会を設置して、委員の多数（5分の4以上）の同意を得て、対象業務や対象労働者の範囲を定める必要があります。労使委員会の決議は、労働基準監督署に届け出なければなりません。届出によって、対象労働者が、労使委員会の決議で定めた時間に労働したとみなすことができる制度です。

企画業務型裁量労働制の要件

1 対象事業場	②の対象業務が存在する事業場（本社・本店等に限る）
2 対象業務	企業等の運営に関する事項についての企画、立案、調査及び分析の業務であって、業務の遂行方法等に関し使用者が具体的な指示をしないこととするもの 【例】経営状態・経営環境等について調査・分析を行い、経営に関する計画を策定する業務
3 対象労働者	②の対象業務を適切に遂行するための知識・経験等を有し、対象業務に常態として従事する労働者（本人の同意が必要）
4 決議要件	委員の5分の4以上の多数による合意
5 労使委員会	委員の半数は過半数組合（ない場合は過半数代表者）に任期を定めて指名されていることが必要
6 定期報告事項	対象労働者の労働時間の状況に応じた健康・福祉を確保する措置について報告
7 決議の有効期間	3年以内とすることが望ましい

特定高度専門業務・成果型労働制（高プロ制度）

成果による報酬設定システムが導入される

特定高度専門業務・成果型労働制とは

特定高度専門業務・成果型労働制（高度プロフェッショナル制度。以下「高プロ制度」と称します）は、職務の範囲が明確である年収の高い労働者が、高度な専門的知識を要する業務に従事する場合に、一定の要件を満たすと、時間外・休日・深夜の割増賃金の支払義務などの規定を適用除外した、新たな労働時間制度の選択肢となるものです。

導入するための手続き

高プロ制度を導入する場合には、その前提として、導入の対象となる事業場において、使用者側と当該事業場の労働者側の双方を構成員とする「労使委員会」を設置しなければなりません。その上で、労使委員会がその委員の５分の４以上の多数による議決により、対象業務や対象労働者などの事項に関する決議をして、当該決議を使用者が所轄労働基準監督署に届け出ることが必要です。

さらに、高プロ制度が適用されることについて、対象労働者から書面による同意を得ることが求められます。同意をしなかった労働者に対して、解雇その他の不利益な取扱いを行うことは許されません。

労使委員会の主な決議事項

高プロ制度導入にあたり、労使委員会で決議すべき主な事項は、以下のとおりです。

①　対象業務の範囲

高プロ制度の対象業務は、高度の専門的知識などが必要で、業務に従事した時間と成果との関連性が強くない業務です。

たとえば、金融商品の開発業務や資産運用の業務、アナリストによる企業・市場等の高度な分析業務、コンサルタントによる事業・業務の企画・運営に関する高度な助言などの業務が挙げられます。

②　対象労働者の範囲

高プロ制度の対象労働者は、使用者との間の書面による合意に基づき職務の範囲が明確に定められており、かつ、年収見込額が基準年間平均給与額の３倍の額を相当程度上回る水準以上（厚生労働省令により年収1075万円以上になる予定）である労働者です。

③　健康管理時間

健康管理時間とは、対象労働者が「事業場内に所在していた時間」と「事業場外で業務に従事した場合における労働時間」とを合計した時間のことです。

労使委員会は、健康管理時間の状況

に応じて、使用者が講ずるべき対象労働者の健康、福祉確保措置（健康診断の実施など）を決議します。

④　**長時間労働防止措置**

労使委員会は、労働者の長時間労働を防止するため、使用者が講ずべき以下の３つの措置について決議します。

ⓐ　対象労働者に対し、４週間を通じ４日以上、かつ、１年間を通じ104日以上の休日を与えること。

ⓑ　対象労働者の健康管理時間を把握する措置を講ずること。

ⓒ　対象労働者に24時間につき継続した一定時間以上の休息時間を与えるか、対象労働者の健康管理時間を１か月または３か月につき一定時間を超えない範囲にするなどの措置を講ずること。

どんな影響が生じ得るのか

高プロ制度では、労働時間ではなく成果で報酬が決定されるため、①労働基準法上の１日８時間、１週40時間という労働時間の規制、②６時間を超えて働かせる場合の45分以上の休憩、８時間を超えて働かせる場合の１時間以上の休憩を取らせるという休憩時間の規制、③週１回の休日または４週４回の休日を取らせるという休日の規制に加えて、④深夜労働に関する規制が適用されません。

なお、高プロ制度導入にあたって、対象者についての年収（1075万円以上になる予定）要件が定められていますが、厚生労働省は、年収の中に通勤手当が含まれる場合があるとの立場をとっています。たとえば、新幹線などを用いて遠方から通勤している労働者は、年収の内訳として通勤手当に該当する金額が相当な割合に及ぶ場合も考えられます。このとき、実質的には年収1075万円を下回る労働者も、通勤手当を含めると年収が上記水準を超えれば、高プロ制度の対象になるおそれがあるなどの問題があります。

特定高度専門業務・成果型労働制

特定高度専門業務・成果型労働制（高度プロフェッショナル制度）

対象労働者

・年収が平均給与額の３倍以上
・対象業務⇒高度な専門的知識など

健康確保措置
・年間104日の休日を確保する措置の義務化
・インターバル措置（努力義務）　など

成果型報酬制度の導入
・法定労働時間（１週40時間、１日８時間）、休憩時間、休日、深夜労働に関する労働基準法上の規制の適用対象外　など

12 労働時間、休憩、休日の規定の適用除外

一定の事業、職責、業務については法定労働時間や週休制が適用されない

規定の適用除外

事業、職責、業務の性質・態様が、法定労働時間や週休制に適さない場合もあります。そこで、労働基準法では、一定の事業、職責、業務については、これらの規定を適用除外（その規定が適用される労働者として取り扱わないこと）としています。ただし、深夜業、年次有給休暇に関する規定は適用されますので注意して下さい。

・事業の種類による適用除外

農業（林業を除く）、畜産、養蚕、水産業に従事する者が該当します。これらの事業は、天候などの自然条件に左右されるため、労働時間などの規制になじまないからです。

・労働者の職責による適用除外

管理監督者や機密の事務を取り扱う者が適用除外となります。管理監督者は、具体的には部長や工場長などが該当します。こうした立場の役職者は労働条件の決定など、労務管理について経営者と一体的な立場にあるからです。ただし、単に役職の名称ではなく、実態に即して管理監督者か否かを判断することになります。機密の事務を取り扱う者は、具体的には秘書などが該当します。職務が経営者や管理監督者の活動と一体不可分であり、厳格な労働時間管理になじまないことが理由です。

業務の態様による適用除外

監視または断続的労働に従事する者が適用除外されています。監視に従事する者とは、原則として一定部署で監視することを本来の業務とし、常態として身体や精神的緊張の少ない者のことです。したがって、交通関係の監視など精神的緊張の高い業務は認められません。断続的労働に従事する者とは、休憩時間は少ないが手待時間（業務が発生したときには直ちに作業を行えるよう待機している時間）の多い者のことです。いずれも対象者の労働密度が通常の労働者よりも低く、労働時間、休憩、休日の規定を適用しなくても必ずしも労働者保護に欠けないため適用を除外した者です。

ただし、これらの労働の実態は労働密度の高低を含めて多様であり、適用除外することによって、１日の労働時間が16時間と大幅に超過した場合や、１週１日の休日もないことになるなど、労働条件に大きな影響を与えます。そこで、適用除外の要件として所轄労働基準監督署長の許可を求めていることに注意しましょう。

第４章

賃金をめぐるルール

賃金

労働の「対償」として使用者から支払われるもの

◎賃金イコール給料ではない

賃金というと「給料」を指すと考えるのが一般的です。しかし、労働基準法上の賃金には、実際に行った労働の直接の対価だけでなく、家族手当、住宅手当のように労働の対価よりも生計の補助として支払うものや、通勤手当のように労働の提供をより行いやすくさせるために支払うものも含まれるとされています。さらに、時間外手当や休業手当、年次有給休暇中の賃金のように、実際に労働しなくても労働基準法が支払いを義務付けているものも、労働基準法上の賃金に含まれます。

なお、賞与や退職金などは、当然には労働基準法上の賃金にあたりませんが、労働協約・就業規則・労働契約で支給条件が決められていれば、使用者に支払いが義務付けられるので、賃金に含まれるとされています。

これに対し、ストック・オプション（企業が、役員や労働者に自社株を購入する権利を与えておき、一定の業績が上がったときに、労働者がその権利を行使して、株価上昇分の差益を得ることができる制度）は、労働基準法上の賃金には該当しません。

また、賃金は、労働の提供に対して支払われる対価としての性質を持っています。そのため、会社が出張や顧客回りのために交通費を支給する場合がありますが、これは会社の経費なので賃金にはあたりません。

◎給与の範囲は法律によって異なる

法律によって「給与」の範囲が異なる場合もあります。

たとえば、労働基準法では、前述のとおり就業規則などによって支給条件があらかじめ明確にされている退職金や結婚祝金・慶弔金などは、給与（労働基準法では給与のことを「賃金」といいます）に含めます。

一方、社会保険（健康保険や厚生年金保険）では、労働契約・就業規則などによってあらかじめ支給条件が明確にされている退職金や結婚祝金・慶弔金などであっても、給与（社会保険では給与のことを「報酬」といいます）には含めないとされています。

おおまかにいうと、労働基準法では給与の範囲を広くとっているようです。つまり、労働保険（労災保険の保険料は全額事業主負担のため、従業員の給与からは何も控除しない）、社会保険（健康保険と厚生年金保険は給与の範囲が同じ）、源泉所得税で少しずつ給与の範囲が違うということです。

2 最低賃金

最低賃金を下回る賃金は原則として無効

最低賃金とは

賃金の額は使用者と労働者との合意のもとで決定されますが、景気の低迷や会社の経営状況の悪化などの事情で、一般的な賃金よりも低い金額を提示する使用者がいないとも限りません。

そのような場合、賃金をもらって生活をしている労働者の立場では、提示額をそのまま受け入れざるを得ないという状況になり、苦しい生活環境を強いられるということも考えられます。

そこで、国は最低賃金法を制定し、賃金の最低額を保障することによって労働者の生活の安定を図っています。最低賃金法の対象となるのは労働基準法に定められた労働者であり、パートタイマーやアルバイトも当然に含まれます。また、派遣社員については、派遣先の所在地における最低賃金を満たしているのかどうかが判断されることになります。

たとえば、個別の労働契約で、最低賃金法を下回る賃金を設定していたとしても、その部分は無効であり、最低賃金法が定める賃金額で契約したものとみなされます。もし、最低賃金法を下回る賃金しか支払っていない期間があるのであれば、事業者はさかのぼってその差額を労働者に支払わなければならなくなります。

最低賃金の種類

最低賃金には、①地域別最低賃金、②特定最低賃金（従来の産業別最低賃金）があります。どちらも都道府県ごとに設定されており、ほぼ毎年改正されています。最低賃金の趣旨を活かすために、物価等の地域による差を考慮しています。

地域別最低賃金と特定最低賃金とが競合する場合には、原則として金額の高い方の最低賃金額が優先して適用されます。地域別最低賃金・特定最低賃金による最低賃金額以上の賃金を支払わない場合は、罰則が科せられます。

最低賃金の例外

最低賃金のルールを一律に適用すると、かえって不都合になるケースが生じる可能性もあります。

そのため、試用期間中の者や、軽易な業務に従事している者、一般の労働者と比べて著しく労働能力の低い労働者などについては、都道府県労働局長の許可を得ることによって、最低賃金額を下回る賃金を設定することが認められています。

3 賃金台帳の記載と保存

作成して事業所に備え置く

◎１年間の給与の一覧表となる

給与明細は労働者に渡してしまうものですから、事業所の方でも、データとして労働者に渡した給与明細と同じものを保存しておかなければなりません。また、年末調整のときには、労働者一人ひとりに対する１年間の給与の内訳を記載した源泉徴収簿を作成する必要があります。

このようなことから、労働者ごとの１年間の給与一覧表である賃金台帳（給与台帳）を作成するようにします。賃金台帳には、労働者の給与と賞与の支給額と控除額の内訳を細かく記載します。賃金台帳は労働基準法上、事業所に備え付けておかなければならない書類ですから、必ず作成するようにしましょう。

賃金台帳は法定３帳簿のひとつです。法定３帳簿とは、労働基準法で事業主に作成と保存が義務付けられている帳簿のことです。賃金台帳は事業所ごとに備え付けておかなければなりません。たとえば、本店（本社）の他に支店（支社）や工場がある会社で、その支店や工場などでそれぞれ給与計算の事務処理を行っている場合は、その支店や工場ごとに賃金台帳を作成し、保存する義務があります。これに違反した場合は30万円以下の罰金が科されます。賃金台帳の記載事項は、①労働者の氏名と性別、②給与の計算期間（日雇労働者は記入しなくてもよい）、③労働日数と労働時間数、④時間外、休日、深夜の労働時間数、⑤基本給、諸手当その他給与の種類ごとの金額（現物給与は定められた評価額）⑥法定控除、協定控除の項目と金額です。

事業主は賃金台帳に以上の事項をきちんと記載して、一定期間（最後に記入した日から３年間）保存しておかなければなりません。

◎法定３帳簿とはどんな帳簿なのか

法定３帳簿は、事業所の規模や労働者数に関係なく、事業所において労務管理をする上で必要な３つの書類です。

① 労働者名簿
② 賃金台帳
③ 出勤簿またはタイムカード

①の労働者名簿には、労働者の氏名、生年月日、履歴、性別、住所、従事する業務の種類、雇入年月日、退職年月日とその事由、死亡年月日とその原因を記載することが決められています。

賃金台帳

雇入年月日	所属	職名
令和○年○月○日　雇入	総務部	経理課長

その月の勤怠状況→
その月の支給額の内訳と合計→
その月の控除額の内訳と合計→
手取額→

		1月分	2月分	3月分	4月分	5月分	6月分	7月
賃金計算期間		1月分	2月分	3月分	4月分	5月分	6月分	7月
労働日数		20日	21日	19日	22日	20日	日	
労働時間数		160	168	152	176	160		
休日労働時間数				8				
早出残業時間数		22	25	31	18	24		
深夜労働時間数				3				
基本給		200,000円	200,000円	200,000円	205,000円	205,000円		
所定時間外割増賃金		36,960	42,000	72,640	30,240	40,320		
手当	職務手当	10,000	10,000	10,000	10,000	10,000		
	役職手当	5,000	5,000	5,000	5,000	5,000		
	住宅手当	20,000	20,000	20,000	20,000	20,000		
	家族手当	15,000	15,000	15,000	15,000	15,000		
	精皆勤手当	10,000	10,000	10,000	10,000	10,000		
	通勤手当	12,000	12,000	12,000	12,000	12,000		
	手当							
小計		308,960	314,000	344,640	307,240	317,320		
その他の給与								
合計		308,960	314,000	344,640	307,240	317,320		
控除額	健康保険料	14,760	14,760	14,760	14,760	14,760		
	厚生年金保険料	27,450	27,450	27,450	27,450	27,450		
	雇用保険料	926	942	1,033	921	951		
	介護保険料							
	所得税	7,070	7,280	8,420	7,070	7,390		
	住民税	10,000	10,000	10,000	10,000	10,000		
控除額計		60,206	60,432	61,663	60,204	60,551		
差引合計額		248,754	253,568	282,977	247,036	256,769		
実物給与								
差引支給額		248,754	253,568	282,977	247,036	256,769		
領収者印		佐藤	佐藤	佐藤	佐藤	佐藤	印	印

↑現金支給している場合は本人に領収印をもらう

平均賃金

休業手当や減給の制裁の制限額などの算定の基準となる

平均賃金とは何か

たとえば、有給休暇を取得した場合や、労災事故などによって休業した場合など、何らかの事情で労働しなかった期間であっても、賃金が支払われることがあります。この場合、その期間の賃金額は、会社側が一方的に決めるのではなく、労働基準法の規定に基づいて１日の賃金額を算出し、これに期間中の日数を乗じた額とすることになっています。その基準となる１日の賃金額を平均賃金と呼びます。

労働基準法12条によると、平均賃金の算出方法は「これを算定すべき事由の発生した日以前３か月間にその労働者に対し支払われた賃金の総額を、その期間の総日数で除した金額」とされています。これは、できるだけ直近の賃金額から平均賃金を算定することによって、労働者の収入の変動幅を少なくするためです。

たとえば、労働者を解雇する際に、30日以上前に予告をしない場合、使用者は30日分以上の平均賃金を解雇予告手当として支払うことになります（労働基準法20条）。また、機械の故障や業績不振など、使用者側の事情で労働者を休業させる場合、使用者は休業期間中、労働者にその平均賃金の100分の60以上を休業手当として支給するとされています（同法26条）。年次有給休暇中の労働者に支給する金額についても、就業規則等の定めに従い、平均賃金または所定労働時間労働した場合に支払われる通常の賃金により算定することになります（同法39条）。

算定方法の原則ルール

平均賃金は「算定すべき事由の発生した日」以前の３か月の間に支給された賃金を元に計算するわけですが、ここでいう「３か月」とは、暦の上の日数のことです。たとえば算定すべき事由の発生した日が10月15日で、その前日から計算する場合、10月14日～７月15日までの計92日間ということになります。ただし、業務上の傷病による休業期間や育児・介護休業期間などがある場合は、その日数が「３か月」から控除され、その期間内に支払われた賃金額が「賃金の総額」から控除されます（計算基礎から除外）。

算定の対象となる「賃金の総額」には、基本給の他、通勤手当や時間外手当などの手当も含まれますが、臨時に支払われた賃金や３か月を超える期間ごとに支払われた賃金は「賃金の総額」から控除されます。

平均賃金の算定方法

$$\frac{\text{算定事由の発生した日以前3か月間にその労働者に支払われた賃金総額}}{\text{上記の3か月間の総日数}}$$

【「以前3か月間」の意味】

算定事由の発生した日（＊）は含まず、その前日から遡って3か月
賃金締切日がある場合は、直前の賃金締切日から遡って３か月

（＊）「算定事由の発生した日」とは、
解雇予告手当の場合「解雇通告した日」
休業手当の場合「その休業日の初日」
年次有給休暇中の賃金の場合「有給休暇の初日」
災害補償の場合「事故発生の日又は疾病の発生が確定した日」
減給の制裁の場合「制裁意思が労働者に到達した日」

【計算基礎から除外する期間・賃金】

・業務上の傷病による休業期間
・産前産後の休業期間
・使用者の責に帰すべき事由による休業期間
・育児・介護休業法による育児・介護休業期間
・試用期間

【賃金総額から除外される賃金】

・臨時に支払われた賃金（結婚祝金、私傷病手当など）
・３か月を超える期間ごとに支払われた賃金（賞与など）
・法令・労働協約に基づかない現物給与

【平均賃金の最低保障額】

日給制、時間給制などの場合、勤務日が少ないと上記の計算式では異常に低くなってしまう場合があるため、最低保障額が定められている。上記計算式の算出額と、次の計算式の算出額を比較し、多い方を平均賃金とする。

・賃金が日給、時間給、出来高給その他の請負制であった場合

$$\frac{\text{3か月間の賃金総額}}{\text{その期間中に労働した日数}} \times \frac{60}{100} \cdots Ⓐ$$

・賃金の一部が、月給、週給その他一定の期間によって定められた場合
（月給・週給などと「日給、時間給、出来高給その他の請負制」との併用の場合）

$$\frac{\text{月給・週給等の部分の総額}}{\text{上記の部分の総日数}} + \text{上記Ⓐの金額}$$

・雇入れ後３か月に満たない者の場合
雇入れ後に支払われた賃金総額÷雇入れ後の期間の総日数

割増賃金

残業などには所定の割増賃金の支給が義務付けられている

割増賃金とは

使用者は、労働基準法37条により、労働者の時間外・深夜・休日労働に対して、割増賃金の支払義務を負います。

割増率については、1日8時間、週40時間の法定労働時間を超えて労働者を働かせた時間外労働の割増率は25%以上です（月60時間を超える部分については50%以上。中小企業については令和5年4月1日から適用）。

次に、午後10時から午前5時までの深夜労働についても、同様に25%以上となっています。時間外労働と深夜労働が重なった場合は、2つの割増率を足すことになりますので、50%以上の割増率になります。また、法定休日に労働者を働かせた場合は、休日労働として35%以上の割増率になります。休日労働と深夜労働が重なった場合、割増率は60%以上になります。

代替休暇とは

1か月に60時間を超える時間外労働をさせた場合、超える部分については50%以上の割増率を乗じた割増賃金を支払うことが必要です。

ただし、労働者の健康を確保するという観点から、長時間労働の代償として割増分の残業代の支払いではなく、労働者に休暇を付与する方法（代替休暇）もあります。具体的には、労使協定を締結することにより、1か月の時間外労働が60時間を超えた場合、通常の割増率（25%）を上回る部分の割増賃金の支払いに代えて、有給休暇を与えることが認められています。

代替休暇は労働者の休息の機会を与えることが目的ですので、付与の単位

賃金の割増率

時間帯	割増率
時間外労働	25%以上
時間外労働（月60時間を超えた場合の超えた部分）	50%以上 ※
休日労働	35%以上
時間外労働が深夜に及んだとき	50%以上
休日労働が深夜に及んだとき	60%以上

※労働時間が1か月60時間を超えた場合に支払われる残業代の割増率については、令和5年4月1日より、中小企業に適用される。

は1日または半日とされています。また、代替休暇に振り替えられるのは、通常の割増率を上回る部分の割増賃金を時間換算したものです。通常の割増率の部分については、これまで通り25%以上の割増率による割増賃金の支払いが必要です。

◯労使協定で定める事項

代替休暇を与えるためには、労使協定を締結しなければなりません。労使協定で定めなければならない事項として、①代替休暇として与えることができる時間数の算定方法、②代替休暇の単位、③代替休暇を与えることができる期間、④代替休暇の取得日の決定方法、⑤割増賃金の支払日、があります。

①の時間数の算定方法ですが、1か月の時間外労働時間数から60を差し引いて、換算率を乗じます。この換算率は、法定通りの割増率の場合は、60時間を超えた部分の時間外労働の割増率50%から通常の時間外労働の割増率25%を引いた25%となります。法定を上回る割増率を定めている場合は、60時間を超えた時間外労働の割増率から通常の時間外労働の割増率を引いた数字になります。たとえば、通常の時間外労働の割増率が30%で、1か月60時間を超える時間外労働の割増率が65%の場合は、65から30を差し引いた35%が換算率になります。

③の代替休暇を与えることができる期間は、長時間労働をした労働者の休息の機会を与えるための休暇ですから、時間外労働をした月と近接した期間内でなければ意味がありません。そのため、労働基準法施行規則で、時間外労働をした月から2か月以内、つまり翌月または翌々月と定められています。労使協定ではこの範囲内で定めます。

割増賃金の支払いと代替休暇の付与

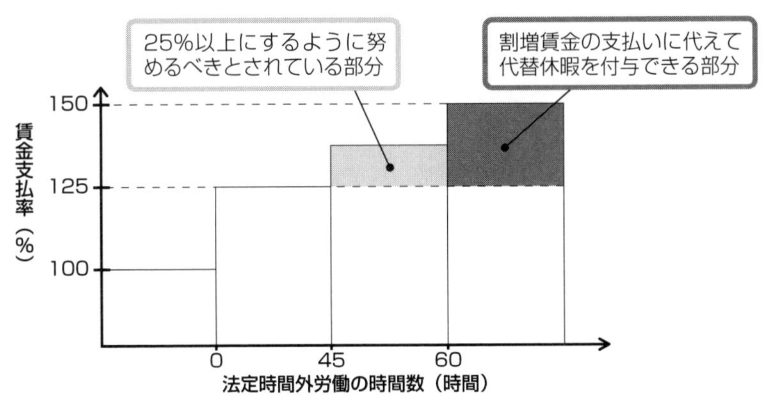

割増賃金の計算方法

1時間あたりの賃金に換算し、その額に割増率を掛けて算出する

割増賃金の計算の手順

割増賃金を計算する手順は、まず月給制や日給制などの支払方法にかかわらず、すべての労働者の1時間あたりの賃金を算出します。

その額に割増率を掛けた金額が割増賃金になります。

賃金には労働の対償として支給されるものの他、個人的事情にあわせて支給される賃金もあります。家族手当や通勤手当がこれにあたります。これらの個人的事情にあわせて支給される賃金は割増賃金の計算の基礎となる賃金から除くことになっています。

割増賃金の計算の基礎から除く手当としては、①家族手当、②通勤手当、③別居手当、④子女教育手当、⑤住宅に要する費用に応じて支給する住宅手当、⑥臨時に支払われた賃金、⑦1か月を超える期間ごとに支払われる賃金があります。

時間給の計算方法

割増賃金は1時間あたりの賃金を基礎とするので、まずは時間給を計算します。

① 時給

時給とは、1時間あたりいくらで仕事をするという勤務形態です。時給の場合、その時給がそのまま1時間あたりの賃金になります。

1時間あたりの賃金＝時給

② 日給

日給とは1日あたりいくらで仕事をするという勤務形態です。日給の場合、日給を1日の所定労働時間で割って1時間あたりの賃金を算出します。

1時間あたりの賃金＝日給÷1日の所定労働時間

③ 出来高払い

歩合給などの出来高払いの賃金の場合、出来高給の金額を1か月の総労働時間数で割った金額が1時間あたりの賃金になります。

1時間あたりの賃金＝出来高給÷1か月の総労働時間数

④ 月給

月給は、給与を月額いくらと定めて支払う方法です。月給の場合、月給の額を1か月の所定労働時間で割って1時間あたりの賃金を算出します。

1時間あたりの賃金＝月給÷1か月の所定労働時間

ただし、1か月の所定労働時間は月によって異なるにもかかわらず、月ごとに所定労働時間を計算してしまうと、毎月の給与は同じであっても割増賃金の単価（1時間あたりの賃金）が毎月違う、という不都合が生じてしまいます。そこで、月給制の1時間あたりの賃金を計算する場合、年間の所定労働時間から1か月あたりの平均所定労働時間を計算して、「月給（基本給）÷1か月の平均所定労働時間」を求めた金額を1時間あたりの賃金とします。

割増賃金の計算方法

前提

・基本給のみの月給制
・1日の所定労働時間は8時間（始業9時・終業18時・休憩1時間）
・完全週休2日制（法定休日は日曜日）

① 賃金単価の算出

基本給 ÷ 1か月平均所定労働時間 ＝ 1時間あたりの賃金単価

② 1か月の残業時間、深夜労働時間及び法定休日労働時間の算出

・1日ごとの残業時間（法定外休日労働時間を含む）を端数処理せずに1か月を合計
・1日ごとの深夜労働時間を端数処理せずに1か月を合計
・法定休日労働時間を端数処理せずに1か月を合計

③ 1か月の割増賃金の算出

60時間までの残業時間 × 1時間賃金単価 × 割増率（1.25以上） ＝ 60時間までの残業の割増賃金 **A**

60時間を超える残業時間 × 1時間賃金単価 × 割増率（1.5以上） ＝ 60時間を超える残業の割増賃金 **B**

深夜労働時間 × 1時間賃金単価 × 割増率（0.25以上） ＝ 深夜労働の割増賃金 **C**

法定休日労働時間 × 1時間賃金単価 × 割増率（1.35以上） ＝ 法定休日労働の割増賃金 **D**

※60時間を超える残業時間の割増率が50％以上となるのは中小企業を除く企業（104ページ参照）

④ 受け取る賃金の算出

A ＋ **B** ＋ **C** ＋ **D** ＝ 1か月の受け取る割増賃金の合計額

三六協定①

残業をさせるには三六協定に加えて就業規則などの定めが必要である

三六協定を結べば残業が認められる

時間外労働は、原則として労使間で時間外労働について労使協定を結び、その範囲内で残業を行う場合に認められます。この労使協定は、労働基準法36条に由来することから三六協定といいます。同じ会社であっても、残業の必要性は事業場ごとに異なりますから、三六協定は事業場ごとに締結しなければなりません。事業場の労働者の過半数で組織する労働組合（過半数組合がないときは労働者の過半数を代表する者）と書面による協定（三六協定）をし、これを労働基準監督署に届ける必要があります。

労働組合がなく労働者の過半数を代表する者と締結する場合は、その選出方法にも注意が必要です。選出に関して証拠や記録がない場合、代表者の正当性が否定され、三六協定自体の有効性が問われることになります。そこで、選挙で選出する場合は、投票の記録や過半数の労働者の委任状があると、後にトラブルが発生することを防ぐことができます。

なお、管理監督者は労働者の過半数代表者になることができません。もし管理監督者を過半数代表者として選任して三六協定を締結しても、その協定は無効となる、つまり事業場に三六協定が存在しないとみなされることに注意が必要です。

三六協定は届出をしてはじめて有効になります。届出をする際は原本とコピーを提出し、コピーの方に受付印をもらい会社で保管します。労働基準監督署の調査が入った際に提示を求められることがあります。また、三六協定の有効期限は１年が望ましいとされています（法令上の制限はない）。

もっとも、三六協定は個々の労働者に残業を義務付けるものではなく、「残業をさせても使用者は刑事罰が科されなくなる」（免罰的効果）というだけの消極的な意味しかありません。使用者が残業を命じるためには、三六協定を結んだ上で、労働協約、就業規則または労働契約の中で、業務上の必要性がある場合に三六協定の範囲内で時間外労働を命令できることを明確に定めておくことが必要です。

使用者は時間外労働について通常の労働時間の賃金の計算額の25％以上の割増率で計算した割増賃金を支払わなければなりません（月60時間超の例外あり。104ページ）。三六協定を締結せずに残業させた場合は違法な残業となりますが、違法な残業についても割増賃金の支払いは必要ですので注意しなければなりません。

なお、三六協定で定めた労働時間の上限を超えて労働者を働かせた者は、6か月以下の懲役または30万円以下の罰金が科されることになります（労働基準法119条1号）。

就業規則の内容に合理性が必要

最高裁判所の判例は、三六協定を締結したことに加えて、以下の要件を満たす場合に、その就業規則の内容が合理的なものである限り、それが労働契約の内容となるため、労働者は時間外労働の義務を負うと判示しています。

・三六協定の届出をしていること
・就業規則が当該三六協定の範囲内で労働者に時間外労働をさせる旨について定めていること

ですから、就業規則に従って残業などの業務命令が出された場合には、労働者は正当な理由がない限り、残業を拒否することはできません。これに従わない労働者は業務命令違反として懲戒処分の対象になることもあります。

ただし、三六協定の締結だけでは労働者に残業義務は発生しません。前述したように、三六協定は会社が労働者に残業をさせても法律違反にならない、という免罰的効果しかありません。就業規則などに残業命令が出せる趣旨の規定がなければ、正当な理由もなく残業を拒否されても、懲戒の対象にはできませんので注意が必要です。

なお、会社として残業を削減したい場合や、残業代未払いなどのトラブルを防ぎたい場合には、時間外労働命令書・申請書、時間外・深夜勤務届出書などの書面を利用して、労働時間を管理するのがよいでしょう。また、残業が定例的に発生すると、残業代が含まれた給与に慣れてしまいます。その金額を前提にライフサイクルができあがると、残業がなくなると困るので、仕事が少なくても残業する社員が出てくることがあります。そのような事態を防ぐためにも、会社からの命令か事前申請と許可がなければ残業をさせないという毅然とした態度も必要です。

時間外労働をさせるために必要な手続き

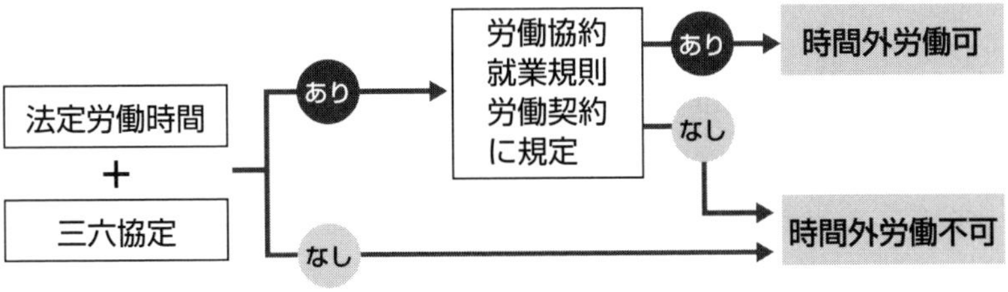

法定労働時間
＋
三六協定

→ あり → 労働協約・就業規則・労働契約に規定 → あり → 時間外労働可
　　　　　　　　　　　　　　　　　　　　　　　 → なし → 時間外労働不可
→ なし → 時間外労働不可

8 三六協定②

限度時間を超えた時間外労働を設定できる特別条項付き三六協定もある

三六協定の締結方法

三六協定で締結しておくべき事項は、①時間外・休日労働をさせる（残業命令を出す）ことができる労働者の範囲（業務の種類、労働者の数）、②対象期間（起算日から1年間）、③時間外・休日労働をさせることができる場合（具体的な事由）、④「1日」「1か月」「1年間」の各期間について、労働時間を延長させることができる時間（限度時間）または労働させることができる休日の日数などです。

④の限度時間については、かつては厚生労働省の告示で示されていましたが、平成30年成立の労働基準法改正で、労働基準法に明記され、一定の違反行為には罰則が設けられました。1日の時間外労働の限度時間は定められていませんが、1年単位の変形労働時間制を採用している場合を除き、原則として1か月45時間、1年360時間を超える時間外労働をさせることは、後述する特別条項付き協定がない限り、労働基準法違反になります。また、かつての厚生労働省の告示の下では1週間や2か月などの限度時間を定めることがありましたが、改正労働基準法の下では「1か月」の限度時間を定める必要があります。三六協定には②の対象期間とは別に有効期間の定めをしなければなりませんが、その長さについては労使の自主的な判断に任せています。ただし、対象期間は1年間ですので、有効期間は原則として最低1年間となります。もっとも、定期的に見直しをする必要がありますので、1年ごとに労使協定を結び、有効期間が始まる前までに届出をするのがよいでしょう。

労使協定の中には、労使間で「締結」をすれば労働基準監督署へ「届出」をしなくても免罰的効果が生じるものもありますが、三六協定については「締結」だけでなく「届出」をしてはじめて免罰的効果が発生するため、必ず届け出ることが必要です。

特別条項付き三六協定とは

労働者の時間外・休日労働については、労働基準法の規制に従った上で、三六協定により時間外労働や休日労働をさせることができる上限（限度時間）が決められます。しかし、実際の事業活動の中では、時間外・休日労働の限度時間を超過することもあります。そのような「特別な事情」に備えて特別条項付きの時間外・休日労働に関する協定（特別条項付き協定）を締結しておけば、限度時間を超えて時間外・休日労働をさせることができます。平成30年成立の労働基準法改正により、特別条項付き協定による時間外・休日労働の上限などが労働基準法で明記されました。

特別条項付き協定が可能となる「特別な事情」とは、「事業場における通常予見することのできない業務量の大幅な増加等に伴い臨時的に限度時間を超えて労働させる必要がある場合」（労働基準法36条５項）になります。

そして、長時間労働を抑制するため、①１か月間における時間外・休日労働は100時間未満、②１年間における時間外労働は720時間以内、③２～６か月間における１か月平均の時間外・休日労働はそれぞれ80時間以内、④１か月間における時間外労働が45時間を超える月は１年間に６か月以内でなければなりません。これらの長時間労働規制を満たさないときは、刑事罰の対象となります（６か月以下の懲役または30万円以下の罰金）。

上限規制の適用が猶予・除外となる事業・業務がある

平成30年成立の労働基準法改正により平成31年（2019年）から長時間労働規制が導入されましたが（中小企業は令和２年から導入）、以下の事業・業務は原則令和６年まで上限規制は適用されません。

・建設事業（災害の復旧・復興の事業を除く）
・自動車運転の業務
・医師

特別条項付き協定

三六協定に基づく時間外労働の限度時間は
月45時間・年360時間

１年につき６か月を上限として限度時間を超えた時間外・休日労働の時間を設定できる

特別条項付き協定

【特別な事情（一時的・突発的な臨時の事情）】が必要

① 予算・決算業務
② ボーナス商戦に伴う業務の繁忙
③ 納期がひっ迫している場合
④ 大規模なクレームへの対応が必要な場合

【長時間労働の抑止】

※１か月につき100時間未満で時間外・休日労働をさせることができる時間を設定
※１年につき720時間以内で時間外労働をさせることができる時間を設定

残業不払い訴訟

ひとたび訴訟を起こされると敗訴する可能性が高い

請求金額は残業代だけではない

訴訟を起こされた場合、まず、不払いの期間を遡って合計した金額分を請求されます。期間は最大で５年分（当分の間は３年間）まで遡ることができます。なお、令和２年４月１日の法改正により２年から５年に延長されたため、対象となる賃金請求は令和２年４月１日以降に支払期日が到来する賃金に限られます。

また、３年分の不払い額と同じ金額の付加金を支払わなければならない場合もあります（労働基準法114条）。

そして、遅延損害金も上乗せされます。遅延損害金の利息の法定利率は民事・商事の区別なく年利３％です。つまり、100万円の未払い賃金があり、１年間遅滞した場合には、３万円の遅延損害金が発生することになります。法定利率は、３年ごとに見直しが行われます。

このように、訴訟になると未払いの残業代だけ支払えば済むわけではないことを覚えておくべきでしょう。「どうせ請求されることはない」とサービス残業をさせていて、後ほど高額な請求を受けた、ということが実際に起きているのです。

慰謝料請求をされることもある

残業代不払いで労働者側が訴訟を起こすと、前述のとおり残業代以外にも付加金や遅延損害金が請求額に含まれます。しかし、これらの請求額だけで済まない場合があります。残業代を請求する状況にある労働者は長時間労働になっていた可能性が高く、残業というものが、通常の勤務時間に加えた業務を行う性質を持つため、長時間労働と切り離しにくいのです。また、場合によってはサービス残業を強いるような職場の場合には、上司のパワハラという問題も絡んでいる可能性があります。このような労働者の場合には、残業代の不払い請求をする際に、慰謝料も請求してくることが多いようです。

事前予防が何よりも大切

労働者が会社に対して、残業代の不払いについて何らかの法的な請求をしてくる可能性があるといっても、多くの経営者は、「うちの会社ではそういうことはあり得ない」と考えるのが通常でしょう。ただ、労働者から過去に残業代不払いの請求を受けたことがないからといって、慢心していてよいわけではありません。労働者は生活のための給料を得る必要があるため、仮にサービス残業を強いられて不満に思っていたとしても、生活の糧を失うわけにはいかないので、黙って我慢しているだけという可能性もあるからです。つまり、現在のところ、労働者から法的な請求があるわけではないが、労働者の不満や怒りが徐々に蓄積しているという状態です。当初は黙認していたとしても、限界点を超えれば、法的手段を用いてくることは十分あり得ます。

特に、在職中は、不利益な取扱いを受けることを恐れて不払いを黙認していた労働者が、退職後に会社に対して法的な請求をしてくることは十分考えられます。退職すれば「残業代を請求して辞めさせられたらどうしよう」と不安に思うことがなくなるからです。賃金請求権については、賃金の支払日から３年間は請求できますから、多くの労働者に数か月分残業代を支払っていないとなると、莫大な金額を請求される可能性も生じます。

また、実際に請求をされてしまった後になって、対応しようとしても、タイムカードや出退勤の記録、給与明細などの証拠は、すでに請求した労働者側は揃えていることがほとんどです。特に弁護士などの専門家に依頼している場合には、労働者側の主張が通ると見て間違いないでしょう。

このように、残業代不払いを請求されてしまうと、為す術がない場合がほとんどですから、事前に残業代不払いと言われないように、就業規則やタイムカードの管理体制などを整備しておくことが必要です。

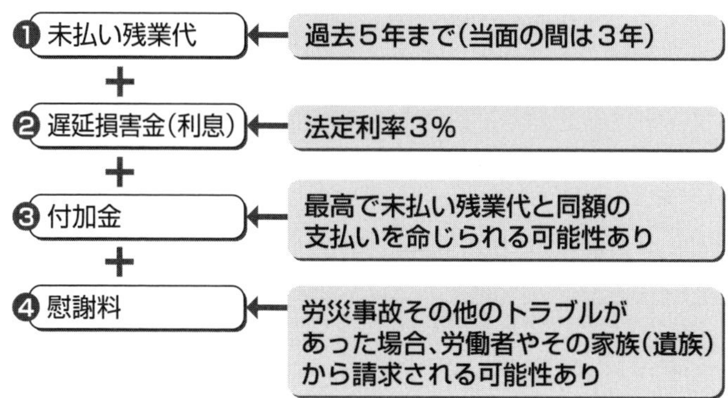

10 訴訟を起こされた場合の対応

残業代を支払わなければならない状況にあるかどうかを吟味する

どのように対抗したらよいのか

まず会社は、労働者が主張する残業時間が、本当に労働基準法上の労働時間に該当するかどうかを検討する必要があります。該当しないと判断できる場合で、それを裏付ける証拠がある場合にはそれを準備して、労働時間にあたらないことを主張します。

一方、労働時間に該当する場合には、それが割増賃金を支払わなければならない労働時間にあたるのかどうかを検討することになります。つまり、残業代の対象となる労働時間ではないことを証明することになります。たとえば裁量労働制や事業場外のみなし労働時間制、あるいは管理監督者であるといった事項が該当します。割増賃金をきちんと支給している場合には、そのことを主張することになります。ただ、いずれも個々に有効な主張となるかどうかを吟味する必要があります。特に年俸制に関しては、年俸制を導入しているから残業代を支払わなくてもよいわけではありません。

どんな証拠が出されるのか

雇用契約が成立していることの証拠として雇用契約書や給与明細書、業務報告書などの書面が提出されます。そして、時間外労働への手当に関する取り決めを裏付ける証拠としては、就業規則や賃金規程、雇用条件が記載された書面があります。また実際に時間外労働を行った事の証明のために、タイムカードや業務日報、残業の許可申請書等が提出されます。残業の許可制をきちんと管理運用している会社では、タイムカードの終業時刻をもって残業をしていたと認められなかった判例もあります。

会社は何を立証するのか

タイムカードや就業規則、雇用契約書、労使協定の書面に記載した内容が、労働者が主張する残業時間にはあたらないと証明できる場合には、それらが会社の主張の証拠になります。

また、労働者が主張する残業時間が労働時間にはあたるとしても、割増賃金の対象となる労働時間に該当しないことを証明するためには、裁量労働制をとっていれば、裁量労働制をとっていることを裏付ける証拠を提出します。事業場外のみなし労働時間制をとっていれば、その証拠を提出します。

訴訟を起こした労働者が管理職の地位にある場合は、その労働者が監督または管理の権限を有する管理監督者であることを裏付ける証拠を用意します。

退職者が請求してきた場合や、在職中の者でも長期間の不払い分を請求してきた場合には、対象となる残業時間に対応する残業代の請求権に関する消滅時効（賃金は５年（当分の間は３年）、退職金は５年、労働基準法115条）の成否を確認し、成立していれば時効を援用します。

残業時間があったことを証明する資料としては、タイムカードや業務日報、報告書などが提出されることが多いですが、ない場合には、労働者の日々の日記やメモ、あるいはメールの記録などが証拠になります。個人的な日記や手帳などは、その日記や手帳などを会社側が作成させていた場合や、上司などが内容を確認していた場合には、証拠としての信用性が高くなります。

たとえば、タイムカードなどの証拠を労働者側が揃えているような場合に、会社側に反証できるものがない場合だけでなく、労働者側も残業時間を立証できる証拠がない場合です。このような場合、本来会社側に労働時間管理の記録義務があるため、記録がないことは会社に不利な状況になるのです。

管理監督者であることの立証

訴訟を起こした労働者が管理職の地位にある者であった場合には、通常は残業代を支払う義務はありません。残業代を支払わなくてもよいのは、①その者に与えられた職務内容、権限、責任が管理監督者にふさわしいもので、経営者と一体の立場にあること、②勤務態様や労働時間管理の状況が会社に管理されていないこと、③管理監督者としての待遇（賃金など）を受けていること、という条件を満たす場合に限られます。条件を満たさず、名称だけが管理職のようになっている者は、労働基準法上の管理監督者ではありません。

不払いの残業代の訴訟で主張する事項

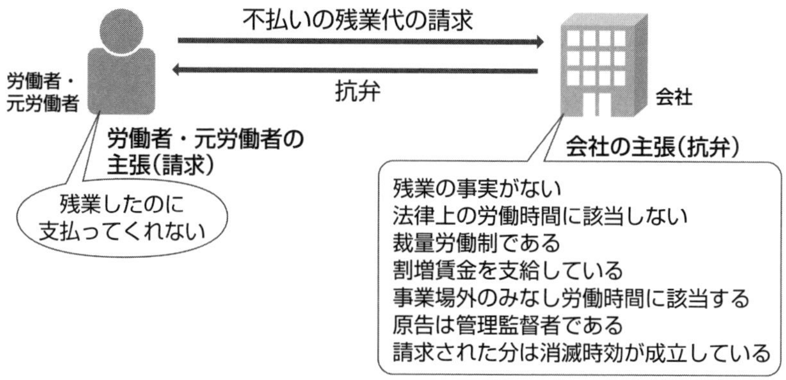

残業時間と限度時間

医学的な見地から算出された限度時間がある

45時間を超える場合には要注意

労働時間が長くなると、疲労が蓄積します。長時間労働が長い期間にわたって続くと、蓄積した疲労が原因となって健康状態が悪化します。

会社としては、労働者の労働時間を適切な時間にとどめるように管理して、労働者が健康障害を起こさないように注意しなければなりません。よく言われる基準となる数字として「1か月に45時間までの残業時間」があります。

45時間という数字は、一般の人が1日7～8時間の睡眠をとった場合に、残業時間にあてられる時間の1か月分の合計です（1日2～2.5時間×20日間)。つまり、1日7～8時間睡眠をとることができれば、健康的な生活を維持することができる、とする医学的な見地から算出された数字です。したがって、1か月の残業時間が45時間を超える場合には、労働者の健康状態に注意する必要がある、ということです。

また、1か月の残業時間が80時間を超えているかどうかも1つの目安となります。この数字は、1日6時間の睡眠をとった場合に残業時間にあてられる時間（1日4時間の残業時間）を基準として、1か月あたり20日間働くものとして算出された数字です。医学的には、1日6時間の睡眠時間を得られていれば過労死につながる健康障害が生じるリスクは増加しない、とされています。したがって、1か月に80時間という数字も1つの目安になります。

なお、1か月の残業時間が100時間を超えている場合には、かなり健康上のリスクは高まっているといえます。100時間の残業ということは、1日5時間の残業を1か月あたり20日間行った場合と同等です。1日5時間の残業をする場合、1日5時間程度の睡眠時間しか確保できていないことになります。医学的には、睡眠時間が1日5時間を切ると、虚血性心疾患・脳血管障害が増加するリスクが高まる、とされています。したがって、残業時間が1か月あたり100時間を超える労働者がいる場合には、過労死のリスクが高くなりますから、会社としても労災事故を起こすリスクが高くなるといえるのです。

明示的な指示がない場合

労働者が残業をしたとしても、上司が残業を命じた場合でなければ、会社としては残業と認めない、という姿勢の会社は結構多いようです。このような会社でも、会社側が業務上必要であると判断して、労働者に対して残業を命じた場合には特に問題は生じません。もしこの場合に残業代を支払わなければ、明らかな法律違反になります。

一方、上司が労働者に残業するように命じていないにもかかわらず、勝手に労働者が残業した場合、会社としては残業代を支払う義務はないと考える経営者は多いようです。

しかし、労働者がしていた仕事によっては、その労働者が会社に残って仕事をしていた分について残業代を支払わなければならないケースもあります。

たとえば、残業しないと間に合わないほどの業務を上司が労働者に命じた場合です。この場合、たとえ上司が残業を命じなかったとしても、黙示的に残業を命令したものとして扱われる場合があります。また、労働者が残業しているところを見ていながら、何も言わずにいたような場合、黙示的に残業を命令したと判断されるときがあります。

逆に、上司から残業をしないように命じられていたにもかかわらず、これに反して労働者が残業した場合は、主に2つの点が問題になります。

まずは、当該会社にとって「時間外労働が適法に行えるか否か」です。従業員の時間外労働や休日労働をすべて禁止している会社の場合、時間外労働等を適正に管理するための三六協定が未締結である場合があります。この場合、残業手当の対象となる時間外労働そのものが違法と考えられる場合があります。次に、会社側が時間外労働と休日労働の禁止について周知徹底していたかどうかです。たとえば、時間外労働の禁止と残業の必要が生じたときは役職者が引き継ぐべきという指示や命令を社内通知、朝礼、上司を通じて繰り返し知らされていたかどうかです。

これらの2点について、命令に反した従業員が知り得る状態にあったと判断されるときは、残業代を支払う義務はないと考えられます。

三六協定の上限時間

臨時的な特別の事情があって労使が同意する場合（年6か月まで）

時間外労働
…年720時間
時間外労働＋休日労働
…月100時間未満、
2～6か月平均80時間以内

原則の上限時間

1か月 45 時間　年 360 時間（休日労働含まず）

12 固定残業手当

人件費の予算管理を効率化できる

固定残業手当とは何か

労働基準法では、時間外労働をした場合、給与計算期間ごとに集計して割増賃金を支払うよう定めています。

一方、残業手当をあらかじめ固定給に含め、毎月定額を支給している会社も少なくありません。このように残業手当を固定給に含めて支給する、固定残業手当を適法に行うためには、①基本給と割増賃金部分を明確に区分する、②割増賃金部分には何時間分の残業時間が含まれているのかを明確にする、③上記②を超過した場合には、別途割増賃金を支給する、という３つの要件を満たす必要があります。

法律要件の他にも、固定残業手当を導入するためには就業規則（賃金規程）を変更しなければなりません。就業規則や賃金規程、労働契約について、従業員への明確な説明が必要で、固定残業手当の導入は、支給の経緯、実態から見て「定額手当＝残業代」と判断できなければなりません。

特に基本給と割増賃金部分の区分は、従業員が本来支給されるはずの残業代が、給与に含まれているのかを確認する手段として重要です。要件を満たして、残業代の代わりに固定残業手当とすることができても、固定残業手当が実際の残業時間で計算した残業代を明確に下回ると判断された場合には、その差額の支払いを請求されるトラブルも予想されるので、注意が必要です。

なぜこのような手当を設けるのか

固定残業手当の導入による一般的なメリットとしては、不公平感の解消です。同じ仕事を残業なしでこなす従業員と残業を10時間してこなす従業員間では、通常の残業手当の考え方だと不公平に感じられますが、固定残業手当では公平感があります。また固定残業時間以内であれば、実残業が発生しても追加の人件費が発生せず、年間の人件費の把握が可能なことや残業の時間単価を抑えることができます。

企業側にとっては、固定残業手当を導入することで、給与計算の手間が大幅に削減されます。また、毎月の人件費が固定化されると、予算管理がしやすくなります。従業員の立場からすると、残業してもしなくても同じ給与なのですから、効率的に仕事をすることにより残業が削減されます。

職種によってはなじまない

固定残業手当はすべての業種・職種に適用してうまくいくとも限りません。

たとえば小売店や飲食店では、営業時間がほぼ一定で、開店準備や閉店業務にかかる時間も大きな変動はありません。毎日ある程度一定の労働時間となります。このような業務では、固定残業手当を導入しやすいといえます。営業職の場合も、日中のクライアント訪問、帰社後残業による提案書の作成等のように、一定の労働時間が見込まれるならば固定残業手当が導入可能です。

一方、生産ラインが確立されている製造業や、一般的な事務作業の場合、業務量の増減は各従業員の裁量ではできません。固定残業手当を導入するより、実際に残業した時間に対しその都度計算された残業手当を支給した方が、従業員のモチベーションにつながります。

どのくらいが目安なのか

労働基準法では、時間外労働を行わせるためには三六協定を締結することを義務付けています。この三六協定で設定できる時間外労働の限度時間が、1か月45時間、1年では360時間です。

そうなると必然的に1年間の限度時間360時間の12分の1、30時間が固定残業手当を考える上での上限となります。もちろん、実際にそれほど残業していない場合はもっと少なくなります。

固定残業手当は「これさえ支払っていれば、もう時間外労働手当がいらなくなる」という便利手当ではありません。想定する時間外労働時間を超えた場合は別途時間外労働手当を支払わなければなりません。逆に残業がなかったからといって、余り分を「おつり」として回収することはできません。ムダな残業手当を払わないという意味でも、固定残業手当は、今までの平均残業時間をベースに検討するのが得策です。

ただし、固定残業手当で想定した残業時間を超過した場合は、その分について別途残業手当を払わないといけませんが、実務上この給与計算が煩雑で対応しきれない会社もあります。その場合は、30時間を上限として若干多めに設定して、想定した残業時間に収まるようにした方がよいでしょう。

残業手当込みの賃金の支払い

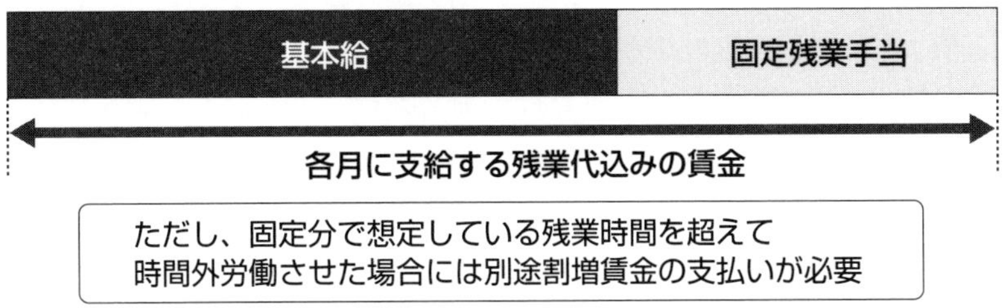

基本給	固定残業手当

←各月に支給する残業代込みの賃金→

ただし、固定分で想定している残業時間を超えて
時間外労働させた場合には別途割増賃金の支払いが必要

13 出来高払いの賃金

労働時間に応じて一定額の賃金を保障しなければならない

出来高払制の保障給とは

月給制、日給制、時給制のように、一定の期間、日、時間を単位として決まる賃金の支払形態と異なり、出来高払制その他の請負制は、仕事量の変動によって賃金額が大きく変動します。出来高払制は非常に不安定な賃金の支払形態といえるでしょう。

労働基準法では、最低限の生活ラインを維持するための規定を設けています。つまり、労務を提供した以上、その仕事量が少ない場合であっても、労働時間に応じて一定額の賃金（保障給）の支払いを保障することを義務付けています（労働基準法27条）。ここでの保障給とは、労働時間１時間につきいくらと定める時間給であることを原則としています。労働者の実労働時間の長短と関係なく一定額を保障するものは保障給にあたりません。

また、全額請負制だけでなく一部の請負制についても、請負給に対して一定額の賃金を保障する必要があります。ただ、賃金構成で固定給の部分が賃金総額の６割程度以上を占める場合には、請負制に該当しないとされています。

保障給の支払いが必要な場合

労働基準法27条の保護は労働者が就労した場合が対象です。単なる欠勤のように使用者の責めによらずに労働者が労務を提供しなかった場合は、保障給を支払う必要はありません。

労働基準法の規定では、具体的に最低額の定めがあるわけではありません。制度の趣旨からすると、労働者の生活保障のために、通常の実質収入とあまり差のない程度の賃金が保障されるように定めることが望ましいでしょう。休業手当が平均賃金の100分の60以上の支払いを義務付けていることを考慮すると、労働者が実際に就労している賃金の場合も平均賃金の100分の60程度は保障すべきとするのが行政の見解です。この保障給は「労働時間に応じ」とされていますから、前述したように「１時間についていくら」と金額を決めなければなりません。また、時間外労働を行った場合は割増賃金の支払義務も生じます。

なお、最低賃金法の適用がある労働者の場合には、最低賃金額以上の支払いが義務付けられています。出来高払制における保障給は、労働時間に応じることになっていますから、最低賃金の時間額が適用されます。

欠勤・遅刻・早退の場合の取扱い

給与は労働者が提供した労働力に対して支払われる

ノーワーク・ノーペイの原則とは

使用者には労働者の労働力の提供に対して給与を支払います。逆に言えば、体調不良などの理由により、労働者が丸１日仕事を休んだ場合には、使用者はその分の給与を支払う必要はありません。これをノーワーク・ノーペイの原則といいます。欠勤した場合だけでなく、朝仕事に遅れた場合（遅刻）や、早めに帰った場合（早退）業務の自発的中断（途中離業）についても、労働力が提供されていない分については、給与を支払う必要はありません。

ノーワーク・ノーペイの原則に基づく控除額について、労働基準法では特に定めを置いていません。そのため、会社などの事業所で独自にルールを定めることになります。実務上は就業規則や賃金規程に規定を置いてそれに従って控除額を算出しています。

一般的な控除額の算出方法としては、「月給額÷１年間の月平均所定労働日数×欠勤日数」で算出するという方法をとっている事業所が多いようです。遅刻や早退などで１時間あたりの控除額を算出する場合は「月給額÷１年間の月平均所定労働日数÷１日の所定労働時間」で控除額を求めます。

また、「月給額÷該当月の所定労働日数×欠勤日数」で算出することにしている事業所もあります。ただ、この方法で計算する場合は、毎月控除額が変わることになりますから、給与計算処理が面倒になるというデメリットがあります。なお、控除額を計算する際、給与を構成するどの手当を対象として控除額を計算するのかという点についても、法的には特に決まりはありませんが、それぞれの手当の趣旨を考えて、賃金規程などで定めるようにします。

制裁として減給することもできる

通常、就業規則により職場の規律に違反した労働者には一定の制裁を科すことになっています。制裁にはいくつかの方法がありますが、給与を減額するという減給もそのひとつです。ただ、給与は労働者の生活を維持するための重要なものですから、際限なく減給の制裁が認められているのではなく、①制裁１回の金額が平均賃金の１日分の半額を超えてはならない、②一賃金支払期（月１回の給与のときは１か月）における制裁の総額はその一賃金支払期の賃金の総額の10分の１を超えてはならない、という法的な制限があります（労働基準法91条）。

15 年俸制

年俸制でも時間外労働の割増賃金は支払われる

どんな制度なのか

年俸制とは、まず1年間の給与（賞与を含める場合もあります）の総額を決定し、その12分の1、あるいは16分の1（仮に賞与を4か月分と設定する場合）を毎月支給するという賃金体系です。労働基準法上の制約もあるため、重要なポイントは把握しておく必要があります。

① 賃金の支払方法

1年単位で賃金総額が決まるとはいっても、労働基準法上毎月1回以上、一定期日の賃金支払いが要求されているため、最低でも月1回、特定の日に賃金を支払わなければなりません。ただし、賞与支払月に多く支払うことはできます。

② 時間外労働の割増賃金

年俸制では毎月支給される金額が1か月分の基本給となり、時間外労働をした場合には、この1か月分の基本給をベースに割増賃金を支払わなければなりません。つまり、年俸制を導入する場合であっても、時間外・休日・深夜の労働に対する割増賃金は必要です。

そして、使用者が年俸制を導入する場合、年俸額の内訳は基本給だけなのか、一定時間分の残業手当（固定残業手当）を含んでいるのかを明確にする必要があります。

もっとも、毎月の給与額が残業手当により増減があると、年俸制にした意味合いがなくなることから、固定残業手当の制度が用いられることが多いようです。年俸制の金額を設定するときに、純然たる基本給の部分と、想定される残業時間から計算された固定残業手当の部分を明確に分離して従業員に明示します。もちろん、想定する残業時間を超過した場合には、別途残業手当が必要になりますが、それによる給与額の増加はあまり多くならないと思われます。

なお、割増賃金基礎額（1時間当たりの賃金）の算定には、役職手当、資格手当、業務手当、皆勤手当などが含まれますが、年俸制において12等分にされて毎月支払われる賞与も同様に含まれることになります。

どのように取り扱うべきなのか

労働基準法では、給与計算期間ごとに残業時間を集計して、次の賃金支払日に残業手当を支払うよう求めています。固定残業手当は例外的な処理です。

ただし、固定残業手当が想定している残業時間を超えて残業を行わせたときは、別途残業手当の支払が必要になりますので、年俸制は決して残業代を直接的に節約できる制度ではありません。

第５章

休日・休暇・休業をめぐるルール

休日と休暇

労働基準法は最低限必要な休日を定めている

「週１日の休日」が原則

毎週決まった日にとるのが休日だと考えている人も多いと思いますが、労働基準法の定める休日はちょっと違います。労働基準法は「使用者は、労働者に対して、毎週少なくとも１回の休日を与えなければならない」と定めているだけで、特に曜日の指定はないのです。

しかし、毎週日曜日というように曜日を決めて休日とするのが望ましいことは言うまでもありません。多くの会社では、就業規則の中で「何曜日（たいていは日曜日）を休日にする」と決めています。就業規則で休日の曜日を決めていれば、それが労働契約の内容となりますから、使用者は勝手に休日の曜日を変更することはできなくなります。

最近では週休２日制もかなり一般的になってきました。労働基準法は週休２日制にしなければならないとは規定していません（週休１日制が労働基準法上の原則です）。ただ、１日８時間労働であれば５日で40時間です。１週40時間制の労働基準法は週休２日制をめざしていこうという考え方に基づいています。

変形週休制とは

会社は労働者に毎週１日の休日を与えるのではなく、４週を通じて４日以上の休日を与えるとする制度をとることもできます。これを変形週休制といいます。

変形週休制では休日のない週があってもよく、また、どの週のどの日を休日にするということを具体的に就業規則で決めておく必要もありません。結果として労働者に４週で４日の休日が与えられていればよいというものです。たとえば第１週１日、第２週ゼロ、第３週２日、第４週１日というような変形週休制を採用することができます。

法定休日の労働は禁止されている

労働基準法は休日労働を原則として禁止しています。週１日の休日または４週４日の休日（変形週休制が採用されている場合）は、労働者が人間らしい生活をするために最低限必要なものだといえるからです。

一方、週休２日制を採用している場合、２日の休みのうち１日は労働基準法上の休日である「法定休日」ではありませんから、どちらかの日に仕事をさせても、原則禁止されている休日労働にはなりません。使用者は「法定休日」の労働には割増賃金を支払わなければなりませんが（労働基準法37条）、たとえば、週休２日制の場合の土曜日のように就業規則で休日としているが法定休日ではない日の労働については、休日労働としての割増賃金を支払う義務はありません。

◎休暇とは

休日以外の休みのことを休暇といいます。慶弔休暇、夏期休暇、年末年始休暇などのことです。

これらの休暇は、就業規則で定めることになっています。労働基準法で規定しているのは、年次有給休暇（年休、有休）です（128ページ）。

また、近年大企業を中心に導入が検討されている休暇に裁判員休暇があります。裁判員休暇とは、平成21年５月に開始された裁判員制度に伴い、企業が裁判員裁判の裁判員として参加する従業員に対して、何らかの形で休暇を与える制度です。

裁判員は、公判などに出席するため、３～５日程度裁判所に行かなければなりません。裁判は通常、平日昼間に行われますから、会社員などの場合は会社を休む必要があるわけです。

裁判員休暇は、労働者が気兼ねなく、裁判員としての職務に取り組むことができるようにすることを目的とした休暇だといえます。

裁判員の職務を行うために休暇を取得した期間中、賃金を支給する義務は使用者にはありませんが、国側では有給休暇制度を設けるよう、各経済団体や企業などに働きかけをしています。すでに大企業などでは有給の特別休暇を与えるよう、就業規則上に規定を設けるところもあります。

休日についてのルール

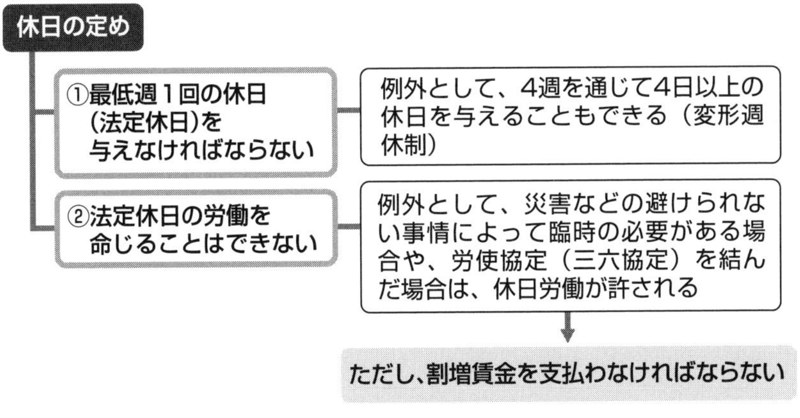

休日の定め

- **①最低週１回の休日（法定休日）を与えなければならない**
  - 例外として、4週を通じて4日以上の休日を与えることもできる（変形週休制）
- **②法定休日の労働を命じることはできない**
  - 例外として、災害などの避けられない事情によって臨時の必要がある場合や、労使協定（三六協定）を結んだ場合は、休日労働が許される
  - ↓
  - **ただし、割増賃金を支払わなければならない**

2 振替休日と代休

代金には割増賃金の支払義務がある

休日労働が許される場合もある

使用者が、労働者に休日労働を命じることができるのは、災害などの避けられない理由によって臨時の必要がある場合、または三六協定（108ページ）を結んだ場合です。この場合、使用者は35%以上の割増率を加えた割増賃金を支払わなければなりません。公務員については、「公務のため臨時の必要がある場合」にも休日労働・時間外労働をさせることができます（労働基準法33条３項）。この場合は三六協定も割増賃金の支払いも不要です。

代休と振替休日の違い

たとえば、使用者が「日曜に出勤してほしい。その代わり翌月曜日は休んでよい」という命令を出すとしましょう。この場合、月曜日が振替休日なのであれば割増賃金の支払義務が生じないのに対して、代休であれば義務が生じます。振替休日とは、就業規則などで休日があらかじめ決まっている場合に、事前に休日を他の労働日と入れ替え、休日と定められていた日に労働し、代わりに他の労働日を休日とすることです。元々の休日は労働日となるので、休日労働にはならないのです。

一方、代休は、法定休日に労働させたことが前提になり、もともとの休日に出勤させ、使用者がその代償として事後に与える休日です。したがって、割増賃金の支払義務が生じるわけです。その代わり、使用者は代休を与える義務は法的にはありません（代休を与えたとしたらそれは恩恵的なものです）。

振替休日にするか、代休にするかによって、具体的にどのような差が生じるのかを見ていきましょう。

現在、多くの会社では、土曜日と日曜日を休日と定めて（週休２日制）、日曜日を法定休日としている場合が多いようです。たとえば、あらかじめ日曜日を出勤日にする代わりに、木曜日を休日にするという事前交換を、使用者と労働者との間で取り決めておいたとします。この場合、休日になる木曜日は、振替休日ということになります。振替休日においては、出勤日になる日曜日は、通常の労働日と変わりがありませんので、通常の賃金が支払われます。たとえば、１時間あたり1000円の労働者が、８時間労働した場合、1000円×８時間＝8000円の賃金が支払われることになります。そして、休日になった木曜日は、本来の休日であった日曜日との交換に過ぎませんので、賃金は発生しません。したがって、振替休日において、賃金の上で特別考慮することはありません。

これに対して、事前の交換なく日曜日に出勤して、代わりに木曜日が休日になった場合は、日曜日の労働は休日労働として、割増賃金（35％増）が支払われます。そのため、1000円×８時間×0.35＝10800円が支払われることになります。一方、本来の労働日である代休日の木曜日は、賃金が支払われませんので、－8000円ということになります。結果として、10800円－8000円＝2800円の差額が生じます。振替休日とするか代休にするかにより、労働者が手にする賃金において2800円の差が生じます。

振替休日にするには、次の要件が必要です。①就業規則などに、「業務上必要が生じたときには、休日を他の日に振り替えることがある」旨の規定を設けること、②あらかじめ、休日を振り替える日を特定しておくこと、③遅くとも、前日の勤務時間終了までには、当該労働者に通知しておくこと、です。事前に休日の振替をしなかった場合は、休日に労働させた事実は消えません。使用者が振替命令を出すには、労働協約や就業規則に規定しているか、または労働者が事前に同意しているかのいずれかが必要です。さらに１週１日または４週４日の休日が確保されることも必要です。代休となる場合は、恩恵的な休日ですから、無給でもかまいませんが、就業規則で明確にしておくべきです。なお、休日勤務は割増賃金の支払をめぐりトラブルになることがあるので、休日勤務届出書、代休請求願、振替休日通知書などの書面を利用して、労働日数の管理を徹底させるのがよいでしょう。

振替休日と代休の違い

	振替休日	代休
意味	あらかじめ休日と労働日を交換すること	・休日に労働させ、事後に代わりの休日を与えること ・使用者には代休を与える義務はない
賃金	休日労働にはならないので通常の賃金の支払いでよい	休日労働になるので割増賃金の支払いが必要
要件	・就業規則等に振替休日の規定をする ・振替日を事前に特定 ・振替日は原則として4週の範囲内 ・遅くとも前日の勤務時間終了までに通知	・特になし。ただし、制度として行う場合には就業規則などに具体的に記載が必要

3 年次有給休暇①

全労働日の８割以上出勤すると有給休暇がとれる

年次有給休暇とは

労働基準法は年次有給休暇を積極的に活用することを推進しています。年次有給休暇とは、１週１日（あるいは４週で４日）の法定休日以外の休みのうち、給料（賃金）が支払われる休暇です。「年休」「有給休暇」などと略して呼ばれることの方が多いといえます。

有給休暇の目的は、労働者が心身ともにリフレッシュし、新たな気持ちで仕事に向かっていけるようにすることにあります。有給休暇をとるのは労働者の権利ですから、会社（使用者）は、労働者が安心して有給休暇をとれるような職場環境を作らなければなりません。そして、使用者は、労働者が有給休暇をとったことを理由にして、賃金や人事評価で労働者にとって不利な取扱いをしてはなりません。

有給休暇の権利（年休権）を得るには、いくつかの条件があります。①入社時から付与日まで（最初の有給休暇は入社時から６か月以上）継続して勤務していること、②付与日の直近１年（最初の有給休暇は入社時から６か月）の全労働日の８割以上出勤したことです。この２つの条件を満たせば、定められた日数の有給休暇が自動的に与えられます。

有給休暇日数の決定方法

年次有給休暇は、労働者の勤続年数に応じて優遇されていく（日数が増えていく）システムになっています（労働基準法39条１項～３項）。

有給休暇は、前述した①②の要件を満たすと、最初の６か月を経過した段階で10日間の年次有給休暇が与えられ、１年６か月を経過すると11日、２年６か月で12日となり、１日ずつ増えていきます。そして３年６か月経過した段階から２日ずつ加算され、最大20日間与えられます。６年６か月を経過した時点で上限の20日に到達します。

取得した有給休暇は、翌年に繰り越すことができますが、２年で時効消滅することに注意が必要です（労働基準法115条）。

なお、「全労働日の８割」を計算する際に、以下の場合は出勤したものとみなされます（労働基準法39条10項）。

① 業務上の負傷または疾病による療養のために休業した期間
② 産前産後の休業期間
③ 育児･介護休業法による育児休業･介護休業の期間
④ 有給休暇をとった日

有給休暇の５日付与にも気をつける

人手不足で取得すると仕事が進まない、職場の誰も取得していないので取得すると雰囲気が悪くなる、など年次有給休暇の取得がなかなか進まない問題がありました。平成31年（2019年）４月から年次有給休暇の強制的な取得が義務化され、違反した場合には30万円以下の罰金も課されます。

下図で、年次有給休暇が10日以上付与される労働者について、付与した日から１年以内に５日の年次有給休暇を取得させなければなりません。この５日は、労働者自らが請求し、取得した日数、使用者による時季指定した日数、計画年休（131ページ）を合計したものです。なお、時間単位で取得した年休は５日に加えることができないため注意が必要です。

使用者は休暇申請を拒否できない

労働者が有給休暇をとる際は「いつからいつまで有給休暇をとります」と具体的に休む時期を使用者に申し出るだけで十分です。原則として、労働者が使用者に申し出た日が、そのまま有給休暇の取得日になります。これを労働者の権利として時季指定権といいます（労働基準法39条５項）。有給休暇は、労働者が使用者の許可を得て休ませてもらうというものではなく、労働者が休暇をとる権利をもとにして、実際に休む日を決める手続きといえます。

有給休暇取得日数

労働日数 ＼ 継続勤務年数	0.5	1.5	2.5	3.5	4.5	5.5	6.5以上
①通常の労働者、週の所定労働時間が30時間以上の短時間労働者	10	11	12	14	16	18	20
②週の所定労働時間が30時間未満の労働者							
週の所定労働日数が４日または１年の所定労働日数が169日～216日までの者	7	8	9	10	12	13	15
週の所定労働日数が３日または１年の所定労働日数が121日～168日までの者	5	6	6	8	9	10	11
週の所定労働日数が２日または１年の所定労働日数が73日～120日までの者	3	4	4	5	6	6	7
週の所定労働日数が１日または１年の所定労働日数が48日～72日までの者	1	2	2	2	3	3	3

線で囲んだ日数を付与された労働者は年休の５日付与義務の対象者

年次有給休暇②

時季変更権や計画年休によって使用者の都合を反映できる

基準日の設定と分割付与

年次有給休暇は、入社後６か月経過した時に10日付与し、その後１年を経過するごとに一定日数を付与するしくみです（前ページ）。しかし、入社日は労働者ごとに異なることも多く、個々の労働者に応じて休暇の付与を行うと、付与日数や消化日数の管理が複雑になります。そのため、年休を付与する基準日を設定し、管理上の負担を軽減するという「斉一的取扱い」を取ることが認められています。実務上は毎年４月１日、または10月１日を基準日として、全労働者に一斉に年休を付与するケースが多いようです。

また、新入社員など初年度の労働者については、法定の年次有給休暇の付与日数を一括して与えずに、その日数の一部を法定の基準日以前に付与することもできます（分割付与）。

ただし、斉一的取扱いや分割付与が認められるには、①年次有給休暇の付与要件である８割出勤の算定において、短縮された期間は全期間出勤したとみなすこと、②次年度以降の年次有給休暇の付与日についても、初年度の付与日を法定基準日から繰り上げた期間と同じまたはそれ以上の期間を法定基準日より繰り上げること、の要件を満たすことが必要です。

また、前倒しで年休を付与する分、会社の管理の負担が増えるので、斉一的取扱いや分割付与の導入は慎重に検討することが必要です。年次有給休暇の管理については、年次有給休暇記録・管理簿を作成し、付与日数、消化日数、残日数を記録しましょう。

使用者は時季変更権を行使できる

会社からすれば、忙しい時に労働者に一斉に年休をとられたのでは困る場合があります。そこで労働基準法は、両者の調整を図り、労働者が請求した時季に休暇を与えると事業の正常な運営に支障をきたす場合、使用者は他の時季に振り替えて与えることができると規定しています（時季変更権）。

事業の正常な運営に支障をきたす場合とは、労働者の所属する事業場を基準にして、事業の規模・内容、当該労働者の担当する作業の内容・性質、作業の繁忙、代行者の配置の難易、他の年休請求者の存在など、さまざまな状況を総合的に考慮して判断します。

判例の中には、会社の命令（時季変更命令）を無視して１か月の連続休暇を取得した社員を解雇した事件で、会社の処分を認め、解雇無効の訴えを退けたものがあります。ただし、単に人手不足である、業務が忙しいという理由だけで、会社が時季変更権を行使することは許されません。

計画年休を導入する際の注意点

年休（年次有給休暇）は、労働者が自分の都合にあわせて休暇日を自由に指定できますが、例外的に年休のうち５日を超える分（たとえば、年休を13日取得する権利のある労働者は８日間）について、使用者が労働者個人の意思にかかわらず、労使協定で有給休暇の日を定めることができます（年休の計画的付与・計画年休）。

計画年休の付与の方法として、①事業場全体の休業による一斉付与方式、②グループ別の付与方式、③年休付与計画表による個人別付与方式、の３つがあります。たとえば、①の一斉付与方式を利用すれば、ゴールデンウィークに一斉に有給休暇をとって会社全体で連続の休みにすることができます。

計画年休を活用すると、使用者側は年休の日程を計画的に決めることができるというメリットがあります。また、労働者側にも忙しい場合や、年休を取得しにくい職場の雰囲気の中でも年休がとりやすくなり、年休の取得率が向上し、労働時間の短縮につながるというメリットがある一方、自分の都合のよい日を自由に有給休暇に指定することができなくなるというデメリットもあります。なお、労使協定により年休の計画的付与を決めた場合には、労働者・使用者ともに取得時季を変更することはできなくなります。

計画年休を導入するには、書面による労使協定（過半数組合がある場合にはその労働組合、過半数組合がない場合には労働者の過半数代表者との書面による協定）の締結が必要です。この労使協定の届出は不要です。

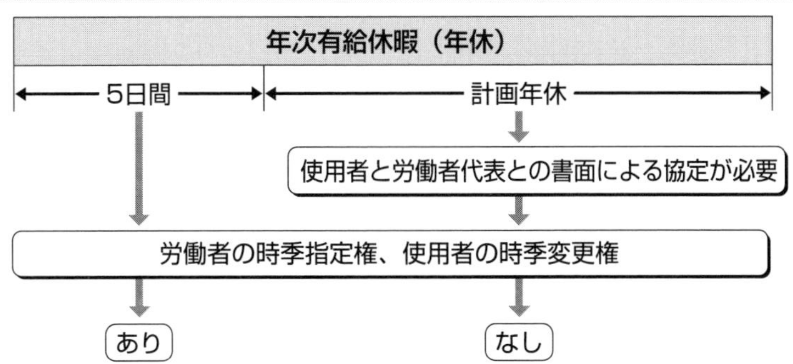

年次有給休暇③

労働者は時間単位で有給休暇を取得できる場合がある

年休は買い上げることができる

年休は労働基準法に基づいて労働者に与えられた権利です。そのため、使用者が年休を労働者から買い上げて、つまり金銭を支払うことで年休を与えたものとし、その分、その労働者の年休の日数を減らしたり、労働者から請求された日数の休暇を与えないことは、年休の制度の趣旨に反しますから、労働基準法違反になります。休暇をとることで労働者が休養をとり、心身の疲労を回復させるという年次有給休暇の目的を妨げることになるためです。

ただし、以下の3つのケースについては、使用者が年休を買い上げたとしても、労働者にとって不利益が生じないので、例外的に許されます。

① 取得後2年が経過しても未消化の日数分

② 退職する労働者が退職する時点で使い切っていない日数分

③ 法定外に付与した日数分

退職の直前に有給休暇を請求された場合

労働者が有給休暇を請求してきた場合、その時季については、使用者の承諾を要せずに有給休暇を取得できるのが原則ですが、使用者が時季変更権を行使した場合には、取得時季を他の時季に変更してもらうことになります。

しかし、退職を予定する者が、有給休暇の残日数を取得することを見込んで退職日を決め、一括して請求した場合はどうでしょうか。当然のことながら、他に変更できる日はありません。つまり、時季変更権を行使できないわけです。この場合は、本人の請求する時季に有給休暇を与えなければなりません。なお、退職時に未消化の有給休暇を買い上げることも可能ですが、買い上げることを理由に有給休暇の請求を拒否することはできません。

時間単位の有給休暇とは

時間単位の有給休暇とは、労働者が時間単位で年休を取得する制度です。有給休暇を時間単位で取得できるようにする条件として、①労使協定を締結すること、②日数は年に5日以内とすること、③時間単位で取得することを労働者が希望していること、が必要です。

時間単位の有給休暇を与える手続きについては、当該事業場に過半数組合があるときはその労働組合、それがないときは過半数代表者と使用者との書面による協定によって、以下のⓐ～ⓓの内容を定めなければなりません（労働基準法39条４項）。

ⓐ　時間を単位として有給休暇を与えることができるとされる労働者の範囲を定めること

ⓑ　時間を単位として与えることができるとされる有給休暇の日数（５日以内に限る）

ⓒ　時間単位年休１日の時間数（所定労働時間数を基に定め、時間に満たない端数は時間単位に切り上げて計算する）

ⓓ　その他厚生労働省令で定める事項（１時間以外の時間を単位とする場合の時間数など）

◎支払われる金額について

時間単位の有給休暇を取得する場合の具体的に支払われる金額は、以下の①～③の金額をその日の所定労働時間数で割って決定されることになります（労働基準法39条９項）。①～③のいずれを基準とするかは、就業規則に定めることが必要です。

なお、③の標準報酬日額とは、標準報酬月額（毎月の給料など報酬の月額を区切りのよい幅で区分した金額）の30分の１に相当する金額のことです。

①　平均賃金

②　所定労働時間労働した場合に支払われる通常の賃金

③　当該事業場に過半数組合があるときはその労働組合、それがないときは過半数代表者との書面による協定によって定めることで、健康保険法の標準報酬日額に相当する金額

◎時間単位の考え方

時間単位の設定については、必ずしも１時間単位でなくてもよく、２時間単位、３時間単位などと労使協定で定めておく必要があります。ただし、1.5時間といった１時間に満たない端数が生じる単位（分単位など）で取得することや、１日の所定労働時間を上回る時間数（たとえば10時間単位など）を取得単位とすることはできません。

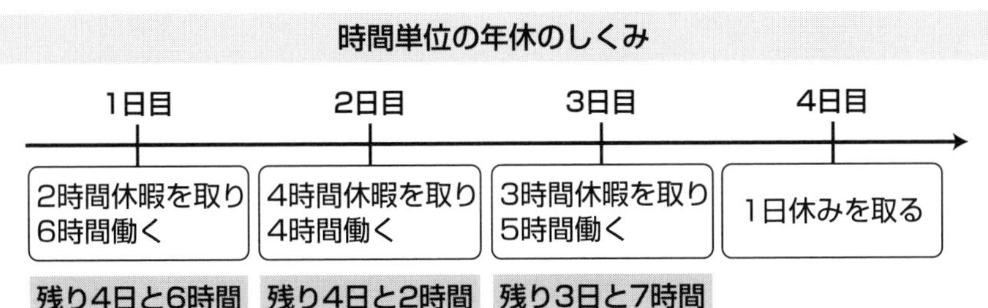

6 休業手当

使用者の責任で従業員が就業できなかったときに支払われる

休業手当とは

使用者の責任による休業の場合、使用者は休業期間中、その平均賃金（原則として過去３か月に支給された賃金の総額を同じ期間の総日数で割った金額のこと）の60％以上の手当を支払わなければなりません（労働基準法26条）。これを休業手当といいます。

休業とは、労働契約上労働義務のある時間について労働ができなくなることをいいます。一斉休業の場合も含まれます。丸１日だけでなく１日の所定労働時間の一部だけの休業も含まれます。

なお、民法では使用者の責任による休業の場合、労働者に「賃金全額」の請求権があると規定しているため、休業手当は労働者の権利を狭めているように見えます。しかし、休業手当の不払いには罰則が科されるため、最低60％を労働者に確保している点で重要な意味をもちます。また「使用者の責任」となる事由も、労働基準法は民法より広く認めています。つまり、民法上は使用者の責任に含まれなくても、労働基準法上は使用者の責任に含まれる場合があります。休業手当支払義務が発生する休業理由として、①工場の焼失、②機械の故障・検査、③原材料不足、④流通機構の停滞による資材入手難、⑤監督官庁の勧告による操業停止、⑥経営難による休業、⑦違法な解雇による休業などが挙げられます。

また、休業手当支払義務は強行法規（当事者間でその規定と異なる特約をしてもそのような特約の効力が認められない規定）ですから、労働者に対する平均賃金の60％以上の支払いが保障されており、保障の程度について60％を下回る特約を定めても、その特約の効力は否定されます。

「60％」というのは、あくまで労働基準法に規定された最低額ですので、就業規則などによって60％を超える休業手当を支払う旨を規定している場合は、その規定に従います。

休業手当の支払いに際しては雇用調整助成金の利用を検討するのがよいでしょう。雇用調整助成金とは、経済上の理由による企業収益の悪化で、事業活動の縮小を迫られた事業主が、従業員を一時的に休業、教育訓練または出向をさせた場合に、必要な手当や賃金等の一部を助成する制度です。

なお、休業手当支払義務は、使用者の行った合理的な理由のない違法な解雇（上記の⑦）についても適用されるため、解雇が無効となった場合、労働者に解雇期間中の平均賃金60％以上の休業手当を保障しなければなりません。労働者が解雇期間中に他の職業に就き、給料など利益を得ていたとしても、使用者が控除できるのは、平均賃金の40%が上限になります。

前述したように、休業手当が支払われるには「使用者の責めに帰すべき事由」が必要です。天災事変などの不可抗力に該当し、休業の帰責事由が労使どちらにもないときは就業規則、労働協約などの定めに従うことになります。

派遣労働者の場合の休業手当

派遣中の労働者については、派遣元と派遣先の複数の使用者が存在します。休業手当についてどちらで判断することになるのでしょうか。

派遣労働者の場合、派遣先ではなく、派遣元の使用者について帰責事由が判断されます。具体的には、派遣元の使用者が派遣労働者を他の事業場に派遣する可能性などを含めて判断します。

1日の一部だけ休業した場合

1労働日が全休となった場合の他、1労働日の所定労働時間の一部が休業となった場合も休業手当を支払います。休業手当は、1労働日についてまったく就労しなくても平均賃金の60%以上を保障するわけですから、一部就労で労働した時間の割合で賃金が支払われていても、実際に支払われた賃金が平均賃金の60%未満の場合は、60%との差額を支払う必要があります。

なお、休業手当も賃金ですから、通常の賃金と同様に賃金支払日に支払う必要があります。

休業手当の支払義務の有無

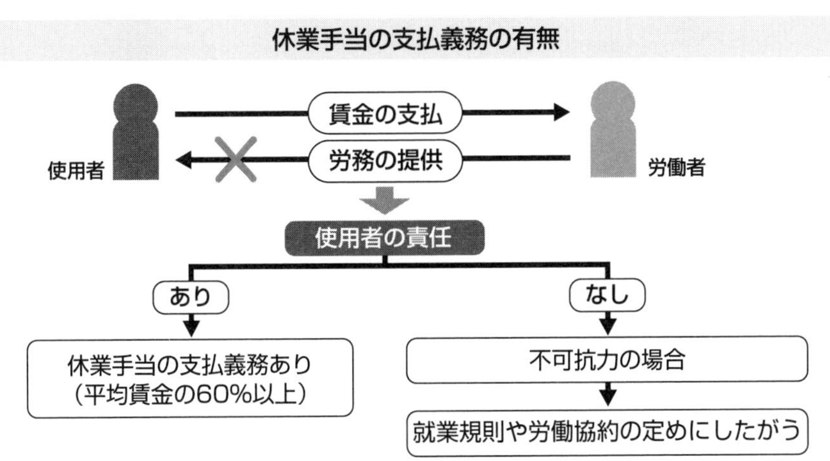

7 産前産後休業

働く女性すべてに認められる権利

どんな場合に取得できるのか

産前産後の休業は、母体の保護、次世代を担う労働力の保護という観点から設けられた制度です。6週間（双子などの多胎妊娠の場合は14週間）以内に出産することが予定されている女性が休業を請求した場合、使用者はその者を就業させてはいけません。

また、産後休業は出産日の翌日から8週間です。出産後8週間を経過するまでは、女性労働者からの請求の有無にかかわらず休業させる必要があります。ただ、産後6週間を経過した者については、女性が就労したいと請求した場合、医師が、支障がないと認めた業務につかせることが認められています。

産前休業と産後休業では性質が違いますから、就業規則などで「産前産後あわせて14週間を産前産後の休業とする」と規定することはできません。労働基準法でいう「出産」とは、妊娠4か月以上の分娩を意味します（死産・流産を含みます）。産前産後の休業中は有給とすることは義務付けられていません。

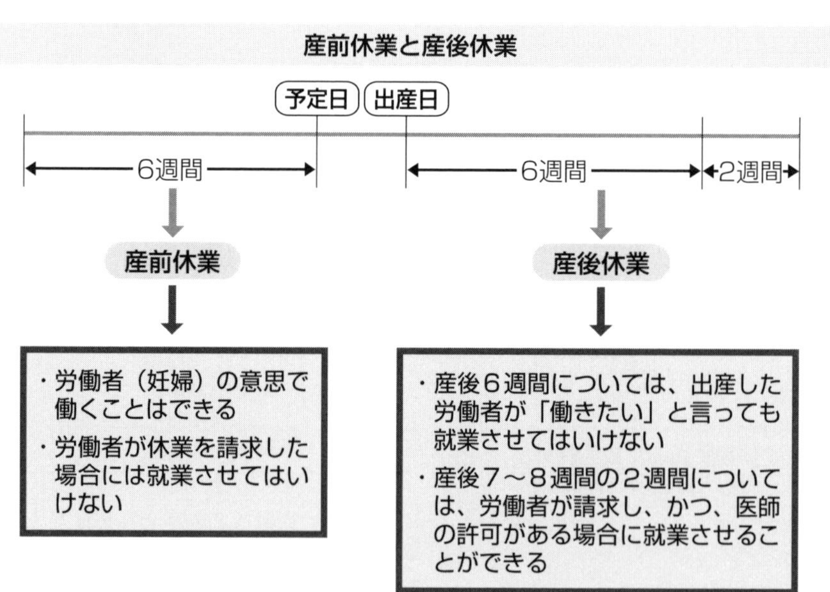

8 妊娠中と産後１年の就業制限

労働場所や労働時間などに対する配慮が求められる

労働基準法の保護規定

労働基準法は、妊産婦（妊娠中の女性と産後１年を経過しない女性）および胎児の心身の健康を守り、出産後の母体の健康回復や育児などを考慮した職場環境作りをするための規定が置かれています。まず、産前産後の休業期間（前ページ）とその後30日間は、会社は解雇することができず、妊娠・出産に伴い職場を失うことはありません。

それ以外にも、①坑内業務（炭坑やトンネル内での業務）や危険有害業務の就業制限（64条の２、64条の３）、②軽易な業務への転換（65条３項）、③労働時間や休日などの制限（66条）などの規定があります。

坑内業務や危険有害業務の就業制限

妊産婦が坑内業務や危険有害業務に就業することによって、流産の危険が増したり、健康回復を害するおそれが高まることから、就業を制限する規定が置かれています。

まず、鉱山の掘削などの坑内業務については、妊娠中の女性を従事させることができません。また、産後１年を経過しない女性が申し出れば、坑内業務に従事させることはできません。

次に、重量物を取り扱う業務や有毒ガスが発生する場所での業務など、妊娠・出産・保育に悪影響を及ぼす危険有害業務については、妊娠中の女性を従事させることはできません。また、産後１年を経過しない女性も、危険有害業務に従事させることはできませんが、業務の内容によっては、女性からの申し出がなければ従事させることができるものもあります。

軽易な業務への転換

妊娠中の女性が請求した場合、使用者は、その女性を現在の業務よりも軽易な業務に転換させなければなりません。たとえば外を歩き回る営業の仕事から、屋内での事務仕事に移すことなどが考えられます。社内に適当な「軽易な業務」がない場合は新たに軽易な業務を作る必要はなく、一部の業務を免除するなどの対応をすれば足ります。

労働時間や休日などの制限

妊産婦が請求した場合、会社が変形労働時間制を採用していても、本来の労働基準法の規定を超える労働をさせることはできません。また、妊産婦が請求した場合、使用者は、時間外労働や休日労働をさせたり、深夜業に就業させることはできません。

9 育児時間

女性従業員は育児のための時間を請求することができる

通常の休憩時間とは異なる

労働基準法67条では、生後１年に達しない生児を育てる女性は、１日２回各々少なくとも30分、生児を育てるための時間を請求することができるとしています。女性が授乳などの世話のため、作業から離脱できる時間を法定の休憩時間とは別に与えるものです。

ここでの「生児」とは、実子、養子ともに認められ、その女性が出産した子であるか否かは問いません。注意したいのは、育児時間は「請求できる」という規定です。つまり、女性従業員が請求した時に、はじめて会社に育児時間を与える義務が発生します。

１日につき２回という回数も、本人が希望すれば１回でもかまわないわけです。時間についても「少なくとも30分」とありますので、使用者の方でそれ以上の時間を与えることはかまいませんし、労使協定を結んだ場合は、まとめて１日１回60分（育児時間を連続２回取得したものと扱う）とすることも可能です。

通常の休憩時間と異なり、育児時間を就業時間の開始時や終了時に与えることもできます。もちろん、１日のどの時間帯で育児時間を与えるかは、労働者と使用者が話し合って決めなければなりません。一般的には、本人の請求した時間に与えるのが望ましいといえます。

本規定は正社員だけでなく、パートタイマーやアルバイトにも適用されます。ただし、１日の労働時間が４時間以内の女性従業員から請求があった場合は、１日１回少なくとも30分の育児時間を与えればよいとされています。

また、育児時間中の賃金を有給にするか無給にするかは、労使協定や就業規則などで定めるところによるため、使用者の裁量によるといえます。

育児時間のポイント

- 1歳未満の子供を育てている女性が請求可能
- 1日2回、30分以上の育児時間を取得できる
- パートタイマーやアルバイトなども請求可能
- 育児時間中の賃金を有給とするか無給とするかは使用者の自由

10 看護休暇

小学校入学前の子を看護するための休暇

どんな場合に取得できるのか

看護休暇とは、小学校就学前の子を養育する労働者が、病気やケガをした子の看護のために休暇を取得することができる制度です。育児・介護休業法は、会社（事業主）に対して看護休暇の付与を義務化しています。看護休暇を取得できるのは、小学校就学前の子を養育する従業員です。該当する従業員は、病気やケガをした子の世話をする場合、会社に申し出ることで、看護休暇を取得することができます。

ただし、労使協定で看護休暇の対象外とされた者については、会社は申し出を拒否することができます。具体的には、会社に引き続き雇用された期間が6か月に満たない従業員や週の所定労働日数が2日以下の従業員については、労使協定の締結により看護休暇の対象外とすることができます。

看護休暇の付与日数

看護休暇は、年次有給休暇とは別に1年間につき5日間（子が2人以上の場合は10日）を限度として取得することができます。この場合の1年間とは、会社が別段の定めをした場合を除いて、4月1日から翌年3月1日までの期間を意味します。看護休暇を取得できる単位は1日か半日でしたが、令和3年1月1日からは時間単位での取得が可能となりました。なお、時間単位での取得の場合、法令では中抜け（就業時間の途中から時間単位休暇を取得して、就業時間の途中に再び戻ること）までを求めているわけではありません。

時間外労働・深夜業の制限

看護休暇を申請できる労働者が請求した場合、事業主は、原則として深夜業に就かせることはできません。また、時間外労働も1か月24時間、1年150時間以内に制限されます。

看護休暇中は無給でもよい

看護休暇を有給とするか無給とするかは労使協定や就業規則などの定めによります。また、労働者が休業した期間は年次有給休暇の出勤率を計算する際に除外することが適当とされています。

なお、会社は、従業員が看護休暇の申し出をし、または看護休暇を取得したことを理由として、解雇その他不利益な取扱いをしてはいけません。不利益な取扱いとは、勤務しなかった日数を超えて賃金を減額したり、賞与や昇給などで不利益な算定を行うことなどがこれにあたります。

育児休業

労働者が子を養育するためにする休業制度

どんな制度なのか

少子化が進む中、育児をしながら働く人が生活と仕事を両立できるように整備されたしくみのひとつが、育児・介護休業法が規定する育児休業制度です。労働者が育児休業をとると、労働者は労務提供義務が一定期間免除され、事業主（使用者）はその期間の賃金支払義務が原則免除されます。なお、育児休業期間中は、雇用保険の「育児休業給付金」により、育児休業開始時賃金月額の50％（休業開始180日間は67％）が支給されます。

どんな人が対象なのか

原則として労働者であれば、1歳未満の子を養育している場合、男女を問わず、事業主に申し出ることにより育児休業をすることができます。事業主は、育児休業の申し出を拒むことができません。育児・介護休業法に定める要件を満たす労働者は、雇用関係を維持しながら育児休業を取得できるのです。

なお、法律上の親子関係がある子（実子・養子）だけでなく、特別養子縁組の監護期間中の子や、養子縁組里親に委託されている子などを養育する場合にも、育児休業を取得することができます。

育児休業を与えなくてもよい場合

事業主は、日雇い労働者（日々雇い用れられる者）に対しては、育児休業を与える義務がありません。また、期間雇用者（期間を定めて雇用される者）については、以下の①②の双方の要件を満たす場合に、事業者は、申し出により育児休業を与える義務が生じます。

① 申し出時点で過去1年以上継続して雇用されていること

② 子が1歳6か月に達するまでの間に雇用契約がなくなることが明らかでないこと

つまり、期間労働者は①②の要件をともに満たせば、申し出により育児休業をすることができます。なお、令和4年4月1日から期間労働者の育児休業取得要件の緩和のため①の要件が廃止される予定です。

また、事業主と労働者の間で取り交わす労使協定に基づき、以下に該当する労働者を育児休業の対象から除外することができます。

① 継続雇用期間が1年未満の者

② 育児休業申し出の日から1年以内（1歳6か月までおよび2歳までの育児休業の延長申出をする場合は6か月以内）に雇用関係が終了するこ

とが明らかな者

③　週所定労働日数が２日以下の者

上記の労働者は、育児休業の対象外とする労使協定がある場合、育児休業の申し出をしても、事業主から拒否されることがあります。令和４年４月１日以降には前述したように、申し出時点で継続勤務期間が１年未満の労働者についても育児休業の対象者となりますが、労使協定を締結することで引き続き対象外とすることが可能です。

◎子が１歳に達するまで取得が可能

育児・介護休業法に基づく育児休業の期間は、原則として、出生から「子どもが１歳に達する日（民法の規定により１歳の誕生日の前日）まで」の１年間です。男性の場合は、上記の原則が適用され、出生した日から１年間となります。一方、女性の場合は、労働基準法に基づき、出産後８週間の「産後休業」の取得が認められていますので、産後休業の終了後（の翌日）から育児休業をすることが可能です。

◎育児休業が延長される場合

育児・介護休業法においては、子が１歳に達する時点で、保育所に入所できない等の特別な事情がある場合、事業主に申し出ることで、子が１歳６か月に達するまでを限度に育児休業の延長が可能です。なお、育児休業の延長が認められるには、子の１歳の誕生日の前日に、父母のどちらかが育児休業中であることが必要です。

さらに、子が１歳６か月に達する時点でも特別の事情がある場合、子が２歳に達するまでを限度として育児休業の再延長が可能になりました。

男性による育児休業の取得を促すための制度が「パパ・ママ育休プラス制度」です。子の父母が１歳到達日以前のいずれかの日において、ともに育児休業をとるなどの要件を満たす場合に、特例として育児休業の対象となる子の年齢を「１歳まで」から「１歳２か月まで」に延長する制度です。ただし、父母がそれぞれ取得できる育児休業期間の上限は、原則として１年間です。

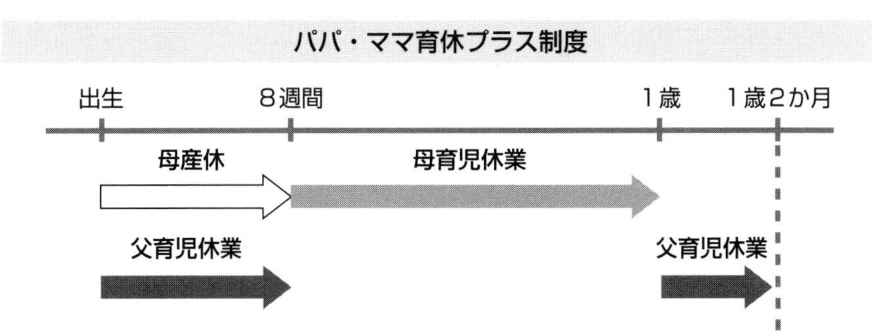

育児休業の取得促進のために改正が行われる

厚生労働省の「令和元年度雇用均等基本調査」によると、女性の育児休業取得率は83.0％、男性の育児休業取得率は7.48％となっています。年々増加傾向にあるものの男性の育児休業は依然として１割も取得していないというのが実情です。

そのため、希望に応じて男女ともに仕事と育児などが両立できるように、次のような法改正が予定されています。

① 男性の育児休業取得促進のために、子の出生直後の時期に柔軟な育児休業ができる枠組みの創設

この枠組みは、子の出生後８週間以内に４週間まで柔軟に育児休業が取得できるようにすることにあります。実際に男性が育児休業を取得するのは、出産後の妻の心身の負担を軽減するために出生後８週間以内に取得するケースが多く、これまでは育児休業ではなく有給休暇などを取得するケースもありました。出生後８週間の期間に柔軟な対応ができるようにすることをめざしており、「男性版の産休」といえます。

そのため、取得の申出期限は、通常の１か月から２週間前までに短縮され、分割して取得できる回数も２回までとなります。育児休業は原則１回の取得、パパママ育休制度（前ページ）では、妻の産休中に育休を取得した場合には、別に育児休業を取得することができます。この枠組みでは、男性がより柔軟に、妻の産休中に２回に分けて取得できやすくなるというメリットがあります。

さらに、労使協定を締結している場合には、個別の合意により休業中に就業することが認められます。

これまでは中小企業においては、育児休業を取得すると自分の仕事を代替する人がいない、長時間休むと元のポジションに戻れない等の問題がありましたが、法改正によって、これらの問題を解決することが期待されています。

② 育児休業を取得しやすい雇用環境整備、妊娠・出産を申し出た労働者への個別周知、意向確認の措置（義務）

事業主には、「育児休業の申し出・取得を円滑にするための雇用環境の整備に関する措置」「妊娠・出産（本人又は配偶者）の申し出をした労働者に対して、個別の制度周知や休業の取得以降の確認のための措置」をすることが義務付けられます。措置の内容としては、研修の実施や相談窓口設置、制度や取得事例の社内共有等が挙げられます。

③ 育児休業の分割取得

これまで育児休業は特別の事情がない限り１人の子につき１回で、申し出ることができる休業は連続したひとまとまりの期間とされていました。今回の法改正で、分割して２回まで取得することが可能になりました。

この法改正によって、女性が長期間にわたり育児休業を取得しなくても、

２回に分けることで、一度職場復帰し、自分のキャリアを維持することもできます。これまで以上に仕事と家庭の両立が可能となり、女性活躍の一助になることが期待されています。

④　育児休業取得状況の公表（義務）

常時使用する労働者が1000人超の事業主は、育児休業の取得状況を公表することが義務化されました。男性の育児休業取得率を公表することで、採用が有利になったり、社会的信用が増すなどの効果が期待されます。

⑤　有期雇用労働者の育児休業取得要件の緩和

これまで育児休業取得対象者は、「申し出時点で過去１年以上継続して雇用されていること」という要件がありましたが、法改正によって、この要件が廃止されます。これまで、１年以上継続雇用されていない有期雇用労働者は、育児休業対象者でなく、会社が独自に休業を与えても育児休業給付金の対象者となりませんでした。この法改正により、継続雇用が１年未満であっても育児休業給付金を受給することが可能となります。また、育児休業給付金の被保険者期間の計算方法について特例が設けられる予定です。

②と⑤は令和４年４月１日から施行され、④については、令和５年４月１日から施行されます。また、①と③の施行日は、令和３年の公布日から１年６か月を超えない日で政令で定めた日（令和４年10月１日施行見込み）です。

育児介護休業法の改正

主な改正点	改正内容
1．男性の育児休業取得促進のために、子の出生直後の時期に柔軟な育児休業ができる枠組みの創設	子の出生後８週間以内に４週間まで柔軟な育児休業の取得が可能
2．育児休業を取得しやすい雇用環境整備、妊娠・出産を申し出た労働者への個別周知、意向確認の措置（義務）	さまざまな措置を実施することで育休取得の促進
3．育児休業の分割取得	２回までの分割取得が可
4．育児休業取得状況の公表（義務）	常時使用する労働者が1000人超の事業主が対象
5．有期雇用労働者の育児休業取得要件の緩和	継続雇用が１年未満であっても育休の対象者

12 育児休業の取得手続き

事業主の負担が過度にならないように配慮されている

●いつまでに申し出るのか

子が１歳までの育児休業の場合、原則として１か月前までに申し出なければなりません。ただし、以下の①～⑥の育児休業をすぐ取得すべき「特別の事情」が生じた場合には、１週間前に申し出ることにより取得可能です。

① 出産予定日前に子が生まれたとき
② 配偶者が亡くなったとき
③ 配偶者が病気、ケガにより養育が困難になったとき
④ 配偶者が子と同居しなくなったとき
⑤ 子が負傷、心身の障害により２週間以上の世話を必要とするとき
⑥ 保育所に入所申請をしたが当面入所できないとき

育児休業を取得するときは、申し出の年月日、労働者の氏名、子の氏名と生年月日、労働者との続柄（子がまだ生まれていないときは、その子の出産者の氏名、出産予定日と労働者との続柄）、休業開始の予定日、休業終了の予定日、を必須事項として事業主に申し出なければなりません。

●申し出が遅れた場合

「特別の事情」がなくても労働者側の事情により、突然休業を余儀なくされ、直前になって休業の申し出を行う場合もあります。１か月前よりも遅れて申し出が行われた場合にも、育児休業が取得できるしくみが用意されています。ただし、この場合は事業主が職場における代替要員の確保などさまざまな対応を行わなければなりません。そのための準備期間を考慮して、事業主が労働者の休業開始日を指定できることになっています。たとえば、労働者が10月１日に、10月10日からの育児休業の取得を突然申し出たとしても、事業主は、申し出の翌日から起算して１か月を経過する日（11月１日）までの間で休業開始日を指定することができます。

なお、事業主は、原則として申し出があった日から３日後までに、労働者に対して開始日を指定した書面を交付しなければなりません。

また、子が保育所に入所できない場合や、配偶者が死亡・ケガ・病気・離婚などの事情により子を養育するのが難しくなった場合などは、育児休業を子が１歳６か月に達するまで延長できます（２歳に達するまでの再延長もできます。141ページ）。この場合は、労働者が自ら希望する休業開始予定日から休業するためには、２週間前に申し出を行う必要があります。

開始予定日や終了予定日の変更

育児休業期間が確定した後でも、次の事情がある場合には、育児休業の開始予定日の繰上げ変更が可能です。

① 出産予定日前に子が生まれたとき
② 配偶者が亡くなったとき
③ 配偶者が病気、ケガにより養育が困難になったとき
④ 配偶者が子と同居しなくなったとき
⑤ 子が負傷、心身の障害により２週間以上の世話を必要とするとき
⑥ 保育所に入所申請をしたが当面入所できないとき

ただし、開始予定日の繰上げ変更は、１週間前までに申し出なければなりません（開始予定日の繰下げ変更は認められていません）。

また、１か月前までに申し出ることにより、育児休業の終了予定日の繰下げ変更は特別な理由を必要とせず、無条件で認められます（終了予定日の繰上げ変更も認められていません）。なお、開始予定日の繰上げ変更と終了予定日の繰上げ変更は、ともに１回に限り取得できるものです。

事業主が講ずるべき措置

育児休業は、労働者の離職を防ぎ、男女かかわらず仕事と育児の両立をめざすための制度です。そこで、これらのことを推進するため、事業主に、育児休業の申し出や取得を円滑にするための雇用環境の整備、妊娠・出産をした労働者（本人または配偶者）に対し個別に育児休業の制度周知や休業意向の確認をすることが義務付けられます。この措置は令和４年４月１日から施行されます。

申し出の遅延と育児休業開始日の指定

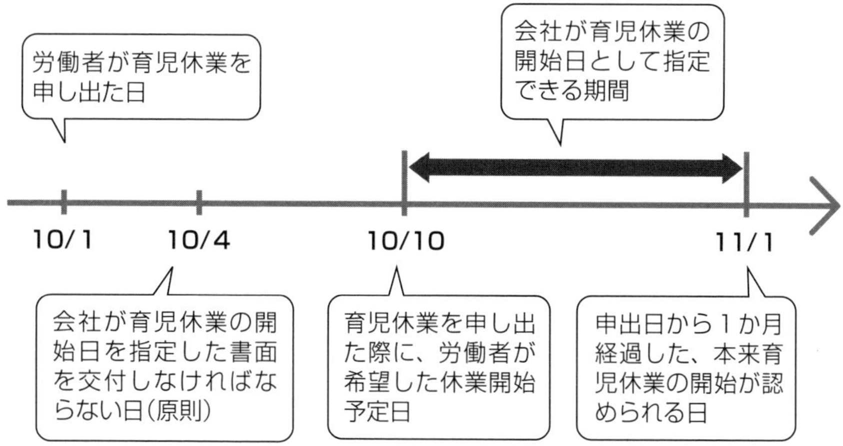

13 子が3歳到達までの期間の労働時間の配慮

勤務時間の短縮、所定外労働の免除が義務付けられた

所定労働時間を短縮できる

基本的な生活習慣が身につく３歳くらいまでは、子の養育に手がかかるため、限られた時間の中で仕事と子育てが両立できる環境が必要です。そこで、育児・介護休業法23条は、育児休業の取得中でない３歳未満の子を養育する労働者の申し出により、事業主（企業）がとるべき措置として、以下のものを規定しています。

① 所定労働時間（会社の就業規則などで定められた労働時間のこと）の短縮（短時間勤務制度）
② 所定外労働（所定労働時間を超えて行う労働のこと）の免除
③ フレックスタイム制
④ 始業・終業時刻の繰上げ・繰下げ（時差出勤制度）
⑤ 託児施設の設置運営
⑥ ⑤に準ずる便宜の供与
⑦ 育児休業制度に準ずる措置（子どもが１歳から３歳未満の場合）

①〜⑦の措置のうち、①②の措置はすべての事業主に義務付けられているのに対し、③〜⑦の措置は努力義務（遵守するように努めなければならないが、違反しても罰則などが科せられない義務のこと）となっています。

これにより、３歳未満の子どもを養育している労働者であれば、申し出により、１日の所定労働時間を原則６時間とする①の措置を講じなければなりません。ただし、日雇い労働者や１日の所定労働時間が６時間以下の者は、短時間勤務制度の対象から外されています。また、短時間勤務制度が認められない労働者を定める労使協定を結ぶことによって、次の者を対象外とすることができます。

ⓐ 継続雇用１年未満の者
ⓑ １週間の所定労働日数が２日以下の者
ⓒ 業務の性質または業務の実施体制に照らして、短時間労働勤務の措置を講ずることが困難な者

もっとも、上記のⓒに該当する者に対して①の措置を講じない場合には、事業主は、③〜⑦のいずれかの措置を講じなければなりません。

所定労働時間を超えてはいけない

所定労働時間の短縮と同様に、事業主には、所定外労働の免除（前述した②の措置）を講ずることが義務付けられています。つまり、育児休業の取得中でない３歳未満の子を養育している労働者から請求があった場合、すべての事業主は、事業の正常な運営を妨げ

る場合を除き、その労働者に所定労働時間を超える労働（残業）をさせることができません。

ただし、日雇い労働者は適用対象外です。また、ⓐ継続雇用１年未満の労働者、ⓑ１週間の所定労働日数が２日以下の労働者については、労使協定を結ぶことによって、所定外労働の免除の適用対象外とすることができます。

標準報酬改定や標準報酬月額の特例

育児休業取得後に、職場復帰してもらう労働者の労働条件が育児休業取得前と異なることもあります。取得前よりも報酬が低下した場合、育児をしている労働者の経済的な負担を少しでも軽くするため、標準報酬月額を改定する制度が認められています（育児休業終了時改定）。子が１歳になるまでの育児休業だけでなく、３歳までの子を養育するために休業した場合も、標準報酬の改定を利用することができます。

また、３歳未満の子を養育している労働者の将来の年金の受給が不利にならないようにするための「養育期間標準報酬月額の特例」という制度もあります。これらの手続きは事業主が行います。事業主は社会保険料の制度をふまえた上で、育児について雇用管理しなければなりません。

その他会社側が配慮すること

事業主は、雇用する労働者に対する転勤命令など、就業の場所の変更を伴う配置変更を行う場合、就業場所の変更により働きながら子を養育することが困難になる労働者がいるときは、子の養育の状況に配慮しなければなりません。また、事業主は、所定外労働の制限、所定労働時間の短縮措置、時間外労働の制限、深夜業の制限などの申し出や取得を理由として、その労働者に対して、解雇などの不利益な取扱いをすることは認められません。

所定外労働の免除と例外

３歳までの子どもを養育している労働者

所定外労働の免除を請求

事業主

【原則】請求者（労働者）に所定外労働（残業）をさせることはできない
【例外】事業主は「事業の正常な運営を妨げる場合」には拒むことができる

⇒「その労働者の担当する業務の内容、代替要員の配置の難しさなどを考慮して」客観的に判断される

14 子が小学校就学までの期間の労働時間の配慮

事業主は必要な措置を講じるように努力しなければならない

どんな規定があるのか

小学校に入る前の子どもを養育する労働者が、働きながら子育てできることを支援するために、育児・介護休業法で制度・措置が定められています。事業主は、法定の制度・措置に準じて、必要な措置を講ずる努力義務も負います。

小学校就学前の子どもを養育する男女の労働者については、申し出（または請求）により、①看護休暇、②時間外労働の制限、③深夜業の制限の措置・制度が適用されます。

看護休暇について

小学校就学前の子どもを養育する労働者（日雇い労働者を除く）は、申し出ることにより、1年度につき原則5日（2人以上の場合は10日）を限度に、病気やケガの子どもの世話のために、子どもの看護休暇を取ることができます。子の予防接種や健康診断の付き添いなどにも使用することができます。取得できる単位は、1日、半日、時間単位など柔軟に選択することができます。

事業主は看護休暇の申し出を拒絶することはできませんし、また年次有給休暇で代替させることもできません。

ただし、以下の①②のいずれかに該当する者については、看護休暇制度が適用されない労働者について定める労使協定を結ぶことにより、看護休暇制度の適用除外者とすることができます。また、看護休暇は無給とすることもできます。

① 継続雇用6か月未満の者

② 週の所定労働日数が2日以下の者

時間外労働が制限されている

小学校就学前の子どもを養育する労働者（日雇い労働者を除く）が請求した場合には、1か月24時間、1年150時間を越える法定の時間外労働をさせることはできません。事業主は、事業の運営を妨げる場合を除いて、この請求を拒むことはできません。

ただし、①継続雇用1年未満の者、②1週間の所定労働日数が2日以下の者は、適用除外者として規定されていますので、時間外労働の制限の請求を行うことができません。

時間外労働の制限について、労働者は事業主に対して、制限開始予定日の1か月前までに、制限を求める期間（1か月以上1年以内の連続する期間）を明示して請求する必要があります。

また、この請求に回数の制限はありませんので、子どもの小学校就学前であれば何度でも時間外労働の制限を請求することができます。

深夜業が制限されている

小学校就学前の子どもを養育する労働者（日雇い労働者を除く）が請求した場合、夜の10時から翌朝５時までの深夜の時間帯に労働をさせることはできません。事業主は、事業の運営を妨げる場合を除いて、この深夜業の制限の請求を拒むことはできません。

ただし、以下のいずれかに該当する労働者は、適用除外者となっています。

① 継続雇用１年未満の者
② 深夜において保育する条件を満たす16歳以上の同居の家族がいる者
③ １週間の所定労働日数が２日以下の者
④ 所定労働時間の全部が深夜にある者

なお、深夜業の制限について、労働者は事業主に対して、制限開始予定日の１か月前までに、制限を求める開始日と終了日（１か月以上６か月以内の連続する期間）を明示して請求する必要があります。この請求にも回数の制限はありません。

養育者に対する均衡措置とは

上記の法律上の制度や措置をとることが事業主の義務ではない場合であっても、子の養育と仕事を両立させるために、必要な措置を採るよう努力が求められている場合があります。たとえば、１歳から３歳までの子どもを養育する労働者について、育児休業に準じる措置や、始業時刻変更等の措置を講じることが挙げられます。始業時刻変更等の措置とは、フレックスタイム制の導入などを指します（88ページ）。

第5章 休日・休暇・休業をめぐるルール

子育てをする労働者に対する企業側の対応

	内容・企業の対応
育児休業制度	原則として子が１歳になるまで。子の小学校就学まで育児休業に準じる措置についての努力義務
所定労働時間の短縮	子が3歳までは義務、子の小学校就学まで努力義務
所定外労働の制限	子が3歳までは義務、子の小学校就学まで努力義務
子の看護休暇	子の小学校就学まで義務
時間外労働の免除・制限	子の小学校就学まで義務(子が3歳までは免除)
深夜業の免除	子の小学校就学まで義務
始業時刻変更等の措置	子の小学校就学まで努力義務

介護休業

要介護者を介護するための休業・休暇を取得できる

介護休業とは

介護休業は、労働者が要介護状態にある家族を介護することが必要な場合に、事業主に申し出ることによって休業を取得することができる制度です。

要介護状態とは、負傷、疾病、身体上もしくは精神上の障害により、２週間以上の期間にわたり常時介護を必要とする状態を指します。そして「常時介護を必要とする状態」とは、介護保険制度の要介護状態区分において要介護２以上であることなど、行政通達で詳細な判断基準が示されています。

また、介護対象となる「家族」は、配偶者（事実婚を含む）、父母、子（実子・養子に限る）、配偶者の父母、祖父母、兄弟姉妹、孫となっています。

対象となる労働者の範囲

日雇い労働者を除き、要介護状態のある家族を介護する労働者は、事業主に申し出ることで介護休業をすることができます。事業主は、介護休業の申し出を拒むことができません。

ただし、期間雇用者（有期契約労働者）が介護休業をするには、申し出の時点において、以下の双方の要件を満たすことが必要です。

① 過去１年以上継続して雇用されていること

② 介護休業開始予定日から起算して93日を経過する日から６か月経過する日までに雇用期間が満了し、更新されないことが明らかでないこと

なお、令和４年４月１日から期間労働者の介護休業取得要件の緩和のため①の要件が廃止される予定です。

また、以下のいずれかに該当する労働者については、介護休業の取得が認められない労働者について定める労使協定を締結することで、介護休業の対象から除外することができます。

ⓐ 継続雇用期間が１年未満の者

ⓑ 介護休業の申し出があった日から93日以内に雇用期間が終了することが明らかな者

ⓒ 週所定労働日数が２日以下の者

要介護状態につき３回の申し出

介護休業を取得するには、労働者が原則として休業開始予定日の２週間前の日までに書面などで申請します。申し出は、対象家族１人につき、要介護状態に至るごとに、通算93日まで最大３回に分けて行うことができます。

どんな場合に終了するのか

介護休業は、終了予定日の到来以外

にも、対象家族の死亡・離婚・離縁などの事情による対象家族と労働者の親族関係の消滅といった事情で、対象家族の介護が不要になった、もしくは介護ができなくなった場合に消滅します。

また、介護休業している労働者自身が産前産後休業、育児休業を取得した場合や、別の対象家族を介護するために新たに介護休業を取得した場合にも終了します。これらの事情で介護休業を終了する場合、労働者は、事業主に対して通知しなければなりません。

◎介護休業給付を受給できる

以下の要件を満たす介護休業の取得者は、雇用保険法で定められた「介護休業給付」を受給可能です。

① 雇用保険の一般被保険者であること

② 介護休業開始日前の２年間に、賃金をもらって雇用保険に加入していた日が11日以上ある月が12か月以上あること

③ 事業主に対して介護休業の開始日と終了日を申し出ていること

ただし、介護休業を開始する時点で介護休業終了後に離職することが決まっている場合は受給の対象になりませんので、注意が必要です。

介護休業給付金の支給期間は、１人の家族につき介護休業開始日から最長３か月（93日）間です。原則として支給額は休業開始時賃金日額（介護休業を始める前の６か月間の賃金を180で割った金額）の67％です。なお、介護休業給付の支給期間中に事業主から賃金が支払われている場合は、支給額が調整されます。

介護休業のしくみ

内容	労働者が、要介護状態にある家族の介護が必要な場合に、事業主に申し出ることによって休業期間を得ることができる制度
取得対象者	２週間以上にわたって常時介護を必要とする「要介護状態」にある対象家族を介護する労働者
取得できない労働者	・日雇労働者は取得できない ・継続して雇用された期間が１年未満の者、介護休業の申し出後93日以内に雇用関係が終了することが明らかな者、１週間の所定労働日数が２日以下の者は労使協定で対象外にできる
取得手続き	原則として、休業開始予定日の２週間前の日までに申し出る
取得回数	原則として対象家族１人につき、要介護状態に至るごとに最大３回に分けて取得ができる

16 介護休暇

短期間の介護が必要な際に活用できる

介護休暇とは

介護休暇とは、要介護状態にある対象家族の介護その他の世話をする労働者が、1年度（事業主が特段の定めをしていなければ4月1日から翌3月31日まで）に5日（対象家族が2人以上の場合は10日）の休暇を取得することができる制度です。

介護休業は、1人の対象家族の1つの要介護状態につき最大3回に制限されているため、ある程度長期間にわたって介護が必要なときにしか利用できません。しかし、介護休暇を利用すると、ヘルパーさんが急な都合で来られなくなった場合など、短期間の介護が必要になったときにも、1日または半日単位で休暇を取得できます。

また、令和3年1月1日からは時間単位での介護休暇の取得が可能となり、家庭の状況に合わせてより柔軟な対応ができるようになりました。

介護休暇を取得できるのは、要介護状態にある対象家族の介護その他の世話をする、日雇い労働者を除いた労働者です。ここでの「世話」には、通院の付き添いや、対象家族が介護サービスの提供を受けるために必要な手続の代行などが含まれます。介護休暇を取得するためには、事業主に対して、対象家族が要介護状態にある事実や介護休暇を取得する年月日を明らかにして、申し出をすることが必要です。

なお、ⓐ継続雇用期間が6か月未満の労働者、ⓑ週所定労働日数が2日以下の労働者については、労使協定を締結することによって、介護休暇の対象から除外することができます。

介護休暇のしくみ

取得対象者	要介護状態にある対象家族を介護その他の世話をする労働者
取得できない労働者	・日雇い労働者は取得できない ・継続して雇用された期間が6か月未満の者、1週間の所定労働日数が2日以下の者は、労使協定で対象外にできる
取得手続き	対象家族との続柄など、一定の事項を明らかにして申し出る
取得日数	1年度あたり、要介護状態にある対象家族が1人であれば5日間、2人以上であれば 10 日間

第６章

在宅勤務・副業などの新しい働き方

テレワーク勤務の必要性

業務効率化や人材確保など、会社にもメリットがある

テレワークとは

テレワークとは、会社などを離れた場所から仕事をすることをいいます。Tele（離れた）とWork（仕事）を組み合わせてできた造語として、テレワークという用語が用いられています。情報通信技術（ICT）を用いることにより、労働者は時間や場所に拘束されずに、労働力を活用することができる手法として注目が集まっています。テレワークの形態として、大きく３つの方法に分類することができます。具体的には、在宅勤務、モバイル勤務、サテライトオフィス勤務という形態です。各形態の内容や特徴は以下のとおりです。

・在宅勤務

自宅を就業場所とする働き方です。在宅勤務において、労働者は会社などに出社することなく業務を処理することができます。そして、会社から離れた場所でもPCや携帯電話などを使用することで、上司など会社に勤務している他の労働者と必要なコミュニケーションをとることができます。

・モバイル勤務

モバイル勤務とは、自宅ではなく、移動中の電車や飛行機などの交通機関の中や、出張先のホテルなど、状況に応じて就業場所を選択して仕事をする働き方です。

・サテライトオフィス勤務

本社などの本来の勤務先とは異なるオフィスに出勤して、仕事をする働き方です。在宅勤務とは異なり、労働者は自宅などで就業するわけではありませんが、たとえば、自宅から遠い会社に勤務している労働者が、会社が設けた、より自宅から近いサテライト事務所などに勤務することで、移動時間を短縮して、効率的に就業することが可能です。

サテライトオフィス勤務は、さらに専用型と共用型に分類することが可能です。専用型とは、あらかじめ会社などが、自社の社員やグループ会社の社員などが使用することを想定して、その会社専用のサテライトオフィスを設けている場合をいいます。

これに対して、共用型とは、特定の会社の専用サテライトオフィスではなく、いくつかの企業などがテレワークのためのスペースとして、共同で１つのサテライトオフィスを用いる働き方をいいます。

テレワークが企業にもたらす効果

テレワークを導入することによって、業務の効率が向上する効果があります。

たとえば、技術営業の社員が不在のときに、見込客から製品に関する技術的な内容の問い合わせがあったとしましょう。技術営業の社員が出張中など不在である場合には、見込客の問い合わせに応じることができず、受注のチャンスを逃してしまうかもしれません。しかし、テレワークを用いて技術営業の社員が見込客などの問い合わせにタイムリーに対応することが可能であれば、時間や場所を問わずに、受注のチャンスを捉えることが期待できます。

また、テレワークを導入することで、有能な人材を失いにくいという効果も挙げられます。たとえば、女性労働者が結婚・妊娠・出産をきっかけにして、それ以前と雇用スタイルが大きく変化してしまうことを理由に、離職するケースが非常に多いという問題点があります。しかし、テレワークを導入することによって、労働者は、時間や場所を柔軟に選択して就業することが可能となるため、ライフスタイルに合わせて就業を継続することが可能です。そのためテレワークは、会社側にとって、有能な人材を雇用し続けるためにも有効だといえます。

在宅勤務のメリットとデメリットは下図のとおりです。

在宅勤務のメリット・デメリット

在宅勤務のメリット	在宅勤務のデメリット
育児や介護と両立して仕事に就くことができる	プライベートと仕事の線引きがしにくく、管理者の目が行き届かない
自宅の室内などの静かな環境で就業することで、仕事に対する集中力が向上し、効率・生産性が上がる	労働時間の把握など、在宅勤務者に対する労務管理の体制整備が必要となる
ウイルスのパンデミック（大流行）、災害対策、過疎化といった社会問題に対する有効な対策になる	必要な情報通信機器のすべてを企業側で準備しなければならない場合、費用の負担が大きい
在宅勤務で使用する機器等を労働者個人の通信環境を利用する場合、在宅勤務の開始による会社の費用負担を抑えられる	必要な情報通信機器として、労働者の私物を利用する場合、情報漏洩のリスクが高まる
在宅勤務は労働者自身の病気やケガの場合にも、一定程度の労働力を活用することができる	

テレワークにおける適切な労務管理のためのガイドラインの概要

ガイドラインの適用対象

テレワークに伴う労働者の適切な労務管理のために、厚生労働省は平成30年２月に「情報通信技術を利用した事業場外勤務の適切な導入及び実施のためのガイドライン」を策定しました。そして、感染症の拡大によってテレワークをより推進するため、令和３年３月25日に「テレワークの適切な導入及び実施の推進のためのガイドライン」として改定をしています。

ガイドラインでは、テレワークのメリット、導入時の留意点、労務管理上の留意点、労働関係法令の適用に関して、主要なポイントがまとめられています。

テレワークの導入に伴い、労務管理を担当する企業の担当者が留意するべきガイドラインの要点は次ページ図のとおりです。

テレワークを導入する際の注意点

ガイドラインは、テレワークを適切に導入・実施するための注意点として、労使双方がテレワークの導入・実施に対する認識の食い違いがないように、テレワークの対象業務や範囲などについて協議し、協議内容を文書として保存することを推奨しています。また、出社が不要となるテレワークについては、労働者の業績を評価する方法などについて、労使間で問題が生じやすいことから、主に使用者に対して、適正な評価方法の導入を求めています。

テレワークでは、自律的に業務を遂行できることがメリットとして挙げられます。そのため、企業は効果的にテレワークが実施できるように、仕事の進め方の工夫や社内教育などによって人材育成に取り組むことが望ましいとしています。

中抜け時間が発生しやすい

テレワークは、育児や親の介護等を担当している労働者が利用しやすい反面、子どもの送迎や親の介護、家事などを済ませるために業務の間にいったん、労働から離れる場合が多くなるようです。このように業務からいったん離れる時間を「中抜け時間」といいます。

労務管理上、中抜け時間は労働時間ではないため、その時間を無給とすることができます。ただし、給与計算や中抜け時間の把握など給与計算担当者の手間がかかる、労働者の賃金が減ってしまうなどのデメリットもあるため、以下のような対応をすることもできます。

① 中抜け時間について、時間単位の年次有給休暇を取得することができ

ます。この場合には、就業規則に時間単位の年次有給休暇制度の規定と労使協定の締結が必要になります。なお、時間単位の年休は、分単位では取得できないため、1時間単位で取得する必要があり、たとえば1時間30分の中抜け時間は2時間の年休として申請します。

② 中抜け時間を休憩時間として扱い、中抜け時間の時間分、始業時刻または終業時刻を繰り上げ・繰り下げを行います。たとえば、始業時刻が9時、終業時刻が17時の会社で、2時間の中抜け時間があった場合、その2時間は休憩として、2時間分終業時刻を19時まで繰り下げ、または、始業時刻を7時に繰り上げることで対処します。休憩時間は原則、一斉に付与しなければならないため、事前に一斉付与の適用除外を行う旨の労使協定を締結しておく必要があります。

◎費用の負担も取り決めておく

たとえば、自宅でのPCやインターネット接続費用、水道光熱費、電話代などの費用負担が問題になります。特に、インターネットの接続費用や水道光熱費は、すでに労働者自身が保有しているものを業務にも利用するというケースが多く、費用のどこまでを会社が負担すべきか判断に悩む費用です。労働者が全額負担とすることもできます。また、1回500円というように手当として一律金額を支給するという方法もあります。前者のように実費相当額を清算して支払う場合には給与として課税する必要はありませんが、一定金額を支給する場合には課税する必要があります。

ガイドラインの要点

留意点	具体的な内容など
テレワーク導入に際しての留意点	・労使間での十分な話し合い ・既存業務の見直し、点検　など
労務管理上の留意点	・人事評価制度の適切な実施　・費用負担の取扱い ・人材育成の工夫　など
テレワークのルールの策定と周知	・就業規則の整備 ・労働条件の明示、変更
労働時間	・労働時間制度（フレックスタイム制、事業場外みなし労働時間制など）の検討 ・労働時間の把握 ・テレワーク特有の事象の取扱い（中抜け、長時間労働対策）
その他	・メンタルヘルス対応　・労災補償 ・安全衛生の確保　など

3 在宅勤務の導入手順

現状把握→対象範囲決定→社員への周知・理解→試行という手順

◎どんな手順で行うのか

テレワークを導入するには、前述したテレワークの持つメリット・デメリットを認識した上で、なぜ今、テレワークを導入しなければならないのかという、目的を明確化する必要があります。そして、主に①現状の把握、②対象範囲の決定、③社員に対する周知・理解、④試行という手順を経る必要があります（次ページ図参照）。

必ずしも、週５日すべてをテレワークにする必要はありません。週５日のうち週１日をテレワークにする、社員を隔日交代で実施する、などの柔軟な運用にするとよいでしょう。また、テレワークに移行するためには、紙のようなアナログで処理していた業務フローを見直すことも必要不可欠です。

◎ICT環境を整備する

テレワークでは、情報通信環境の整備が必須です。情報通信環境は、①パソコン（PC)、タブレット、②サーバ、③ネットワーク回線から構成されます。ICT環境の方式にはいくつかあります。

ⓐ　リモートデスクトップ方式

勤務先の会社に設置されているPCのデスクトップ画面を、自宅などのPCやタブレット端末などで遠隔から閲覧、操作する方式です。会社のPCを遠隔で操作しているためセキュリティ面で優れているメリットがあります。その一方、ネットワーク環境の回線速度に依存するため動作が重くなる、会社のPCを常時オンにしておく必要がある、などのデメリットがあります。

ⓑ　仮想デスクトップ方式

リモートデスクトップ方式の会社PCをサーバに置き換えた方式です。そのためサーバ上に仮想デスクトップを作成し、手元の端末から遠隔でログインし、操作する方式です。データはサーバ上で一元管理されるためセキュリティに優れていますが、サーバを準備する初期コストがかかります。

ⓒ　クラウド型アプリ方式

ⓐ、ⓑのように社内にPCやサーバを用意する必要がなく、それらがクラウドサーバ上にある点で異なります。災害などの非常時において、社内のPCが利用できなくなっても他のPCからアクセスできる利点があります。

ⓓ　会社PCの持ち帰り方式

通常業務と在宅業務で同じPCを利用するため、使い慣れた端末で業務を行うことができる反面、端末の紛失などの情報漏洩リスクを伴います。

テレワークに必要なツールの整理

テレワークには、勤怠管理ツール、在籍管理ツール、情報共有ツールがあると便利です。

勤怠管理ツールは、始業時刻、終業時刻を打刻するツールです。給与計算ソフトと連動することができるため、労務管理の効率化を図ることもできます。

在籍管理ツールは、従業員が何をしているかを見える化するツールです。勤務時間中のデスクトップ画面をランダムに取得し、上司などの管理者が従業員の作業の様子を確認することができます。従業員にとっては一定の緊張感をもって仕事をこなすため時間意識の向上などを図ることができます。

情報共有ツールは、従業員間で情報の共有を図るためのツールで、スケジュール、ワークフロー管理、電子メール、電子掲示板、ドキュメントの共有などの機能が一つに統合されたツールです。グループウェアと呼ぶこともあります。通常勤務であっても、同一の部署ごとにグループウェアを使用している例もあります。

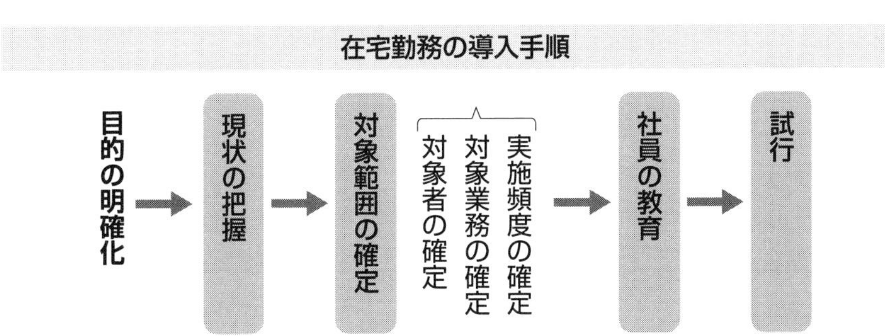

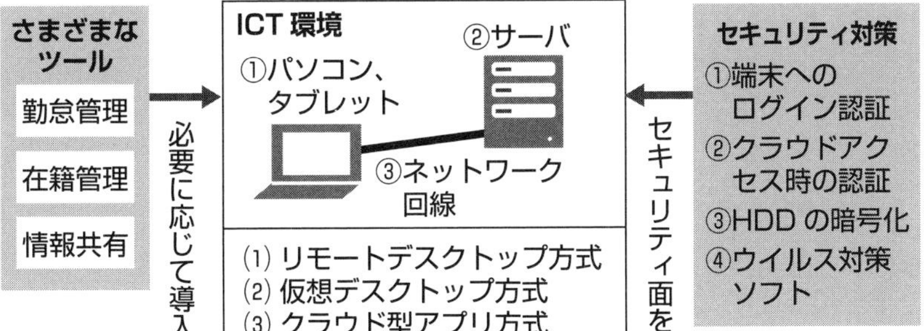

副業・兼業

本業に支障がなければ副業を行うことも認められる

副業・兼業とは

副業や兼業とは、一般的には「本業以外で収入を得る仕事」とされています。企業と雇用契約を結んで労働者として働く場合を副業と呼び、個人事業主として請負契約などを結んで業務を行う場合などを兼業と呼ぶこともあります。

副業・兼業にはさまざまな形態がありますが、副業全般について法的な規制があるわけではありません。企業と雇用契約を結んで労働者として働く場合には、副業であっても労働基準法などの労働法規が適用されますし、本業の使用者との関係にも影響を及ぼします。

副業・兼業は、企業にとって、人材育成につながるというメリットがあります。具体的には、社外でも通用する知識・スキルの研鑽に努めることで自立した社員を増やすことができることや、副業が個人事業であれば経営者の感覚を養うことができることなどが挙げられます。また、人材の獲得・流出防止のメリットがあります。具体的には、経験豊富な人材を副業として受け入れることで、比較的低コストで人材を獲得することができることや、副業を認めることで優秀な人材をつなぎとめ、雇用継続につながることなどが挙げられます。新たな知識・人脈などの獲得のメリットもあります。副業先から得た知識・情報・人脈は本業の事業拡大のきっかけになる可能性があります。

社員にとっては、副業で所得が増加することが最も大きなメリットです。また、将来のキャリアを形成するためのリソースとなる社外で通用する知識・スキル、人脈を獲得することで、労働・人材市場における価値を高めることができます。

一方、企業にとってのデメリットは、長時間労働による社員の健康への影響や、労働生産性の低下が懸念されることです。業務上の情報漏洩、本業との競業によるリスクが高まることもデメリットのひとつです。また、副業による長時間労働で本業でも労災リスクが高まることや、現行の法制度上は、本業と副業の労働時間が通算され、時間外労働の割増賃金が発生することなども挙げられます。

社員にとってのデメリットは、就業時間の増加によって心身への負担が大きくなり、本業への支障をきたすことです。本業における評価が低くなる可能性もあります。また、本業と副業の仕事のタスクが多くなると管理をすることが困難になることもあります。

副業制限とは

副業・兼業を規制している法律はなく、原則自由に行うことができます。ただし、公務員については、国民の奉仕者という職務の立場があるため、国家公務員法や地方公務員法で副業を原則禁止しています。最近では、公務員についてもNPO法人などの非営利組織への副業を許可する自治体が増え始めています。

副業・兼業は原則自由ですが、会社がすべての副業・兼業を許してしまうと会社にとってリスクが高まる場合があります。たとえば、本業の会社と競合する他社で副業をしている場合には、その従業員が本業の会社の機密情報を漏らしてしまう可能性があります。また、日中時間帯を本業の会社で労働し、その後、夜間に長時間のアルバイトなどで労働した場合には、睡眠時間が削られ、業務ミスなど本業での支障が生じる可能性もあります。

このように副業を許可することで会社のリスクが高まる場合には、就業規則などにより副業を制限もしくは禁止することができ、違反した場合には懲戒処分などを下すこともできます。逆に、会社へのリスクがないと判断できる場合には、副業を原則、許可する必要があります。

したがって、就業規則の副業禁止規定が常に有効であるとは限らず、たとえ規定が有効であるとしても、規定に違反した労働者を常に懲戒処分にできるとは限りません。

一般的に、副業制限を設けることができる理由として下記のようなものがあります。

① 副業・兼業が不正な競業、情報漏洩のおそれがある場合

競合する会社での就業は、意図するかしないかにかかわらず、本業の会社の機密情報漏洩などのリスクを伴います。また、競合他社への転職や起業の準備として副業から始める場合もあり、情報漏洩などのリスクはより一層高まります。

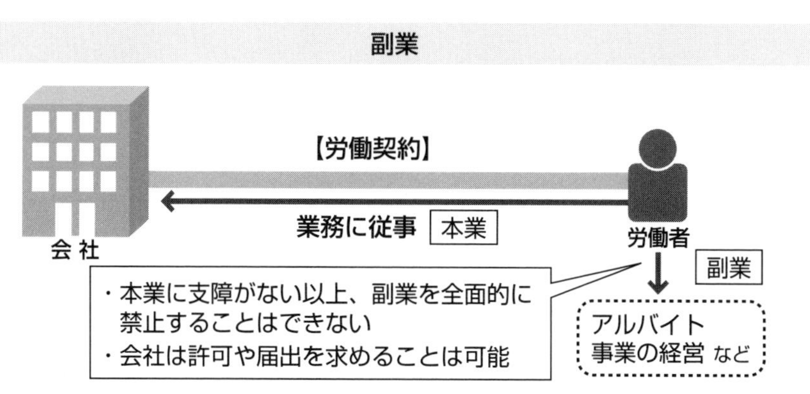

② 本業の社会的信用を傷つける場合

副業・兼業を行う業種について、たとえば、反社会的勢力との関連が疑われる会社で働くことは、本業の社会的信用を傷つけるリスクがあります。社会的信用を大切にしている会社では、従業員がそういった業種で働いていることが公にされると、会社イメージがダウンし、売上が落ち込む可能性があります。

③ 働き過ぎによって健康を害するおそれがある場合

副業をするということは、必然的に労働時間が長くなることを意味します。そのため、本業で居眠りが増える、集中力が途切れるなど本業へ支障をきたすリスクがあります。さらには、従業員自身の健康を害するリスクもあります。

これらに該当する場合には、裁判例においても副業を制限もしくは禁止することができるとしています。

ガイドラインにはどんなことが書かれているのか

ガイドラインは、副業・兼業に関わる現状、企業や労働者の対応についてまとめたものです。ガイドラインは、平成30年1月に策定されましたが、その後、令和2年9月に改定されました。令和2年9月の改定では、事業場を異にする場合の労働時間の通算などの労働時間管理について、企業の対応として労働時間の考え方や把握方法をより詳しく解説したものとなっています。

ガイドラインでは、副業・兼業について、労働者の希望に応じて、原則的には認める方向で検討するように記載されています。副業・兼業を認める場合においては、労務提供上の支障、企業秘密の漏洩などがないか、長時間労働を招くものとなっていないかを確認するために、副業・兼業の内容を申請・届出制とすることが望ましいとしています。

副業・兼業を認める場合、会社が最も気を付けなければならないことは、事業場を異にする場合（事業主が異なる場合も含む）において労働時間を通算するということです。特に、事業主

副業を制限できる場合

原則 → 副業を許可しなければならない

例外 → 下記に該当する場合には、副業を制限もしくは禁止することができる

①副業・兼業が不正な競業、情報漏洩のおそれがある場合
②本業の社会的信用を傷つける場合
③働き過ぎによって健康を害するおそれがある場合

が異なる場合、どのように副業・兼業先の労働時間を把握するのかということが大きな問題でした。この点、令和２年９月のガイドラインの改定によって、自らの事業場の労働時間と労働者からの申告などにより把握した他の使用者の事業場における労働時間を通算することと明記されました。なお、労働者から申告がなかった場合や事実と異なった申告があったとしても、労働者から申告のあった時間で通算すればよいとされています。

また、健康管理について、会社は労働者に対して健康診断を受診させる義務があります。ただし、週の所定労働時間が通常の労働者の所定労働時間の４分の３より少ない労働者については受診させる義務はなく、副業・兼業をしていても労働時間の通算をする必要はありません。

◎労働者から副業したい旨の申し出があった場合にはどうする

この場合には、原則認める必要があります。しかし、例外として、副業・兼業が不正な競業にあたる場合、企業の名誉・信用を損なう場合、企業秘密が漏洩する場合には認める必要がないため、申し出を受けた時点でそれらに該当するかどうかを確認する必要があります。また、副業・兼業が現在の業務の支障にならないかどうか、労働者と上司などで十分な話し合いを行う必要があります。

なお、副業・兼業の開始後、会社は労働時間や健康状態について確認する必要があります。月に１回程度、副業・兼業の実績報告書を提出するようにルールづくりをしておくとよいでしょう。

副業・兼業の労働時間管理

労働時間は、事業場を異にする場合(使用者が異なる場合も含む)も通算する

(企業の対応) 下記の内容を把握しておく

- 他の使用者の事業場の事業内容
- 他の使用者の事業場で労働者が従事する業務内容
- 労働時間の通算の対象となるか否かの確認
- 他の使用者との労働契約の締結日・期間
- 他の使用者の事業場での所定労働時間等
- 他の使用者の事業場における実労働時間等の報告

→ 届出制・許可制にする

→ 労働者から申告のあった労働時間で通算する

労働時間のルールと管理の原則

柔軟な働き方に向け労働時間の管理が必要

テレワークにおける労働時間管理

労働基準法には「法定労働時間（週40時間、1日8時間）を超えて働かせてはならない」という原則があります。

テレワークの労働時間については、1日8時間1週40時間のように通常の労働時間制を採用することも可能です。しかし、通常勤務を行う事業場を離れて自宅などで勤務するという特性上、労働時間の管理が難しくなります。会社が労働時間を管理するという煩雑さを回避するために、労働者自身に始業時刻・終業時刻などの労働時間の判断をゆだねる労働時間制を採用するということもテレワークを円滑に進める上で選択肢になりえます。労働者に労働時間等の判断をゆだねる労働時間制として、「事業場外みなし労働時間制」「フレックスタイム制」「裁量労働制」が挙げられます。

・事業場外みなし労働時間制

テレワークによって、労働時間の全部または一部について自宅などの事業場外で業務を行った場合には、事業場外みなし労働時間制を採用することができる場合があります。テレワークに事業場外みなし労働時間制を適用するためには、使用者の具体的な指揮監督が及ばず、労働時間を算定することが困難であることが必要です。この労働時間制では、労使で定めた時間を労働時間とすることができます。たとえば、労使で定めた時間が8時間であれば、実労働時間が7時間や9時間であったとしても、8時間働いたとみなします。

そして、労使で定めた時間が法定労働時間内であれば、割増賃金などの支払いを行う必要がありません。ただし、休日労働や深夜労働の場合には割増賃金の支払いが発生します。また、労使で定めた時間よりも実労働時間が多くなってしまうと労働者にとって不利益なため、必要に応じて労使で定めた時間、業務量の見直しが必要になります。

・フレックスタイム制

フレックスタイム制は、3か月以内の一定期間の総労働時間を定めておいて、その期間を平均し、1週当たりの労働時間が法定労働時間を越えない範囲内で、労働者が始業時刻や終業時刻を決定することができる制度です。

労働者の意思により、始業時刻・終業時刻の繰り上げ、繰り下げができます。

フレックスタイム制をテレワークだけでなく、通常勤務にも採用することで、会社へ通勤して勤務する日は比較的長い労働時間を設定し、テレワークで勤務する日は短い労働時間を設定することもできます。このように柔軟に労働時間を決めることができるので、育児や家事などとの両立もしやすくなります。

なお、必ず勤務しなければならない時間帯としてコアタイムを設定することができますが、設定が困難な場合は、設定しないという選択も可能です。

フレックスタイム制は、あくまで、始業時刻・終業時刻を労働者の意思で決定できる制度ですので、会社が労働者の労働時間を適切に把握しなければならないことは、通常勤務と変わりありません。

・裁量労働制

研究開発などの専門性の高い業務や企業経営に関する企画・立案などの業務などについては労働者の裁量が大きく、業務の遂行手段や時間配分を労働者自身に任せた方がよい場合があります。その際に導入するのが裁量労働制です。事業場外みなし労働時間と労働時間の考え方は同様で、労使で労働時間を1日8時間とみなすと定めた場合、実際の労働時間が6時間や9時間であったとしても、8時間労働したとみなします。

裁量労働制には、専門業務型裁量労働制と企画業務型裁量労働制があります。それぞれ対象となる職種や手続きの方法が異なります。専門業務型裁量労働制の中には、プログラマーやコピーライターなどのテレワークと親和性の高い職種が多くあります。また、労使で定めた時間よりも実労働時間が多くなってしまうと労働者にとって不利益なため、必要に応じて労使で定めた時間、業務量の見直しが必要になることは、事業場外みなし労働時間制と同様です。

◎会社の労働時間管理の責務

労働者の健康確保の観点から、フレックスタイム制はもちろん、事業場外みなし労働時間制や裁量労働制においても、会社は労働時間の適正な管理をすべきだといえます。

テレワーク、副業の労働時間管理

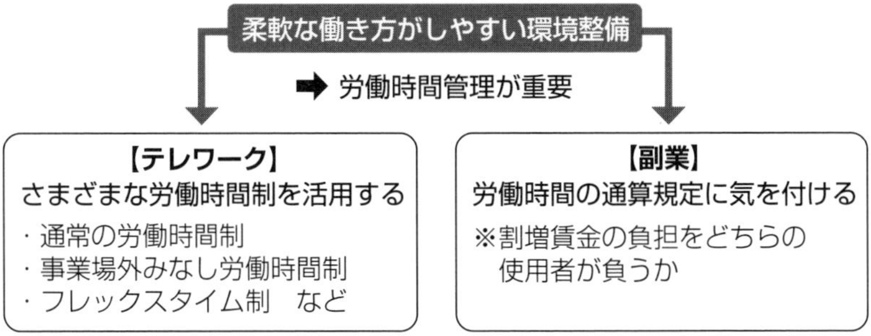

柔軟な働き方がしやすい環境整備

➡ 労働時間管理が重要

【テレワーク】
さまざまな労働時間制を活用する
・通常の労働時間制
・事業場外みなし労働時間制
・フレックスタイム制　など

【副業】
労働時間の通算規定に気を付ける
※割増賃金の負担をどちらの使用者が負うか

労働時間の通算

三六協定の締結、割増賃金の支払いが必要な場合もある

◎割増賃金などとの関係で労働時間は通算される

労働基準法38条では、「労働時間は、事業場を異にする場合においても、労働時間に関する規定の適用については通算する」と規定しています。

複数の事業場で働く場合（事業主を異にする場合も含む）、それぞれの事業場の労働時間を通算することになります。つまり、通算した労働時間が法定労働時間を超えた場合、超えた分の割増賃金は各事業場の使用者が支払う義務を負います。さらに、働き方改革関連法による労働基準法の改正により、原則として月45時間、年360時間という時間外労働の上限が労働基準法の規定で明示されました。「事業場を異にする」とは、事業主が異なる場合も含んでいます。つまり、本業先のA社と副業先のB社において、それぞれの労働時間を通算するということです。

また、労働時間の通算によって、法定労働時間を越えてしまった場合に割増賃金を支払う義務を負うのは、法定外労働時間を発生させた使用者です。したがって、一般的には、後で雇用契約を締結した使用者は、契約の締結にあたって、労働者が他の事業場で労働していることを確認した上で契約を締結すべきであり、割増賃金を支払う義務を負うことになります。ただし、通算した所定労働時間がすでに法定労働時間に達していることを知りながら労働時間を延長するときは、先に契約を結んでいた使用者も含め、延長させた各使用者が割増賃金を支払う義務を負います。

以上の考え方を具体的なケースにあてはめて考えると、次ページ図（①～④）のような結論になります。

なお、労働時間の通算により時間外労働が発生する可能性がある場合は、三六協定を締結し、届出をする必要があります。また、割増賃金の支払いがどちらの事業主に発生するかはそれぞれのケースを検討しなければなりません。そのためには、副業の許可をする段階で、副業先の所定労働日、所定労働時間などを申告させることが考えられます。毎月、副業の実労働時間を申告させることも有効です。

◎管理モデルを導入することも可能

副業先の労働時間を加味して毎月、割増賃金を計算することは煩雑で、事務負担も相当なものです。詳細については割愛しますが、簡便な労働時間管理の方法として、ガイドライン（156ページ）で紹介されています。

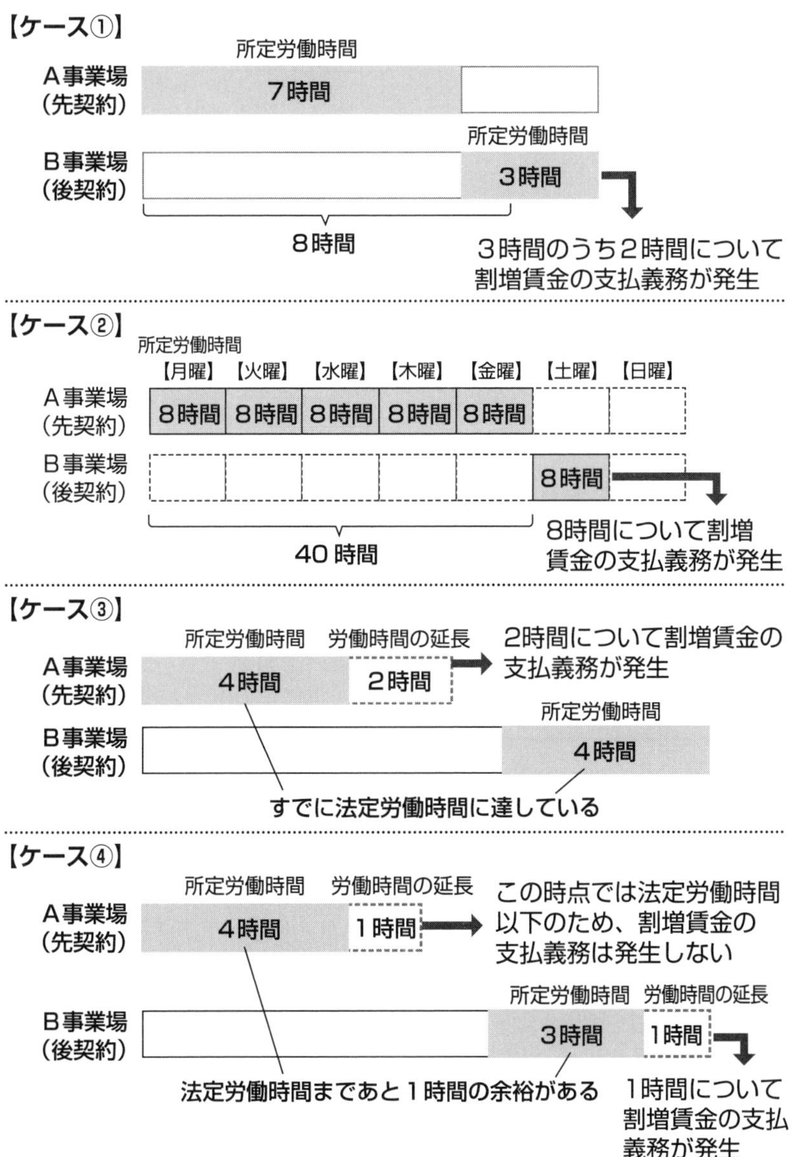
割増賃金が発生するケース例
【ケース①】
所定労働時間
A事業場
(先契約)
7時間
所定労働時間
B事業場
(後契約)
3時間
8時間
3時間のうち2時間について
割増賃金の支払義務が発生
【ケース②】
所定労働時間
【月曜】【火曜】【水曜】【木曜】【金曜】【土曜】【日曜】
A事業場
(先契約)
8時間 8時間 8時間 8時間 8時間
B事業場
(後契約)
8時間
40時間
8時間について割増
賃金の支払義務が発生
【ケース③】
所定労働時間 労働時間の延長
A事業場
(先契約)
4時間 2時間
2時間について割増賃金の
支払義務が発生
所定労働時間
B事業場
(後契約)
4時間
すでに法定労働時間に達している
【ケース④】
所定労働時間 労働時間の延長
A事業場
(先契約)
4時間 1時間
この時点では法定労働時間
以下のため、割増賃金の
支払義務は発生しない
所定労働時間 労働時間の延長
B事業場
(後契約)
3時間 1時間
法定労働時間まであと1時間の余裕がある
1時間について
割増賃金の支払
義務が発生

副業・兼業と労災保険

通勤中や業務中の被災など問題点を把握しておく

副業・兼業と労災保険

労災保険は、正社員・パート・アルバイトなどにかかわらず雇用されているすべての労働者が加入できます。そして、業務中や通勤時に被った負傷、疾病、障害、死亡に対して必要な給付を受けることができます。ただし、本業と副業・兼業のように複数の事業場で働く労働者については次のような問題があり、副業・兼業促進の妨げとなっていました。そこで、労災保険の改正が令和２年９月に行われ、見直しが行われました。

①　複数事業労働者が業務中に被災した場合の給付額

これまで、複数事業労働者がＡ社で10万円、Ｂ社で７万円の賃金（平均賃金）を支給されていたケースで、Ｂ社で業務災害にあった場合、給付額はＢ社（災害発生事業場）で得ていた７万円を基に給付基礎日額が計算されていました。

現在では、Ａ社とＢ社の賃金の合計額17万円を基に給付基礎日額が算定されることになります。なお、日給や時給の場合には、給付基礎日額の原則の計算方法の他に、賃金が低くなりすぎないように最低保証の賃金額（最低保証平均賃金）を計算することがありますが、合算する場合には、この最低保証平均賃金を原則適用しません。

②　複数事業労働者が通勤中に被災した場合の給付額

複数事業労働者が通勤中に被災した場合でも、①と同様、両方の使用者から支払われる賃金の合計を基に保険給付額が算定されます。

③　複数業務要因による災害

脳・心臓疾患や精神障害などの疾病は、複数の事業で働く労働者がいずれかの事業場の要因で発症したかがわかりにくい労働災害です。これまで、精神障害や脳・心臓疾患の労災認定においては労働時間の通算は行わず、労災認定の基準時間となる160時間や100時間という時間外労働もそれぞれの就業場所ごとで判断することになっていました。つまり、Ａ社とＢ社で通算して160時間や100時間を超えていたとしても、それぞれの会社で超えていない場合には労災認定がされない可能性がありました。

現在では、Ａ社とＢ社の時間外労働やストレスなどの業務負荷を総合的に評価して労災認定を行います。このように労災認定された災害を「複数業務要因災害」といいます。

◎保険料はどのように算定するのか

労災保険料は、保険給付の実績額に基づいて算定されます。たとえば、労災発生が多い事業場は保険料が高く、労災発生が少ない事業場は保険料が低くなります（メリット制）。

法改正によって、非災害発生事業場の分も合算した賃金額をベースに労災給付がなされますが、非災害発生事業場にとっては努力しても防ぎようのない労災であるため、非災害発生事業場の次年度以降の保険料には反映させないものとしています。

◎どんな保険給付が設けられるのか

新たに賃金額の合算と業務負荷の総合評価が導入されたことにより、保険給付にも以下の給付が創設されました。

・複数事業労働者休業給付
・複数事業労働者療養給付
・複数事業労働者障害給付
・複数事業労働者遺族給付
・複数事業労働者葬祭給付
・複数事業労働者傷病年金
・複数事業労働者介護給付

◎どのように申請するのか

複数業務要因災害に関する保険給付が創設されたため、「業務災害用」の様式が、「業務災害用・複数業務要因災害用」の様式に変更されました。業務災害と複数業務要因災害に関する保険給付は同時に行います。複数事業労働者にあたらない場合は、従来通り、業務災害として労災認定されます。

様式の具体的な変更点は、「その他就業先の有無」を記載する欄が新たに設けられたことです。また、脳・心臓疾患や精神障害などの疾病は、どちらの事業場が原因か判断がつきにくいため、主に負荷があったと感じる事業場の事業主から証明をもらい提出します。

様式は、厚生労働省のホームページからダウンロードできます。

https://www.mhlw.go.jp/bunya/roudoukijun/rousaihoken06/03.html

給付額の算定の基となる賃金の考え方

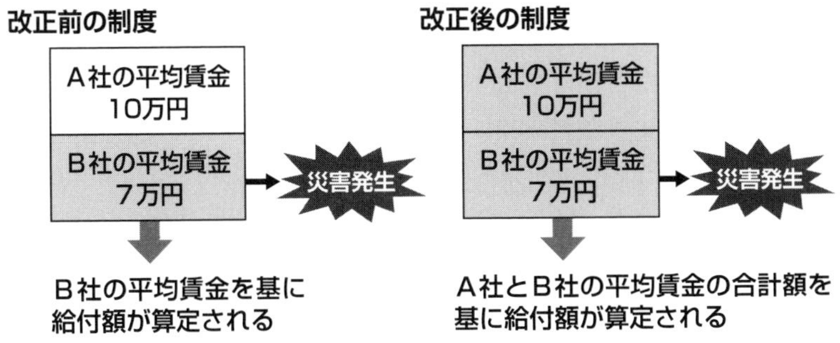

改正前の制度

A社の平均賃金 10万円
B社の平均賃金 7万円 → 災害発生

↓

B社の平均賃金を基に給付額が算定される

改正後の制度

A社の平均賃金 10万円
B社の平均賃金 7万円 → 災害発生

↓

A社とB社の平均賃金の合計額を基に給付額が算定される

8 副業・兼業と雇用保険、社会保険

どちらの事業所に加入すればよいのかなどが問題になる

副業・兼業先の雇用保険に加入できるのか

雇用保険の加入要件は、所定労働時間が20時間以上で継続して31日以上雇用見込みがある、ということです。しかし、雇用保険では、「同時に複数の事業主に雇用される場合には、生計を維持するのに必要な賃金を受ける雇用関係についてのみ被保険者となる」という要件があります。そのため、本業の事業場で雇用保険に加入している場合には、副業・兼業の事業場では雇用保険に加入できないということになります。

また、本業のA社と副業・兼業のB社の両方とも週20時間以上の所定労働時間に満たない場合には、どちらの雇用保険にも入ることはできません。仮にA社を退職すると失業手当は支給されず、労働時間の短いB社においても十分な収入を得ることは難しいでしょう。このような所定労働時間が短い複数就業者は、失業に備えるための雇用保険の恩恵を受けることができません。

そこで、65歳以上の複数就業者について、①各就業先の1週間の所定労働時間が20時間未満であり、②全就業先の1週間の所定労働時間が合算で20時間以上の場合、労働者からの申し出があれば、労働時間を合算して雇用保険を適用する改正が行われました。ただし、労働時間を合算できるのは2社までとされ、1社当たり1週間の所定労働時間が5時間以上でなければ合算の対象となりません。この法改正は令和4年1月から施行されます。

まずは、65歳以上について2つ以上の事業場で働く複数就業者を対象とし、影響の程度を確認しながら、徐々に対象を拡大していく方向にあります。

社会保険と副業・兼業について

副業・兼業先で働く場合には、事業所ごとに社会保険の加入要件に該当するかどうかを判断します。そのため、たとえ複数の事業所の労働時間を合算して要件を満たしたとしても、社会保険が適用されるわけではありません。

社会保険が適用されるのは、正社員と比較し、1週間の労働時間と1か月の労働日数が4分の3となる場合です。そのため、労働者という立場で、2つの事業所のどちらも社会保険が適用されるケースは少ないようです。

ただし、どちらかの事業所あるいは両方で役員等の立場にある場合には、社会保険に加入することになるため、次のような考え方で保険料を計算し、納付する必要があります。

複数の事業所で勤める者が、それぞれの事業所で加入要件に該当した場合には、どちらかの事業所の管轄年金事務所と医療保険者を選択する必要があります。標準報酬月額や保険料は、選択した年金事務所などで複数の事業所の報酬月額を合算して決定します。それぞれの事業所の事業主は、被保険者に支払う報酬額により按分した保険料を天引きし、選択した年金事務所などに納付します。具体的には、A社の報酬が25万円、B社の報酬が15万円であった場合には、選択した年金事務所で40万円の標準報酬月額を決定します。

保険料が仮に72,000円とすると、A社は72,000×25/40=45,000円、B社は72,000×15/40=27,000円を労使折半でそれぞれ負担し、選択した年金事務所などに納付します。

◎副業、兼業時の所得税はどうするのか

副業・兼業によって20万円以上の所得がある場合には、本業の会社の年末調整ではなく、個人の確定申告が必要になるため注意が必要です。所得が20万円以上になるかどうかは、収入から要した経費を控除した額によって判断します。

また、2か所以上から給与をもらっている人の源泉徴収についても注意が必要です。副業、兼業先は従たる給与という扱いになるため、副業、兼業先の給与の源泉徴収税額は、税額表の「乙欄」になります。勤めている会社の扶養控除申告書にその旨を記載し、提出するようにしましょう。

副業・兼業と雇用保険の問題点

ケース①

労働者	事業主A 30時間	事業主B 10時間

⇒本業である事業主Aで雇用保険に加入できる

ケース②

労働者	事業主A 15時間	事業主B 10時間

⇒どちらも週の所定労働時間が20時間未満のため雇用保険に加入できない

※法改正により令和4年1月から、ケース②の場合、労働者が65歳以上であれば、申し出ることで雇用保険に加入できるようになる

テレワーク・副業の場合の機密情報管理

ルールの策定、従業員教育、セキュリティ対策が必要となる

セキュリティ対策

セキュリティ対策には下記のようなものがあります。セキュリティ対策は広範囲に及ぶため、費用対効果を見ながら対策を講じておく必要があります。

① 端末へのログイン認証

端末へのログインには、IDとパスワード以外に指紋認証などの認証情報を付加させることもあります。

② クラウドアクセス時の認証

端末へのログイン認証と同様、利用者が従業員かどうかの確認を行うしくみを取り入れます。社外からインターネット経由で社内システムにアクセスする場合には、VPNソフトを利用するようにします。

③ HDDの暗号化

PCの盗難に備え、HDD内のデータを暗号化しておきます。盗難や紛失がないように常にPCを手元に置いておくように徹底します。

④ ウイルス対策ソフト

ウイルスの感染・侵入、不正サイトへのアクセスを防ぐために導入します。導入後も更新しておくことが重要です。また、OSやソフトのアップデートを更新しておくことも必要です。

どのような防止策を講じるべきか

防止策を分類すると、「社内ルールの策定」「社内教育の実施」「セキュリティの対策」に分類することができます。

・社内ルールの策定

可能であれば、個人用端末（パソコン、タブレット）を利用させないルールにした方が安全です。個人用端末の利用は、不十分なセキュリティ対策、端末の私用、家族での共用など、情報漏洩のリスクが高まってしまいます。個人用端末を利用させる場合においても、規程や誓約書を作成すべきです。

また、会社が支給した端末を利用させる場合においても、事業場外での印刷は禁止にする。もしくは、印刷できないような設定にするなどの工夫が必要です。またUSBのような他の記録媒体にデータを保存しないなどのルールも定めておくべきです。

他にも、情報漏洩やそのおそれがある場合の対処方法などをあらかじめ定めておく必要があるでしょう。

・社内教育の実施

社内ルールを定めて、周知するだけでは効果が薄いと考えられます。テレワークを希望する者には、社内研修などの教育を実施し、セキュリティに対する意識を高める必要があります。

情報漏洩の原因の多くは、誤操作、管理ミス、紛失などで、従業員の意識で防げるものが多くあります。

・セキュリティの対策

不正アクセス、ウイルスなどに対して技術的な対応が必要です。たとえば端末やクラウドデータへのログイン認証の多重化、HDDの暗号化、ウイルス対策ソフトを常に最新のものにしておくことなどがあります。また、社内のサーバにのみデータが保存され、従業員の端末にはデータが残らない社内システムへのアクセス方式を検討することも有効です。ネットワークに関しても注意が必要です。公衆WiFiを利用すると第三者からの通信内容の盗み見や改ざんなどの危険性があるため、VPNソフトなどを活用するとよいでしょう。

副業先に企業機密が漏洩した場合

副業先に機密情報が漏洩したときの対応については、「事実確認」「副業先への対応」「従業員への対応」に分けて考えることができます。

まず、事実確認ですが、少なくとも漏洩した機密情報の内容は何か、漏洩主体が誰か、漏洩先はどこか、の3項目を確認することが必要です。そして、確認した事実をふまえて、副業先への対応を行うことになります。

従業員への対応も検討する必要があります。具体的には、機密情報の返還、廃棄、さらなる漏洩を行わないように指示します。場合によっては、労働契約上の秘密保持義務違反などを理由に損害賠償などを請求することもあります。また、副業許可の取消しや懲戒処分を行うことも考えられますが、これらの処分を有効に行うために、機密情報の漏洩の可能性をふまえて、副業の許可要件、許可の取消事由、懲戒事由を定めておくことが重要になります。

副業における情報漏洩

情報漏洩の事実確認

↓

副業先に対して

・機密情報の返還、廃棄、更なる漏洩を行わないことを依頼、要請
・法的手段（不正競争防止法に基づく差止請求・損害賠償請求など）　など

従業員に対して

・機密情報の返還、廃棄、更なる漏洩を行わないことを指示
・法的手段（労働契約上の秘密保持義務違反を理由とする差止請求・損害賠償請求など）
・副業の禁止、懲戒処分　など

Column

障害者の雇用管理

健常者と障害を持つ人とが同じように自立して生活できる社会を作ることは、現代社会において大きな課題です。そのため、民間企業には、常用労働者数に応じ一定の比率（法定雇用率）で障害者を雇用することが義務付けられています。現在は2.3％以上の障害者雇用が義務付けられており、常用労働者が43.5人以上の会社では、必ず１人以上の障害者を雇い入れなければなりません。

常用労働者が101人以上の会社で法定雇用率を達成していない場合は、不足している障害者１人につき月額５万円の「障害者雇用納付金」を納めなければなりません。

一方、常用労働者が101人以上の会社で法定雇用率を超えて障害者を雇用している場合は、雇用率を超えた障害者数に応じて、１人あたり月額２万7000円の「障害者雇用調整金」が支給されます。

また、常用労働者が100人以下の会社において、各々の月で雇用された障害者数の年間合計が一定の数字を超えている場合は、超えた人数に応じて月額２万1000円の「報奨金」が支給されます。

障害者を１人でも雇用しなければならない会社は、毎年、障害者の雇用状況をハローワークに報告する義務があります。障害者を解雇する場合も、ハローワークに届出を出す必要があります。

障害者を雇用する上で事業主が特に意識すべきなのは災害時（火事や地震など）の対策です。日頃から緊急時の対応について社内規程を整備し、緊急時のマニュアルを周知させておきましょう。

一方、事業主としては、障害者の雇用に対しさまざまな不安や懸念を持つこともあります。そこで、ハローワーク等では障害者雇用促進対策として、障害者トライアル雇用、職場適応援助者（ジョブコーチ）による支援、職場適応訓練といったさまざまな支援を行っています。

第７章

退職・解雇をめぐるルール

解雇

客観的で合理的な理由がなく、社会通念上の相当性がない解雇は無効

解雇も辞職も退職の一形態

使用者と労働者の間の労働契約が解消される事由には、主に辞職・退職・解雇があります。辞職とは、労働者が一方的に労働契約を解除することです。民法上、労働者は２週間前に申し出れば辞職が可能です（民法627条１項）。退職とは、一方的な申し出による場合以外の労働契約の終了のことで、以下の事情がある場合に退職の手続きをとる会社が多いようです。

① 労働者が退職を申し入れ、会社がこれを承諾した（自己都合退職）
② 定年に達した（定年退職）
③ 休職期間が終了しても休職理由が消滅しない（休職期間満了後の退職）
④ 労働者本人が死亡した
⑤ 長期にわたる無断欠勤
⑥ 契約期間の満了（雇止め）

退職に関する事項は、労働基準法により就業規則に必ず記載すべき事項と規定されていますが、その内容については、ある程度各会社の事情に合わせて決めることができます。

解雇の種類

解雇とは、会社が一方的に労働者との労働契約を解除することです。解雇は、その原因により普通解雇、整理解雇、懲戒解雇などに分けられます。

整理解雇とは、経営不振による合理化など経営上の理由に伴う人員整理のことで、リストラともいいます。懲戒解雇とは、たとえば従業員が会社の製品を盗んだ場合のように、会社の秩序に違反した者に対する懲戒処分としての解雇です。それ以外の解雇を普通解雇といいます。

解雇により一度退職をしてしまうと、再就職先が見つかるという保証はどこにもありません。仮に再就職先を見つけることができたとしても、労働条件（特に賃金の面）でかつての就職先よりも、はるかに条件の悪い再就職先で妥協せざるを得ないという場合も考えられます。そこで、法律で解雇に対するさまざまな制限が規定されています。たとえば、いくら不況だからといっても、それだけの理由では解雇することはできません。客観的で合理的な理由がなく、社会通念上の相当性がない解雇は、解雇権の濫用として無効とされています（労働契約法16条）。

解雇権の濫用を防ぐ趣旨は、会社の経営者側が気に入らない社員を、自由に解雇できないようにすることにもあります。たとえば、遅刻や欠席が多い社員や、勤務成績が他の社員と比べて劣る社員がいる場合、経営者としては、解雇を望むかもしれません。しかし、前述のような会社にとって不利益をもたらすような社員に対しても、会社としては、まず適切な指導を行うことによって改善をめざす必要があります。たとえば会社側が何度も遅刻を注意し、本人にも反省文を書かせることなどが、改善に向けた努力として挙げられます。会社が指導を行うことで改善できるような、社員の軽微な落ち度を理由に解雇することを防いでいます。

解雇に対するさまざまな制限

解雇については法律上、さまざまな制限があります。具体的には、以下に挙げる内容を理由として労働者を解雇することは、法律上禁止されています。

① 国籍・信条・社会的身分・性別
② 結婚・妊娠・出産したこと、育児・介護休業の申し出や取得
③ 公益通報（公益のための事業者の法令違反行為の通報）をしたこと
④ 労働基準監督署に申告したこと
⑤ 労働組合を結成したこと、労働組合の活動を行ったこと
⑥ 労使協定の過半数代表者となったこと（なろうとした場合も）

なお、上記の理由に該当せず、解雇可能なケースであっても、解雇に関する規定が就業規則や雇用契約書にない場合、会社は解雇に関する規定を新たに置かない限り解雇できません。通常の会社では考えにくいですが、自社の就業規則などに解雇に関する規定がない場合、まずは解雇に関する規定を置くことから始めなければなりません。

さらに、解雇可能なケースで、会社が労働者を実際に解雇する場合、原則として、労働者に対して解雇予定日の30日以上前に解雇予告をするか、30日分以上の解雇予告手当を支払う必要があります（次ページ）。

解雇の種類

種類	意味
整理解雇	いわゆるリストラのこと。経営上の理由により人員削減が必要な場合に行われる解雇
懲戒解雇	労働者に非違行為があるために懲戒処分として行われる解雇
諭旨（ゆし）解雇	懲戒解雇に相当する事由があるが、労働者の反省を考慮し、退職金等で不利にならないよう依頼退職の形式をとるもの
普通解雇	懲戒解雇のように労働者に非違行為があるわけではないが、就業規則に定めのある解雇事由に相当する事由があるために行われる解雇

解雇予告と解雇予告手当

解雇予告や解雇予告手当の支払は原則として必要

解雇予告とは

社員を解雇する場合、事前に解雇する理由を明確にしてそれが就業規則や雇用契約書に書かれている理由に該当するかどうかを確認し、さらに法律上解雇が禁止されているケースに該当しないかを確認します。

こうした確認を経て、はじめてその社員を解雇することになります。社員の解雇を決めたとしても、原則としてすぐにクビにはできません。会社は少なくとも30日前までに解雇予告をするか、30日分以上の解雇予告手当の支払をするという原則があるからです。解雇の通知は、後のトラブルを避けるために書面で行った方がよいでしょう。

解雇予告などが不要な場合もある

会社は原則として解雇予告をしなければならないとされていますが、次に挙げる社員については、解雇予告または解雇予告手当の支払をすることなく解雇ができます。

① 雇い入れてから14日以内の試用期間中の社員

② 日雇労働者

③ 雇用期間を２か月以内に限る契約で雇用している社員

④ 季節的業務を行うために雇用期間を４か月以内に限る契約で雇用している社員

①の社員については、すでに15日以上雇用している場合には、解雇予告や解雇予告手当が必要になります。

除外認定を受けた場合

以下の①②のいずれかに該当することを理由に、社員を解雇する場合は、解雇予告あるいは解雇予告手当の支払は不要とされています（これを解雇予告の除外認定といいます）。

① 天災事変その他やむを得ない事由があって事業の継続ができなくなった場合

② 社員に責任があって雇用契約を継続できない場合

①のケースとしては、具体的には地震などの災害によって、事業を継続することができなくなったような場合です。一方、②には、懲戒解雇事由にあたる問題社員を解雇する場合などが該当します。

①②に該当すると判断した場合であっても、労働基準監督署長の除外認定を受けていない場合には、通常の場合と同じように解雇予告あるいは解雇予告手当の支払が必要になります。したがって、社員を解雇する際に、①②

に該当する場合には、解雇予告除外認定申請書を管轄の労働基準監督署に提出した上で認定を受ける必要があります。労働基準監督署長の除外認定も受けずに社員を即日解雇した場合、労働基準法違反となり、処罰の対象になりますから、注意しましょう。

なお、除外認定を受けたからと言って退職金を支払わなくてもよいということにはなりません。つまり、退職金を支払うか、減額するかといった問題は、除外認定とは別の話になるということです。

◎懲戒解雇の場合の解雇予告の有無

前述した①②のいずれかに該当する場合、解雇予告または解雇予告手当の支払いが不要となります（労働基準法20条１項ただし書）。したがって、解雇する社員に懲戒解雇事由がある場合には、労働基準監督署長の除外認定を受ければ解雇予告は必要ありません。

②の「社員に責任があって」というのは、法律上は「労働者の責に帰すべき事由に基づいて」と規定されているものです。この「労働者の責に帰すべき事由」とは、即日解雇されたとしてもやむを得ないと判断されるほどに重大な服務規律違反あるいは背信行為をした場合である、と解釈されています。「重大な服務規律違反・背信行為」とは、たとえば、犯罪行為を行った場合や、正当な理由もないのに無断欠勤し、かつ出勤の督促にも応じないような場合などが該当します。

ここで注意しなければならないのは、解雇予告または解雇予告手当の支払いをせずに問題社員を懲戒解雇処分とするためには、前述した除外認定を受ける必要があるということです。この認定を受ける手続きは、通常申請してから２週間から１か月程度の期間がかかります。その間に、その社員に懲戒解雇事由があるかどうか、事実認定が行われます。そのために事業所を管轄する労働基準監督署に除外認定を申請する場合には、あらかじめ十分な証拠をそろえておくようにしましょう。

解雇予告日と解雇予告手当

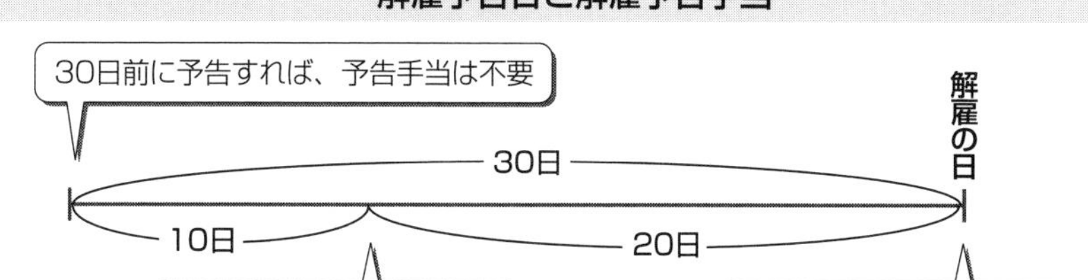

3 整理解雇①

整理解雇は希望退職と退職勧奨を行った後に行う

整理解雇を検討する場合とは

経営不振による合理化など、経営上の理由に伴う余剰労働者の人員整理のことを整理解雇といいます。

経営者としては、現状のままでは事業を継続することが困難な場合に整理解雇を検討することになります。整理解雇を行うためには一定の要件を満たす必要があり、「現在の経営状況は悪くはないが将来予想される経営の不安に備えて今から人員削減をしておきたい」といった理由では認められません。以下の①～④の要件を満たして初めて有効なものとして認められます。

① 人員削減の必要性

会社の存続のためにやむを得ず人員削減せざるを得ないという事情が必要です。具体的には、会社の実態から判断して、会社の存続のために人員整理を決定するに至った事情にムリもない事情があると認められれば、整理解雇の必要性を認めるのが判例の傾向です。したがって、会社の経営がこのままでは倒産に至ってしまうという、切迫した事態に至る前であっても、不採算部門の廃止など、再建のための方法として必要であると認められれば、人員削減の必要性が肯定されることになります。

② 解雇回避努力義務

整理解雇を避けるための経営努力なしに解雇はできません。回避するための主な方法としては、次のようなものが挙げられます。

> 経費削減、昇給停止、賃金引下げ、一時金支給中止、残業削減および労働時間短縮、一時帰休およびワークシェアリング、配置転換および関連会社への出向、新規採用の中止、希望退職者の募集、役員報酬の削減、資産の売却など

労働者を整理解雇する場合は、真にやむを得ない理由がなければならないとされていますから、会社としては解雇回避のために最大限努力を尽くしたかどうかが問われることになります。

③ 解雇対象者を選ぶ方法の合理性

整理解雇の対象者を選ぶ際には、客観的で合理的な整理解雇基準を設定し、これを公正に適用する必要があります。たとえば、女性や高齢者、特定の思想をもつ者のみを対象とした整理解雇は認められません。一方、欠勤日数、遅刻回数などの勤務成績や勤続年数などの会社貢献度を基準とするのは合理的な方法といえるでしょう。

④ 解雇の手続きの妥当性

整理解雇にあたって、労働者への説明・協議、納得を得るための手順を踏んでいない整理解雇は無効になります。

整理解雇を知らせるタイミング

退職勧奨と希望退職を行っている場合には、それが一段落ついてから整理解雇を実施します。一方、工場の閉鎖など、会社の一部門を丸ごと閉鎖するような場合には、他の部署に異動させたり、関連会社や他社に出向や転籍させない限り、その部門に所属している社員を対象に整理解雇せざるを得ない状況になります。

この場合、部門を閉鎖する日が決定した段階で、早めに整理解雇を実施した方が、その対象となる社員のためです。早い段階で整理解雇を行うことを伝えれば、対象者も早めに再就職に向けて活動ができるからです。ただ、あまりに早いタイミングで知らせてしまうと、解雇予定日までの間にモチベーションの低下によって生産性の低下を招くおそれもあります。製造業などの場合には、重大な事故となりかねないので、あまりに早く伝えるのもリスクを抱える期間が長くなりすぎて危険です。結局は、社員の再就職準備期間として必要な３か月ほどの猶予を見て、知らせるのがよいでしょう。

また、退職勧奨、希望退職、整理解雇の実施によって１か月以内に30人以上の退職者が出る見通しが立っている場合、実際に社員が退職し始めるまでに再就職援助計画を作成して、ハローワーク（公共職業安定所）に提出する必要があります。再就職援助計画が認定されてから退職予定者に対して再就職を支援した場合、労働移動支援助成金を申請することができるので、可能な限り活用するようにしましょう。

労働移動支援助成金（再就職支援奨励金）は、従業員に対して再就職のための休暇を与えた事業者や、職業紹介会社を用いて従業員の再就職を実現した事業者に支給されます。いずれの場合も、助成金の支給を受けるためには、公共職業安定所長の認定を受けることが必要です。

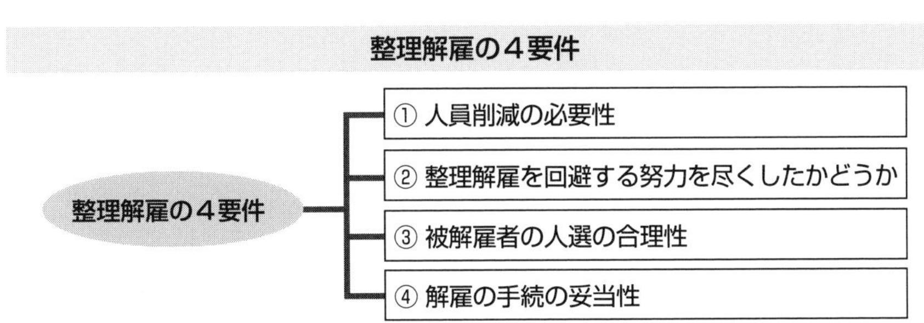

整理解雇②

整理解雇の対象になる社員一人ひとりの理解を得る努力が必要

証拠をそろえておく

整理解雇を実施する場合には、まずは会社の厳しい状況を社員に説明し、整理解雇をせざるを得ない状況であることを理解してもらうようにしなければなりません。このためには、社員が十分に状況を理解できるように何度も説明会を開く必要があります。

説明会はただ漫然と開くのではなく、参加者のリストを作成した上で、参加者全員にサインしてもらうようにします。説明会で話した内容の詳細、社員からの質問とそれに対する回答を漏らさず記載した議事録も作成するようにします。このように説明した内容や参加者を書面で残しておくと、後に社員との間で訴訟などのトラブルに発展したとしても、会社側が整理解雇を行う上で、社員に対して十分な説明を行ったことを証明しやすくなります。

また、整理解雇が合理的であることを客観的に示すためには、会社としては、整理解雇が必要である経営状況を説明するために、貸借対照表や損益計算書をそろえておく必要があります。これにより会社の業績が悪化して、客観的に整理解雇が必要な状態であると示すことができます。さらに、会社の収支の割合の中で、人件費が占める割合を示して、人件費の負担が会社の経営を圧迫していることを明らかにすることができます。

その他にも、会社がそろえておくべき証拠として、整理解雇を防ぐために講じてきたその他の措置に関する資料が挙げられます。たとえば、役員報酬を減額させたのであれば、役員報酬の明細書や、人事異動や整理解雇を防ぐための、社員の賃金カットを示す書類などを用意しておく必要があります。

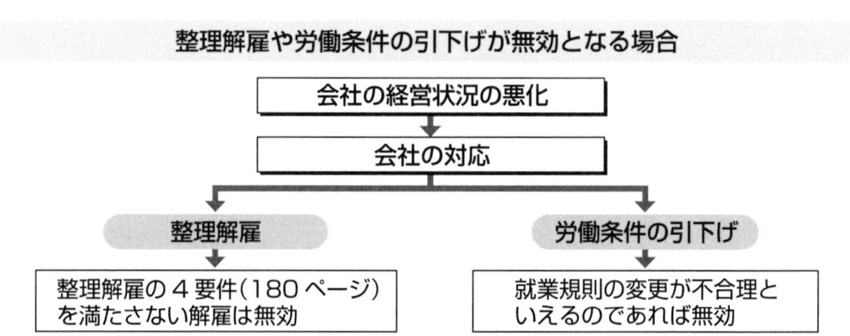

5 希望退職

整理解雇の前段階として希望退職を募集した方がよい

希望退職を募るのはなぜなのか

希望退職とは、社員の意思によって自発的に退職を申し込むように会社が誘引することです。希望退職制度は、特に法律上定められてはいません。

ただ、たいていの会社は、経営状態が芳しくない時に、整理解雇の前段階として、希望退職の募集を行っています。これは、整理解雇が認められるためには、「解雇回避措置がとられたこと」（解雇回避努力義務）という要件を満たす必要があるからです。

その要件の中心となるのが、希望退職募集だといえます。過去の裁判例では、整理解雇の要件として希望退職制度の実施は必ずしも必要ないと判断したものもあります。しかし、これまでの多くの裁判例において、希望退職の募集を行っていないことを理由に、解雇回避努力義務が尽くされているとはいえない、と判断が示されています。したがって、実務的には、整理解雇に先立って希望退職募集を行うことを検討する必要があるといえます。

一般的には、希望退職募集においては、退職金の増額など、通常の退職の場合よりも有利となる退職条件を提示して、希望退職へ応募する気持ちを強めるようにします。また、希望退職の募集期間については、あまりに短い募集期間は避ける必要があります。

希望退職者をめぐる優遇措置

希望退職者に対し、通常は、①会社都合退職による退職金支払い、②割増退職金の支払い、③退職日前の就業不要（有給）期間付与、④未消化有給休暇買上げ、⑤再就職支援、などの優遇措置が行われます。優遇措置については、それぞれの会社の経営状況や企業規模に影響されるため、裁判所は、その具体的な内容にまで入り込んで判断はしていません。

ただし、募集の要件を「45歳以上の営業職で希望退職に応じる者」などとした場合、会社としては辞めてもらっては困る人材が、応募してくるケースがあり得ます。その場合、会社としては慰留に努めることになります。そうなると、会社自身が設けた基準に反する行為を行っているとして、解雇回避努力義務を尽くしていないと裁判所が判断することが予想されます。それを避けるためには、募集する対象者の基準を「会社が承諾した者」などとすべきでしょう。また「会社の承諾」を得ずに退職した場合は、割増退職金などの優遇措置は不要になります。

退職勧奨

社員に辞めてもらうように依頼するもの

解雇と退職勧奨の違い

実際に会社が社員を辞めさせる場合、解雇によって辞めさせる方法以外にも、退職勧奨と呼ばれる方法があります。

解雇とは、使用者が一方的に労働者との雇用契約を解除してしまうことです。ただ、経営者がいつでもどんな理由でも簡単に社員を解雇できる、となると、社員としては安心して働くことができないため、解雇にはさまざまな制約が設けられています（177ページ）。

一方、退職勧奨とは、使用者である会社側が労働者である社員に対して、会社を辞めてもらうように頼むことです。辞めるように頼まれた社員はそれに応じて辞めることもできますが、断ることもできます。

このように、退職勧奨の場合には解雇のような強力な効果がないので、法律上の禁止事項もありません。

したがって、退職勧奨に関する規定が就業規則や雇用契約書にない場合でも、経営者は自由に退職勧奨を行うことができます。また、対象者の退職予定日の30日前までに予告する、または解雇予告手当を支払うなどの義務も一切ありません。ただ、円満に辞めてもらうために、退職金を上積みすることを提示してよりスムーズに辞めてもらうように工夫する企業が多いようです。このように、解雇と比べると自由度の高い退職勧奨ですが、退職勧奨の仕方があまりに強引でしつこい場合には、退職強要ととられ、違法となる場合もあります。

合理的な理由があれば大丈夫

退職勧奨は、会社から労働者に強制を伴わずに退職の働きかけを行うことですから、常識の範囲内で穏当に行われれば、特に問題はない行為だといえます。実際に、退職勧奨を行ったことが労働基準法違反であるとして、労働基準監督署から行政指導を受けるケースはまれだと言われています。労働者に対して不当な圧力をかけるなどの行為が行われなければ、違法な勧奨ではないということができます。

もっとも、本人が「退職の勧めには応じない」との明確な意思表示をしているにもかかわらず、何度も繰り返し退職の勧奨を続けることは、民法上の不法行為として、会社が責任を問われる可能性があります。社員が退職勧奨には応じない旨の回答をしてきた場合には、違法性を回避するために退職勧奨は諦めた方がよいでしょう。

その場合には、そのまま雇用を継続

するのか、配置転換を行うかなど、本人の労働条件を再検討することになります。また、会社として整理解雇に踏み込むなど、新たなリストラ策を検討する必要がでてくるでしょう。

違法となる退職勧奨とは

過去の裁判例に、大幅な赤字を抱えた外国の航空会社の日本支社が、勤務成績の悪い社員に対して退職勧奨を行ったケースがあります。会社からの退職勧奨に応じなかった社員に、上司がさらに強く退職を勧め、嫌がらせや暴力行為を行い、その後、その社員を別室に移して実質的な業務を行わせませんでした。裁判所は、嫌がらせや暴力行為は不法行為であり、仕事を実質的に取り上げてしまうことも違法であるとして、会社と上司は損害賠償責任を負うとの判断を下しました。その他の裁判例でも、３か月間に11回、場合によっては複数の退職勧奨担当者から最長２時間15分に及ぶ勧奨を繰り返されるなど、社会通念上許される範囲を超える態様で行われた退職勧奨について、会社の損害賠償責任が認められました。

つまり、会社や上司に不法行為にあたる言動がある場合には、会社や上司の責任が問われるといえます。逆に言うと、その点に十分に配慮した退職勧奨であれば違法性を問われる可能性はかなり低いといってよいでしょう。

心理的負荷が強い場合

労災認定においても、退職勧奨によるうつ病などの精神障害の発生が問題となっています。退職の意思がないことを表明しているにもかかわらず、執拗に退職を勧められた場合などは、その心理的負担が、厚生労働省「心理的負荷による精神障害の認定基準について」の「業務による心理的負荷評価表」により「強」と評価され、労災認定されるケースが増えています。会社側としては、労災問題における今後の大きな課題となりつつあります。

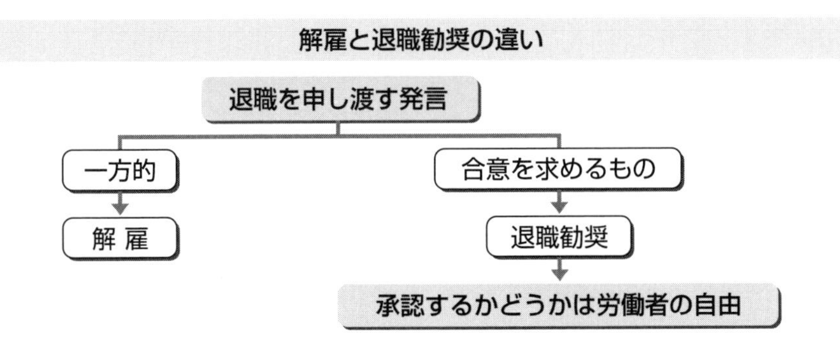

賃金カット

一律カットするのか、個別に行うのかを考えて実施する

合法的にカットする方法はあるのか

会社の経営が厳しい場合、経営者が検討すべきは、不要な社員の解雇と社員の賞与削減、賃金のカットです。特に中小企業は少人数で事業を展開しているため、解雇が難しい場合もあります。賞与の削減は、賃金規程等で業績に応じて支給額が決定されるため、経営難であれば大きな問題は生じません。しかし、賃金をどのようにカットするかは、本格的な検討課題になります。

賃金には、基本給、残業手当、住宅手当、家族手当、精勤手当、役職手当、通勤手当などさまざまな種類があります。これらの手当をカット・廃止する際には、一律カットするのか、従業員ごとに異なった対応をするのか、という観点から見極める必要があります。

そして、どの方法も従業員に不利益な状況になるため、実施前に会社は状況を説明して、どのように変更するのかを周知する必要があります。就業規則や賃金規程を一方的に変更すればよいわけではありません。

労働契約法10条は、就業規則の不利益変更について、従業員に生じる不利益の程度や、変更内容の相当性、労働組合との交渉状況等を総合考慮し、合理的な理由が必要であると規定しています。会社の経営状態が悪い場合、社員の賃金カットに至るまでに、会社はさまざまな対策をとる必要がありますが、賃金カットを行うには、経営状況や見通しなど客観的に納得できる説明資料を用意する必要があるでしょう。

社員の同意を得るのが原則

原則として賃金カットを一方的に行うことはできません。賃金カットを宣言し、その場で社員の反論がないことで、社員の同意が得られたものと判断することは許されません。

賃金カットの手順としては、まず賃金カットの理由や金額などを、社員に対して十分説明した後に、個別の同意を得るようにします（労働契約法9条）。その後、賃金カットを就業規則（賃金規程が別個にある場合は賃金規程）に反映させ、変更後の就業規則や賃金規程を労働基準監督署に届け出ます。

一方、社員への説明が不十分な場合や、経営者の主観に基づく変更に合理的な理由がない場合は、就業規則の変更が認められません（労働契約法10条）。特に基本給の大幅カットや退職金の半減など、社員への不利益の度合いが高ければ高いほど、合理的な理由も高度になることに注意が必要です。

倒産時の賃金の取扱い

未払いの賃金の立替払をしてもらえる

未払賃金の立替払事業

会社は経営不振に陥った場合に備えて、労働者に対して賃金を支払えるように、あらかじめ準備しておかなければなりません。しかし、どうしても支払いをすることができなくなった場合には、独立行政法人労働者健康安全機構（044－431－8663）が事業主に代わって労働者に賃金を支払います。立替払いの対象となるのは、未払い賃金総額の80％相当額です。ただし、下図のような上限も設けられています。

立替払いの事由

立替払いを受けることができる事由はあらかじめ定められていて以下の要件にあてはまる場合です。

① 破産手続開始決定を受けたこと
② 特別清算開始命令を受けたこと
③ 民事再生開始の決定があったこと
④ 会社更生手続開始の決定があったこと
⑤ 中小企業事業主が賃金を支払うことができなくなった場合において、退職労働者の申請に基づいて労働基準監督署長の認定があった場合（事実上の倒産）

立替払いの対象者

労災保険の適用事業で１年以上にわたって事業活動を行ってきた企業（法人、個人を問いません）に、労働者として雇用されていた者で、立替払いの事由があった日の６か月前の日から２年の間に当該企業を退職した者が対象となります。ただし、未払賃金の総額が２万円未満の場合は、立替払いを受けられません。

未払賃金の立替払い制度

未払い賃金の総額の100分の80の額です。ただし、総額には上限が設けられています。上限額は表のとおりで、退職の時期および年齢により異なります。

退職労働者の退職日における年齢	未払賃金の上限額	立替払いの上限額
45歳以上	370万円	296万円
30歳以上45歳未満	220万円	176万円
30歳未満	110万円	88万円

問題社員の対処法①

会社として毅然とした態度をとることも大事である

権利主張ばかりする従業員は要注意

近年は、「ブラック企業」という言葉が流行しているように、労働者の待遇などについて問題のある会社がクローズアップされています。その一方で、使用者にとって問題のある労働者がいることも事実です。

労働者の問題行為としては、「本来の仕事以外の応援作業などを一切しようとしない」「服装や言動などについて、法律や就業規則に明確に違反しなければ何をしてもいいと思っている」といった点が挙げられます。

労働者の権利主張は、それ自体は不当なものではなく、道理にかなっていることが多いといえます。しかし、会社で働くときには、法律や就業規則だけでは図れない常識や規律があること、使用者だけでなく労働者にも「その会社の一員」として果たすべき義務があることを理解してもらう必要があります。仮に法律や就業規則に違反するとは言えなくても、ビジネスマナーや周囲の人に対する配慮を余りに欠く言動は、会社組織に悪影響を与えます。

「モンスター社員」と呼ばれる会社にとって大きなマイナスとなるような従業員の存在が問題となっているのも事実です。問題があればそれで直ちに「モンスター社員」とまではいえませんが、会社として問題社員の取扱いには留意しなければなりません。「モンスター社員」の例として、他の社員の都合等を一切考えず、少しでも会社の待遇に不満があれば、配偶者や両親等を連れて会社に押しかけて来る社員などが挙げられます。

改善されない場合の対処法

自分の権利ばかりを主張する労働者は法的な理論武装をしており、使用者側がこれに対抗するのは難しい面があります。たとえば、「就業時間前の掃除に参加しない」ことについても、特に遅刻をしていなければ、それを理由に解雇や減給といった懲戒処分をすることはできません。また、服装や髪型についても、明確な規則違反をしていないのに「だらしない」などとして懲戒処分をしてしまうと、後から訴訟になった際に、会社側が負ける可能性が高くなります。

それでも会社側が問題社員によって迷惑を被っているのは事実ですから、対処は必要です。まずは口頭で「なぜその行為に問題があるのか」ということを十分に説明し、改善を求めるべきでしょう。逃げ腰になっていては、いつまでたっても解決しません。それでも改善されない場合は、さらに強硬な対処をする必要があります。その方法としては、次のようなものが挙げられます。

① **昇給をしない**

雇用契約で決まっている賃金を使用者側が一方的に減給することはできませんが、「会社や他の社員に迷惑をかけている」という理由で評価をせず、昇給を見送ることは可能です。

② **賞与を減額する**

毎月支払う賃金とは異なり、賞与については、支給額が明確に規定されている場合を除き、支給額を会社側が決めることができます。

③ **配置転換を命ずる**

たとえば「職場の和を乱す」として他の部署や事務所に配置転換することは、合理的な理由があるとして認められる可能性が高いでしょう。遠隔地に配置転換することは違法となり得ます。

勤務態度の悪い社員について

どこの会社にも勤務態度の悪い問題社員はいるものですが、その問題社員に対して適切な対応をとれている会社はそれほど多くないと思われます。遅刻や欠勤を繰り返す社員を相手に頭を悩ませている経営者もいれば、勤務態度の悪い社員をいきなり解雇して、労働組合や弁護士などに駆け込まれた挙げ句、解雇が無効であると裁判所に判断されて、よけいな金銭の支払いを余儀なくされた経営者もいます。勤務態度の悪い社員がいる場合、一番いけないのは、その社員を放置することです。放置したままにしておくと、きちんと働いている周囲の社員にも悪影響を与えるだけでなく、取引先などにも悪い印象を与えかねませんから、何らかの対策を打たなければなりません。

問題社員を放置すると会社の被害は広がる

問題行動

- 掃除に参加しない
- 始業時刻以降に制服に着替える
- 服装がだらしない
- 制服を着崩して作業に悪影響が出ている
- 接客業で髪を金髪に染めている
- 就業時間中に仕事の後片付けを行って終業時刻とともに退社する

放置すると…

- チームワークの低下
- 会社の印象の低下
- 仕事の効率の低下
- 人間関係の悪化
- 周囲の社員の無気力化
- チーム全体の能率低下

10 問題社員の対処法②

手順をふんで対応することが大切

いきなりクビにはできない

問題社員にどのような対処をすべきかを検討するときに、まず押さえておかなければならないポイントは、主観的な評価だけでは解雇はできないということです。最終的には解雇に至るとしても、問題社員に対しては、段階を追った対応が必要です。一般的には、「①勤務態度の悪さを全社的な共通認識にする→②改善点の指摘、改善を促す指導を行う→③解雇までは行かない軽い懲戒処分を行う→④退職勧奨を行う→⑤解雇を検討する」というステップを踏む必要があります。

ここでは、通常よく見かけられる例を通して、問題を考えていくことにしましょう。勤務態度の悪い社員がいる場合には、まず「その社員の勤務態度が悪い」という事実を全社員が共通して認識できるようにした上で、その社員に対して、勤務態度を改善すべきであることを指摘することが大切です。

たとえば、遅刻癖のある社員や欠勤の多い社員がいる場合には、その社員がよく遅刻や欠勤をする事実を全社員が共有できるようにするために、朝礼を行うようにします。その際には、全社員が挨拶や前日の報告、その日の目標やスケジュールなどを話す機会を設けることで、出席者と欠席者がわかるようにします。朝礼の進行役を全社員が順番に行い、その進行役が社員の出欠状況を書類に残すようにしておけば、より確実に出席状況がわかるようになります。朝礼に遅刻した社員や欠勤した社員については、翌日の朝礼で遅刻・欠勤理由を報告させるようにすれば、書類として残すことができます。

本人から書面を取り証拠を残す

誰がどの程度勤務態度が悪いのか、ということは、たとえば朝礼を行うことで全社員が把握できるようになりますが、その事実を記録するだけでは、効果としては高くはないかもしれません。このような問題社員は、遅刻や欠勤をしても、ただ単に理由を報告すればよいと開き直ってしまう可能性もありますし、何の注意もしなければ、他の社員にも示しがつきません。そこで、朝礼とは別に、遅刻や欠勤などの問題行動があるたびに、上司や経営者が本人にその場で注意するようにします。口頭の注意だけでは記録として残りにくいので、会社の正式な注意として書面によって警告を行い、遅刻や欠勤があるたびに、本人の反省を促し、警告書を渡して遅刻や欠勤の理由を記載させるようにします。さらに、会社がその社員に改善指導を行ったことを面談記録（日時も記載）として残します。具体的には、社員の改善指導シート、改善指導票といった書類にその社員の問題行動とそれに対する会社側の対応、その後の社員の行動などを１つにまとめておくとよいでしょう。

こうした書類に、問題社員の１つひとつの問題点を積み上げるようにして、会社側が行った改善指導の履歴もわかるように書面化しておくと、最終的に解雇を行わざるを得ない状況となったときに、不当解雇（解雇権の濫用）と判断されにくくなるでしょう。

懲戒処分や退職勧奨を試みる

改善を促す指導を続けても、本人の勤務態度に変化が見られず、反抗的な態度を示すようなときには、「譴責」「戒告」「減給」「出勤停止」などの「解雇」までには至らない軽い懲戒処分を行います。それでも効果がない場合は退職勧奨を行う、というようにステップを重ねて対応していきます。

懲戒処分を行う際には、処分が合理的な理由に基づくものであることと、処分の程度が社会通念上相当なものであることが求められますので注意が必要です。このように、問題社員については、面倒がらずに問題行動があるたびに注意し、改善指導を行う、そしてそれを記録するという地道な対応を積み重ねることが重要です。こうしておけば、いざ本人を解雇するときにも、本人が、解雇されても仕方がないと思わざるを得ない状況を作り出し、納得せざるを得ない客観的な資料をそろえておくことができます。

なお、十分な証拠がそろったとしても、いきなり解雇せずに、懲戒処分や退職勧奨を試み、それでも退職しようとしない場合に限って、解雇を選択する方が、大局的には会社のためになるといえるでしょう。

社員の上手な辞めさせ方

◆ ヘタな対応	◆ 上手な対応
無能な社員を辞めさせたい ↓ ロクな証拠も残さぬまま、感情的になってクビを通告する ↓ 後で裁判沙汰になったときに、証明できず困る ×	無能な社員を辞めさせたい ↓ 社員の問題行為についての証拠をそろえ、文書で辞表を書いてもらう ↓ 仮にトラブルになったとしても、対応できる ○

問題社員の解雇

就業規則などに解雇に関する規定がなければ社員を解雇できない

◎通常は普通解雇で対処する

経営者側にとって、問題社員（モンスター社員）と呼ばれる労働者の扱いは頭の痛い問題です。考えられる問題社員のケースとしては、次のようなものがあります。

① 無断欠勤や遅刻が多いなど、出勤態度に問題がある場合

② 勤務態度や勤務成績が悪い場合

③ 業務に必要な能力が不足している場合

以上のケースにあてはまる社員を解雇する場合、よほどの事情がない限りは、懲戒解雇ではなく普通解雇を行うことになるでしょう。

◎ときには懲戒解雇で対処することも

社員の中には懲戒解雇をしたくなるような悪質な行動を起こす社員もいないわけではありません。社員を懲戒解雇する場合の流れとして、まずは懲戒や解雇に関する規定があることを就業規則や雇用契約書で確認します。規定があるときは、その規定の内容が合理的なものであるかを確認します。合理的な内容であると判断できた場合には、問題社員の状況が懲戒解雇事由に該当するかどうかを判断します。該当すると判断できてはじめて、問題社員を懲戒解雇とすることができます。

◎やむを得ない事情がある場合

会社側が社員の雇用を維持することができないなど、やむを得ない事情がある場合に行われる解雇を整理解雇と呼びます。いわゆるリストラです。整理解雇の対象者に問題社員を含めて解雇するという流れになりますが、整理解雇を行う場合は、厳しい要件をクリアしなければなりません（180ページ）。

◎口頭で辞めるといっただけでは弱い

たとえば、問題社員が「会社を辞める」と発言した場合、その発言を後の証拠として使える形にできるかどうかが大きなポイントとなります。後の証拠として使える形にするには、口頭での意思表示だけでは足りません。

一番よいのは、後述するように「辞表」（退職届）を提出してもらうことです。辞表を提出してもらえば、その社員が会社を辞めた場合に、自己都合による退職であることを証明しやすくなります。

◎退職届を書いてもらう

問題社員が「こんな会社、辞めてやる！」などと発言をした場合に、売り

言葉に買い言葉で、会社側から解雇を言い渡すのは得策ではありません。

自分から辞めると言った社員が結果的に会社を辞めたとします。ところが後になって、元社員に「不当解雇された」などと主張されるケースも少なくありません。この場合、自分から辞めると言い出した社員に対して、会社側から解雇通知の文書などを出していたとすると、どうなるのでしょうか。

裁判官の目には、元社員が辞めると言ったことを裏付ける資料はなく、会社側が出した解雇通知書だけが証拠として映ることになるのです。

社員が会社を辞めるかどうか、という時には、後々自己都合による退職か、不当解雇かをめぐって裁判となるかもしれないことを頭に入れておきましょう。そして、裁判となっても対応できるように、社員が自分から辞めると申し出た場合には、口頭で終わらせずに「辞表」(退職届)を書いてもらうようにしましょう。

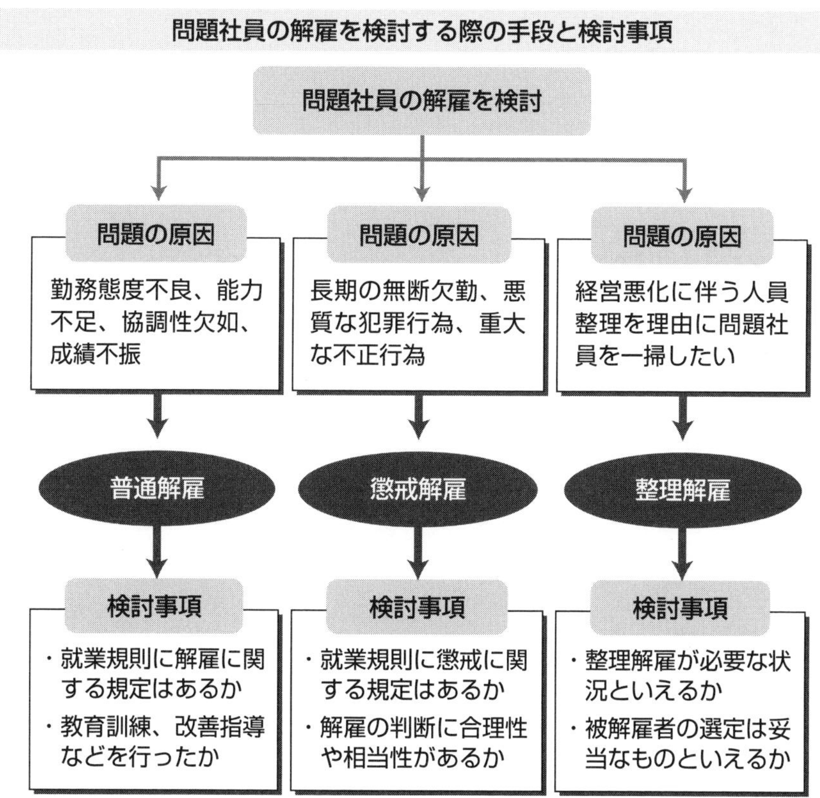

12 懲戒処分の種類と制約

使用者が自由に懲戒処分できるわけではない

会社の秩序を保つためのペナルティ

会社では多数の労働者を使用していますから、服務規律や職場の秩序など働く上での会社のルールをしっかり定めて、会社の目的に沿った会社活動を行うことが必要になります。労働者が会社のルールを破って職場の秩序を乱した場合、使用者は会社の秩序を維持するために、労働者にペナルティ（制裁）を科すことになります。これを懲戒処分といいます。

懲戒処分の内容について

労働者に懲戒処分を科すには、就業規則の中でどのようなことが処分の対象になるのかということと、懲戒処分の種類が具体的に定められていることが必要です。懲戒処分には、次のようなものがあります。

①　戒告・譴責

将来を戒め、始末書は提出させないのが戒告で、始末書を提出させるのが譴責（けん責）です。戒告と譴責は、懲戒処分の中ではもっとも軽い処分ですが、昇給、昇格、賞与などの一時金の査定上不利に扱われることがあります。

②　減給

懲戒としての減給は、会社の秩序を乱したことに対するペナルティ（制裁金）です。このペナルティの額が不当に高くならないように、労働基準法91条は減給額に制限を設けています。具体的には、制裁１回の金額が平均賃金の１日分の半額を超えるような減給は禁止されています。また、一賃金支払期（月１回の給与のときは１か月）における制裁の総額が、その一賃金支払期の賃金の総額の10分の１を超えるような減給も認められません。

また、会社に実際に損害が発生した場合、会社は減給とは別に受けた損害の賠償を労働者に請求することができます（民法415条）。たとえば火気厳禁の場所でたばこの火の不始末から会社の重要な機材を焼失させてしまった場合に、減給処分と一緒に機材の弁償を請求するような場合です。

③　停職（自宅謹慎、懲戒休職）

懲戒処分として一定期間出勤させないという処分です。停職の間は給料が支払われませんから、結果として減収になります。出勤停止は２週間以内程度とするのが一般的です。出勤停止による減収には、減給の場合の労働基準法91条の制限はありません。

④　諭旨解雇

本人の自発的退職という形で解雇することです。処分理由が懲戒解雇の場合よりも少しだけ軽い場合で、本人が会社に功績を残している場合などに行われます。また、諭旨解雇に応じなければ懲戒解雇にするというケースも多いようです。

⑤　**懲戒解雇**

もっとも重い懲戒処分です。会社の都合でする普通解雇や整理解雇と違い、本人の責めに帰すべき事由に基づいて解雇するものです。解雇予告や解雇予告手当の支払をせずに即時解雇ができますが、その場合は、懲戒解雇が正当であることについて労働基準監督署長の解雇予告除外認定が必要です（労働基準法20条３項）。他の解雇と比べて、本人に大きな不利益を与える処分であり、事実上再就職が困難になるという面もあるため、懲戒解雇を有効に行うには、他の解雇以上に厳しい条件が課せられています。本人に一切の弁明の機会も与えず、いきなり懲戒解雇にするのは相当といえません。

懲戒解雇事由としては、職場や会社の秩序を乱す行為や服務規定違反を繰り返している場合、窃盗や傷害、詐欺などの犯罪を行うなど会社の名誉を著しく汚し、信用を失墜させた場合、私生活上の非行などが考えられます。懲戒解雇された労働者は、退職金の全部または一部が支払われないのが通常です。

懲戒処分の有効性の判断

裁判所も、懲戒解雇の有効性をより厳しく判断する傾向にあるようです。裁判で懲戒解雇の有効性が争われた場合、規律違反による会社の損害や個人の勤務態度などの諸事情を考えて、懲戒解雇にするしかないという場合に限り、懲戒解雇を認めています。

一般的に、就業規則に懲戒解雇事由が列挙されているだけでは、懲戒解雇にするには不十分で、同様の行為で懲戒解雇にした先例があるかどうかなどの諸事情を考慮します。また、適正な手続きに基づいてなされたかどうかなどを検討します。

会社が行う処分の種類

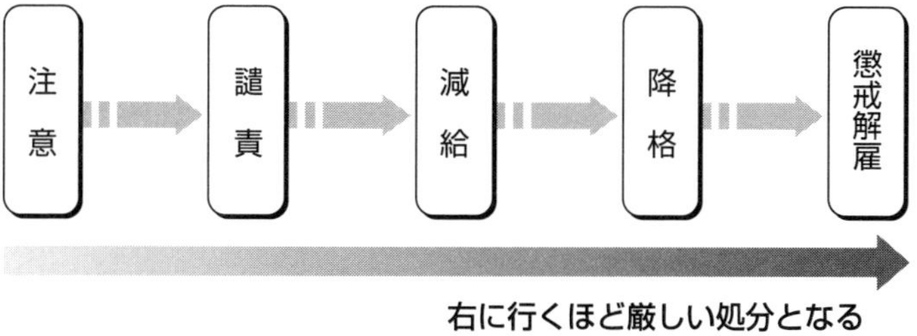

注意 → 譴責 → 減給 → 降格 → 懲戒解雇

右に行くほど厳しい処分となる

※この他に、謹慎処分（出勤停止）などの制裁がある

13 解雇や退職の手続き

理由を明記した証明書を交付する

解雇の通知は書面で行うようにする

口頭での解雇も法的には有効ですが、後の争いを避けるため、書面でも解雇を通知した方がよいでしょう。解雇の通知を伝える書面には、「解雇予告通知書」（解雇を予告する場合）という表題をつけ、解雇する相手、解雇予定日、会社名と代表者名を記載した上で、解雇の理由を記載します。即時解雇の場合には、表題を「解雇通知書」などとします。解雇（予告）通知書に詳細を記載しておくと、仮に解雇された元社員が解雇を不当なものであるとして訴訟を起こした場合でも、解雇理由を明確に説明しやすくなります。

解雇理由証明書とは

「解雇理由証明書」は会社から解雇した社員に対して交付する書面です。解雇した元社員から求められた場合、解雇通知書を渡していたとしても、交付しなければなりません。また、解雇予告を行った社員から交付を求められた場合は、解雇予告期間中であっても交付しなければなりません。

「解雇理由証明書」には、解雇した相手（解雇予告期間中に交付する場合には解雇予告をした相手）、解雇日時（解雇予定日）、解雇理由を明記します。「書面を交付する」ということは、解雇された（解雇予定の）社員に対して、会社がその社員の解雇理由を明示することを意味します。仮に書面に記載した解雇理由が不当な内容であった場合には、後に訴訟などを起こされた際に不利な状況になります。解雇に正当な理由があることを証明できるような裏付けとして具体的な事実や理由を記載しておくことが大切です。

退職証明書の記載内容の注意点

会社を退職した社員は、いつ、どのような経緯で退職するに至ったのかを証明する書類（退職証明書）が必要となった場合、会社に証明書の交付を請求することがあります。請求を受けた会社は、遅滞なく交付しなければなりません。ただし、記載事項は、退職者が記載を求めた事項に限られます。

特に退職事由が解雇の場合には注意が必要です。会社が解雇の理由を記載しようと思っても、その社員が解雇理由の記載を求めなかった場合には、解雇理由を記載することはできません。退職した社員から「退職証明書」の交付を請求された会社側は、請求されている記載事項が何かを確認することが必要となります。

第８章

職場の安全衛生をめぐるルール

安全衛生管理①

業種や労働者数に応じて設置すべき機関が異なる

なぜ管理体制の構築が必要なのか

事業者には安全で快適な労働環境を維持することが求められています。しかし、どんなに事業者が「安全第一」という理想を掲げ、環境整備を試みても、実際に業務を行う労働者にその意図が正確に伝わらず、ばらばらに動いていたのでは労働災害を防ぐことはできません。その目的を達成するためには、安全確保に必要なものが何であるかを把握し、労働者に対して具体的な指示を出し、これを監督する者の存在が不可欠となります。

このため、労働安全衛生法では安全で快適な労働環境を具体的に実現する上での土台として安全衛生管理体制を構築し、責任の所在や権限、役割を明確にするよう義務付けています。

事業場の規模と労働者数で分類される

労働安全衛生法では、事業場を一つの適用単位として、その事業場の業種や規模によって構築すべき安全衛生管理体制の内容を分類しています。設置すべき組織には、次のような種類があり、常時使用する労働者数によって選任が義務付けられています。

① **総括安全衛生管理者**

安全管理者、衛生管理者などを指揮するとともに、労働者の危険防止や労働者への安全衛生教育の実施といった安全衛生に関する業務を統括管理します。

② **安全管理者**

安全に関する技術的事項を管理します。

③ **衛生管理者**

衛生に関する技術的事項を管理します。

④ **安全衛生推進者**

安全管理者や衛生管理者の選任を要しない事業場で、総括安全衛生管理者が総括管理する業務を担当します。

⑤ **産業医**

労働者の健康管理等を行う医師のことです。

⑥ **作業主任者**

高圧室内作業などの政令が定める危険・有害作業に労働者を従事させる場合に選任され、労働者の指揮などを行います。

業種の区分

一般の安全衛生管理体制においては、業種を次のように区分しています（次ページ図）。

ⓐ 林業、鉱業、建設業、運送業、清掃業

ⓑ 製造業（物の加工業を含む）、電気業、ガス業、熱供給業、水道業、

通信業、各種商品卸売業、家具・建具・什器等卸売業、各種商品小売業、家具・建具・什器小売業、燃料小売業、旅館業、ゴルフ場業、自動車整備業、機械修理業

ⓒ　その他の業種

たとえば、総括安全衛生管理者は、労働者数が常時100人以上のⓐの事業場、常時300人以上のⓑの事業場、常時1000人以上のⓒの事業場で選任します。安全管理者は、労働者数が常時50人以上のⓐとⓑの事業場で選任します。衛生管理者や産業医は、労働者数が常時50人以上のすべての業種の事業場で選任します。なお、これらは選任すべき事由が発生した日から14日以内に選任し、遅滞なく労働基準監督署へ報告を行わなければなりません。

労働安全衛生法で配置が義務付けられている組織

業　種	規模・選任すべき者等
製造業（物の加工を含む）、電気業、ガス業、熱供給業、水道業、通信業、自動車整備及び機械修理業、各種商品卸売業、家具・建具・じゅう器等小売業、燃料小売業、旅館業、ゴルフ場業	**①常時10人以上50人未満** 安全衛生推進者 **②常時50人以上300人未満** 安全管理者、衛生管理者、産業医 **③常時300人以上** 総括安全衛生管理者、安全管理者、衛生管理者、産業医
林業、鉱業、建設業、運送業及び清掃業	**①常時10人以上50人未満** 安全衛生推進者 **②常時50人以上100人未満** 安全管理者、衛生管理者、産業医 **③常時100人以上** 総括安全衛生管理者、安全管理者、衛生管理者、産業医
上記以外の業種	**①常時10人以上50人未満** 衛生推進者 **②常時50人以上1000人未満** 衛生管理者、産業医 **③常時1000人以上** 総括安全衛生管理者、衛生管理者、産業医
建設業及び造船業であって下請が混在して作業が行われる場合	**①現場の全労働者数が常時50人以上の場合（ずい道工事、圧気工事、橋梁工事については常時30人以上）** 統括安全衛生責任者、元方安全衛生管理者（建設業のみ） **②統括安全衛生責任者を選任すべき事業者以外の請負人** 安全衛生責任者

2 安全衛生管理②

関係法令等に目を通し、社員の安全を管理する体制を整える必要がある

◎請負の関係で労働させる場合

たとえば建設工事では、施主から工事を請け負った元請企業が、仕事の一部を下請に出し、さらに、そこから孫請けに出すという「重層構造」の請負形態が混在することが多く、責任の所在が不明瞭になりがちです。

そこで、労働安全衛生法では、建設業等の事業者に対し、前述した一般の安全衛生管理体制（198ページ）に加えて、特別の安全衛生管理体制を構築することを求めています。

・統括安全衛生責任者

元請負人と下請負人の連携をとりながら、労働者の安全衛生を確保するための責任者のことです。請負にかかる建設業や造船業で、労働者数が常時50人以上（ずい道などの建設、橋梁の建設、圧気工法による作業では常時30人以上）の場合、統括安全衛生責任者を選任することが義務付けられています。

・元方安全衛生管理者

統括安全衛生責任者の下で技術的な事項を管理する実質的な担当者を元方安全衛生管理者といいます。建設業でのみ選任します。

・店社安全衛生管理者

小規模な一定の建設現場において、労働者の安全を確保するために、元請負人と下請負人の連携をとりながら事業場の安全衛生の管理をする人を店社安全衛生管理者といいます。

・安全衛生責任者

大規模な建設業の現場等で労働災害の防止のために、下請負人である事業主が選任する職場の安全衛生を担う者のことです。

◎現場監督の責任

労働安全衛生法は、労働者の安全と健康を守るために、事業者に対してさまざまな規定を設けています。現場監督はこれらの事業主に課せられている義務について、実際に仕事が行われる作業場に有効に反映させる責務を担っています。

労働安全衛生法が、事業主に対して求めている労働者の健康障害防止のための具体的な措置には、①機械設備・爆発物等による危険防止措置（20条）、②掘削等・墜落等による危険防止措置（21条）、③健康障害防止措置（22条）、④作業環境の保全措置（23条）などがあります。

また、労働安全衛生法26条においては、事業者が講じた措置に対する労働者側の遵守義務が定められています。

産業医

事業者と契約して労働者の健康管理等を行う医師

産業医の選任と業務

産業医は、医師として労働者の健康管理を行います。産業医には、月に1度以上作業場を巡回することが義務付けられています。常時50人以上の労働者を使用するすべての業種の事業場の事業者には、産業医の選任が義務付けられています。

産業医は、労働者の健康管理等を行うのに必要な医学に関する知識や、労働衛生に関する知識を備えていることが必要です。

産業医の業務は、健康診断の実施、健康障害の調査、再発防止のための対策の樹立などです。産業医は事業場に常駐している必要はありませんが、原則として毎月1回以上の職場巡視などの職務を行います。その際、作業方法または衛生状態に有害のおそれがあると判断すれば、直ちに、労働者の健康障害を防止するために必要な措置を講じなければなりません。

また、産業医は、労働者の健康を確保するため必要があると認めるときは、事業者に対し、労働者の健康管理等について必要な勧告をすることができます。勧告を受けた事業者は、その内容を尊重しなければなりません。

「産業医・産業保健機能」と「長時間労働者に対する面接指導」

労働安全衛生法では、「産業医・産業保健機能」と「長時間労働者に対する面接指導」が規定されています。

安全衛生体制として、産業医を選任していても、何をやってもらっていいかわからない、衛生委員会が形骸化してしまっている、という事業場も多くなっています。

そこで、産業医を選任した事業者は、産業医に対して次のような情報を提供しなければなりません。あわせて、面接指導の申し出を促すことが望まれています。

- 健康診断等に基づく面接指導実施後に講じた措置または講じようとする措置の内容
- 時間外、休日労働時間が1月当たり80時間を超えた労働者の氏名、超えた時間
- 産業医が労働者の健康管理等を適切に行うために必要と認めるもの

また、産業医が事業者に労働者の健康管理を有効に機能させるために勧告をした場合には、衛生委員会に報告し、委員会は必要な調査審議を実施しなければなりません。

メンタルヘルス悪化の要因と管理監督者の注意点

部下を受容する姿勢で接する

メンタルヘルス悪化の要因は何か

近年職場でメンタルヘルス（精神面の健康）が悪化している要因としては、次のようなものが考えられます。

① 仕事量が多く、拘束時間が長い

正社員採用の抑制の結果、労働者の人数が減少すると、残った社員が担う業務の量や責任が増大し、肉体的・精神的に過度の負担がかかります。

② 雇用形態の複雑化

人員削減の一方、不足する労働力を補う目的で拡大した雇用形態の多様化は、メンタルヘルスの面でも問題視されています。

たとえば非正規雇用の労働者は、給料の低い単純な仕事しか与えられず、常にいつ解雇されるかわからない不安があるなど、精神的なストレスを抱えることも多くなります。

③ 人間関係の希薄化

雇用形態の複雑化は、人間関係の希薄化という問題も生み出します。雇用形態が違うと仲間意識が生まれにくく、従業員同士でコミュニケーションをとる機会も減ります。

また、パソコンやモバイルといった各種IT機器の導入は業務の効率という点では効果的ですが、一方で直接顔を合わせることなくメールで事務的な連絡を取り合うだけになるなど、部下が悩みを抱えていても上司は気づくこともできませんし、部下の方も相談を持ちかけることができません。

仕事の場においてメンタルヘルス疾患の原因となる事象としては、「過重労働になっている」「仕事を任せてもらえない」「過度な期待をかけられる」「パワハラ・セクハラを受けている」「職場の人間関係が悪い」などが挙げられます。徐々にストレスが蓄積していき、だんだんと業務に支障をきたすことも増えていきます。

本人の変化に気づくことが大切

労働者がメンタルヘルスを損なうようになると、業務上でもさまざまな変化が見られるようになります。

メンタルヘルス疾患の兆候かもしれないということを念頭に置いて部下を見ることが必要になります。特に次のような変化に気をつけましょう。

① 遅刻・早退・欠勤が増える

メンタルヘルスに変調をきたすと、不眠が続いて朝起きられなくなったり、強い倦怠感を感じることが多くなります。このような労働者は、遅刻・早退・欠勤が増える傾向にあります。

② 感情の起伏が激しい

感情のコントロールができなくなるのも、メンタルヘルス疾患の特徴のひとつです。

③　業務上のミスが増える

メンタルヘルスの変調により集中力が低下し、必要な判断ができなくなることがあります。それにより「書類の記載ミスをしたり、電話やメールなどの連絡がきちんとできない」「打ち合わせ時間を間違える」「会議中に居眠りをしたりぼうっとして話を聞いていない」「業務をスケジュール通りに進行できない」など、業務に支障が出るようなミスを犯すことが多くなります。

どのように接したらよいのか

勤務態度の悪化や業務上のミスに対して、強く非難したり、制裁を与えるなどの方法で接してしまいがちですが、メンタルヘルスの問題を抱えている人の場合、それがかえってストレスになり、状態が悪化してしまうこともあります。

そこで必要なことは、まずメンタルヘルスに変調をきたしている相手（労働者）の話を聞くということです。

「何だ、そんなことか」と思われるかもしれませんが、ただ「大丈夫か」と声をかけたり、「何か悩みがあるなら話せ」と促すだけでは、相手は本音を話してくれません。途中で話をさえぎって説教を始めたり、自分の昔の武勇伝を話し出すようでは、相手に不満が残るだけです。また、聞きはするものの一緒に「それはつらかっただろう」「困ったな」などと言うだけで何の対応策も示さないのも効果がありません。

たとえば「相手の立場になって話をすることで本音を聞き出す」「客観的に問題点を把握する」など、どのような形でサポートできるかを具体的に考え、必要な対応策を示すといった技術を身につけることが、メンタルヘルスが悪化した労働者への対応として必要になります。

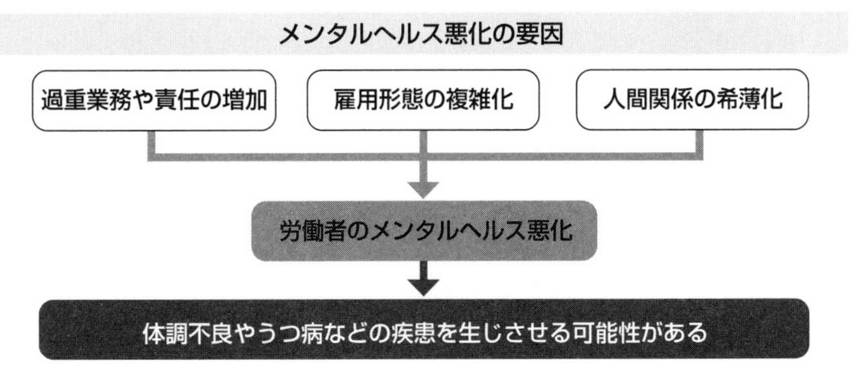

ストレスチェック

定期健康診断のメンタル版といえる制度

どんな制度なのか

近年、仕事や職場に対する強い不安・悩み・ストレスを感じている労働者の割合が高くなりつつあることが問題視されています。

こうした状況を受けて、「職場におけるストレスチェック（労働者の業務上の心理的負担の程度を把握するための検査）」が義務化されています。ストレスチェックの目的は、労働者自身が、自分にどの程度のストレスが蓄積しているのかを知ることにあります。自分自身が認識していないうちにストレスはたまり、状態が悪化してしまうとうつ病などの深刻なメンタルヘルス疾患に繋がってしまいます。そこで、ストレスが高い状態の労働者に対して、場合によっては医師の面接・助言を受けるきっかけを作るなどにより、メンタルヘルス疾患を未前に防止することがストレスチェックの最大の目的です。

会社が労働者のストレス要因を知り職場環境を改善することも重要な目的です。職場環境の改善とは、仕事量に合わせた作業スペースの確保、労働者の生活に合わせた勤務形態への改善などが考えられます。また、仕事の役割や責任が明確になっているか、職場での意思決定への参加機会があるかの他、作業のローテーションなども職場環境の改善に含まれます。このような環境改善によって、労働者のストレスを軽減し、メンタルヘルス不調を未然に防止することが大切です。

ストレスチェックは平成27年12月から施行されている制度で、定期健康診断のメンタル版です。会社側が労働者のストレス状況を把握することと、労働者側が自身のストレス状況を見直すことができる効果があります。

具体的には、労働者にかかるストレスの状態を把握するため、アンケート形式の調査票に対する回答を求めます。調査票の内容は、仕事状況や職場の雰囲気、自身の状態や同僚・上司とのコミュニケーション具合など、さまざまな観点の質問が設けられています。ストレスチェックで使用する具体的な質問内容は、会社が自由に決定することができますが、厚生労働省のホームページから「標準的な調査票」を取得することも可能です。職場におけるストレスの状況は、職場環境に加え個人的な事情や健康など、さまざまな要因によって常に変化します。そのため、ストレスチェックは年に１回以上の定期的な実施が求められています。

どんな会社でもストレスチェックが行われるのか

ストレスチェックの対象になるのは、労働者が常時50人以上いる事業場です。この要件に該当する場合は、年に１回以上のストレスチェックの実施が求められています。ストレスチェックを義務付けられた事業所のうち、ストレスチェックの受検率は78.1％となっています（令和２年３月現在）。対象となる労働者は、常時雇用される労働者で、一般健康診断の対象者と同じです。無期雇用の正社員に加え、１年以上の有期雇用者のうち労働時間が正社員の４分の３以上である者（パートタイム労働者やアルバイトなど）も対象です。派遣労働者の場合は、所属する派遣元で実施されるストレスェックの対象になります。

なお、健康診断とは異なり、ストレスチェックを受けることは労働者の義務ではありません。つまり、労働者はストレスチェックを強制されず、拒否する権利が認められています。しかし、ストレスチェックはメンタルヘルスの不調者を防ぐための防止措置であるため、会社は拒否をする労働者に対して、ストレスチェックによる効果や重要性について説明した上で、受診を勧めることが可能です。

ただし、あくまでも「勧めることができる」だけであり、ストレスチェックを強制することは許されません。また、ストレスチェックを拒否した労働者に対して、会社側は減給や賞与のカット、懲戒処分などの不利益な取扱いを行ってはいけません。反対に、ストレスチェックによる問題発覚を恐れ、

ストレスチェックの対象労働者

事業所規模	雇用形態	実施義務
常時50人以上	正社員	義務
	非正規雇用者（労働時間が正社員の 3/4 以上）	義務
	上記以外の非正規雇用者、１年未満の短期雇用者	義務なし
	派遣労働者	派遣元事業者の規模が50人以上なら義務
常時50人未満	正社員	努力義務
	非正規雇用者（労働時間が正社員の 3/4 以上）	努力義務
	上記以外の非正規雇用者、１年未満の短期雇用者	義務なし
	派遣労働者	派遣元事業者の規模が50人未満なら努力義務

労働者に対してストレスチェックを受けないよう強制することもできません。

ストレスチェック実施時の主な流れ

ストレスチェックは、労働者のストレス状況の把握を目的とするメンタル版の定期健康診断です。ストレスチェック義務化に伴い、会社としては、これまで以上に体系的な労働者のストレス状況への対応が求められることになります。ストレスチェックについては、厚生労働省により、前述の調査票をはじめとしたさまざまな指針などが定められています。特に、労働者が安心してチェックを受けて、ストレス状態を適切に改善していくためには、ストレスという極めて個人的な情報について、適切に保護することが何よりも重要です。そのため、会社がストレスチェックに関する労働者の秘密を不正に入手することは許されず、ストレスチェック実施者等には法律により守秘義務が課され、違反した場合には刑罰が科されます。

その具体的な内容については、次のようなものです。

① 会社は医師、保健師その他の厚生労働省令で定める者（以下「医師」という）による心理的負担の程度を把握するための検査（ストレスチェック）を行わなければならない。

② 会社はストレスチェックを受けた労働者に対して、医師からのストレスチェックの結果を通知する。なお、医師は、労働者の同意なしでストレスチェックの結果を会社に提供してはならない。

③ 会社はストレスチェックを受けて医師の面接指導を希望する労働者に対して、面接指導を行わなければならない。この場合、会社は当該申し出を理由に労働者に不利益な取扱いをしてはならない。

④ 会社は面接指導の結果を記録しておかなければならない。

⑤ 会社は面接指導の結果に基づき、労働者の健康を保持するために必要な措置について、医師の意見を聴かなければならない。

⑥ 会社は医師の意見を勘案（考慮）し、必要があると認める場合は、就業場所の変更・作業の転換・労働時間の短縮・深夜業の回数の減少などの措置を講ずる他、医師の意見の衛生委員会等への報告その他の適切な措置を講じなければならない。

⑦ ストレスチェック、面接指導の従事者は、その実施に関して知った労働者の秘密を漏らしてはならない。

届出や報告などは不要なのか

常時50人以上の労働者を使用する事業場において、ストレスチェックを1年に1回実施する必要があります。実施時期については指定されていないため、会社の都合で決定することができます。繁忙期や異動が多い時期は避ける傾向にあるようですが、一般的には、定期健康診断と同時に行われているようです。また、頻度についても年に1回と定められているだけで、複数回実施することも可能です。

ストレスチェックを実施した後は「心理的な負担の程度を把握するための検査結果等報告書」を労働基準監督署長へ提出しなければなりません。検査結果等報告書には、検査の実施者は面接指導の実施医師、検査や面接指導を受けた労働者の数などを記載します。ただし、ここで記載する面接指導を受けた労働者の人数には、ストレスチェック以外で行われた医師の面談の人数は含みません。

また、提出は事業場ごとに行う必要があるため、事業場が複数ある会社が、本社でまとめて提出するという形をとることは不可能です。

なお、雇用労働者が常時50人未満の会社の場合は、そもそもストレスチェックの実施が義務付けられていないため、報告書の提出義務はありません。

実施しなくても罰則はないのか

ストレスチェックを実施しなかった場合の罰則規定は特に設けられていません。ただし、労働基準監督署長へ検査結果等報告書を提出しなかった場合は、罰則規定の対象になります。ストレスチェックを実施しなかった場合においても、労働基準監督署長へ報告書を提出しなければなりません。

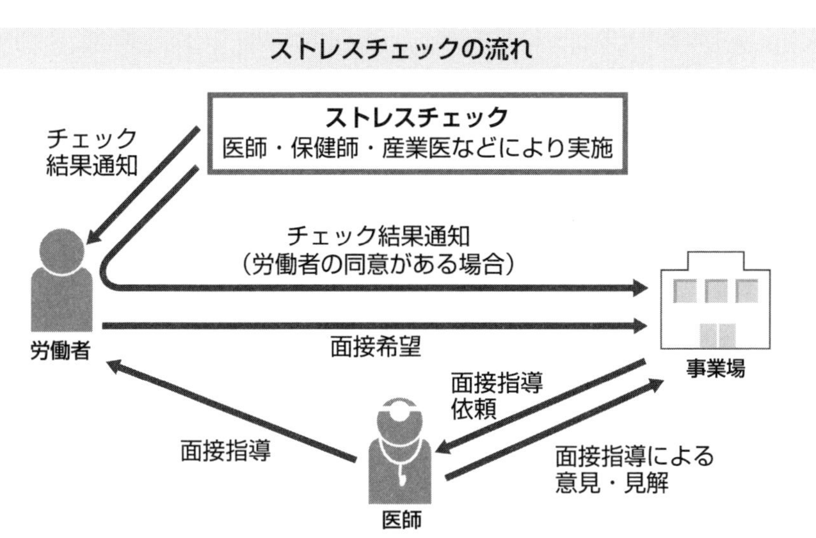

休職制度と休職命令

体調不良の社員に休職命令ができるようにしておく

休職とは

一般に休職とは、労働者側の事由により、働くことができなくなった場合に、使用者が一定期間の労働義務を免除する制度です。

労働基準法に根拠があるわけではなく、各々の企業において労働協約や就業規則で定めるのが通常であり、認めているケースはさまざまです。業務外の負傷・疾病で長期間休業する場合は、私傷病休職という形をとるのが一般的です。その他、代表的な休職制度には図（次ページ）のような種類があります。

どんな場合に休職命令を出すのか

ほとんどの場合、労働者本人からの請求により休職させることになります。しかし、客観的に就業できない状況にもかかわらず、本人に休職する意思がないときは、会社が命令で休職させることがあります。ただし、休職命令は不利益処分になりますので、十分な注意が必要です。

会社が休職命令を出すのは、労働者の体調が悪いにもかかわらず、責任感や焦燥感から会社を休むことができず、出勤してしまう場合です。身体的な傷病ではこのようなことはあまりなく、「うつ病」などメンタルヘルス不全による場合が多いようです。

会社が休職命令を出して休職させるためには、まず就業規則に規定する必要があります。伝染性の病気（インフルエンザなど）であれば、労働安全衛生法68条などを根拠に休ませることができます。しかし、それ以外の場合、就業規則に休職に関する定めがないと会社に安全配慮義務や健康管理義務があるとはいえ、本人の意思に反して休ませることは難しくなります。

休職の必要の有無については、本人が医師の診察を受けていたとしても、都合の悪い情報（この場合では「休養が必要」など）は会社に提出されない可能性があるため、会社が契約する産業医の面談を受けてもらい、産業医の意見を基にして休職の命令を出すようにしましょう。

なお、産業医の面談を受けてもらうことも命令しなければならない場合もありますので、その旨も就業規則に明記する必要があります。

休職期間中の賃金の支払いについては、会社が決めることができますが、社会保険の手当などを利用することもできます。

◎休職命令を出すときの注意点

休職命令を出す際には、まずは労働者の側に休職事由があることを確認することが必要です。休職期間の賃金を支払わないという形で休職制度を整備していた場合、休職期間中は労働者は賃金を受け取ることはできません。そのため、休職命令を出すかどうかは慎重に判断することが必要です。具体的には、病気やケガを原因として休職命令を出す場合には、労働者に医師の診断書を提出してもらいます。医師の診断書を見て、労働者が勤務可能かどうかを判断し、勤務が不可能な場合に労働者に対して休職命令を出します。

なお、当然のことですが、休職制度そのものは合理的なものである必要があります。労働者が勤務できる状態であるにもかかわらず、合理的な理由もなく休職させることができるような制度を置くことはできません。

◎休職命令の取消はできるのか

休職命令が発令されても、その後の状況によって休職命令を取り消すことは可能です。休職制度は任意的制度であるため、設けても設けなくてもかまいません。休職命令取消の定めがあればそれに従うことになりますし、なければ休職の種類、事情の変化などを総合的に評価して適切な判断をすることになります。

ただ、休職の内容によっては、一定の事情が生じた場合には、会社は、発令した休職命令を取り消し、労働者を復職させなければなりません。たとえば、私傷病休職の場合、病気やケガが治った場合、当然に復職させる必要があります。出向による休職が終了した場合など、使用者が必要と認めた場合の休職については、使用者の都合によるわけですから、休職命令は取り消され、復職させることになります。

休業の種類

私傷病休職	業務外の負傷・疾病で長期間休業する場合
事故休職	私的な事故による場合
起訴休職	刑事事件で起訴された社員を一定期間休職させる場合
懲戒休職	従業員が不正行為を働いた場合
出向休職	他社への出向に伴い、自社を休職する場合
専従休職	労働組合の役員に専念する場合
自己都合休職	海外留学や議員など公職への就任に伴う場合
ボランティア休職	ボランティア活動で休職する場合

休職①

休職者には負担をかけずに連絡し合うこと

◎休職期間を満了するとどうなる

休職は労働基準法には特別な定めはなく、一般的に就業規則で定められます。休職事由やその期間も会社が任意に定めることができます。ほとんどの場合、休職事由に応じた休職期間が設定されますので、休職期間満了と同時に復職することになります。

しかし、休職事由が私傷病（労災とならない病気や負傷）の場合は、その治療期間が病状によりまちまちで、治癒しないまま休職期間が満了することもあります。休職期間の満了時に休職事由が消滅していない場合の取扱いについては、就業規則で定めることになりますが、一般的な運用では自然退職または解雇ということになります。

特に気をつけなければならないのは、解雇として扱うときです。労働基準法では、労働者を解雇しようとする際は、原則として、30日以上前に解雇予告をするか、30日分以上の解雇予告手当を支払わなければならないからです（178ページ）。休職期間が満了しても復帰できないときは、通常の解雇の手続きによることになるため、解雇予告または解雇予告手当が必要です。

一方、自然退職の場合は、就業規則にきちんと規定しておけば、トラブルは避けられるでしょう。たとえば「休職期間満了時までに復職できないときは自然退職とする」といった規定を置きます。つまり、定年退職の場合と同じように、期日の到来により労働契約が終了します。

もっとも、復職が困難であるか否かは慎重に判断する必要がありますので、基本的には医師の診断書や産業医などの意見を聴いた上で、判断が行われることになります。ただし、復職が困難かどうかの判断は、最終的には医師等ではなく会社が行うものである、ということを認識しておく必要があります。

なお、休職の延長が認められることはあるのでしょうか。前述のように、自然退職の場合などにおいては、就業規則等で、休職期間が満了することによって自然退職の扱いになるため、休職期間の延長は想定されていないといえます。したがって、労働者が休職期間の延長を申し出た場合に、会社はこれに応じる義務はありません。

ただし、会社が任意に、休職期間の延長に応じること自体は禁止されていません。特に、少々の期間にわたり、休職期間を延長することによって、労働者の回復が見込まれるような場合には、会社にとって休職期間の延長を認めるメリットがある場合も考えられます。もっとも、症状が改善しているにもかかわらず、労働者が休職期間を延長しようという意図を持って、休職期間の延長を申し出ているような場合には、会社は毅然として断ることができます。

休職は、労働者の健康管理から発生した制度であるため、会社にとって、また、労働者にとってどのようなしくみが最適なのかを検討することが重要だといえるでしょう。

◎休職中に有給休暇を取得できるか

労働者の中には、「休職期間中に給料を支払ってもらえないのであれば、この期間に年休を取得して、給料をもらいながら休職しよう」と考える者もいるかもしれません。この点は、行政通達で「年次有給休暇は労働義務のある日に取得する休暇であり、労働義務のない休職期間中に取得できるものではない」とされていることもあり、休職期間中の有給休暇取得申請を認める必要はないといえそうです。

◎定期的に連絡をする

休職中は、出勤しないで療養に専念することになるので、休職者との連絡をしなくなってしまうこともあり得ます。しかし、病気静養中だからといって休職者との接触を敬遠するのではなく、十分な情報提供をして、精神的な孤独や復職できるかなどの不安を解消することや相談できる場を設けることが重要です。もっとも、休職者の報告義務とすると、休職者の負担が大きいので、報告の方法に注意が必要です。

休職者との連絡においては、電話よりもメールの活用がよいでしょう。電話だとタイミングによっては休職者にとって苦痛になることもありますが、メールであれば体調のよい時に対応できるので、負担が軽くてすみます。しかも文字として記録が残るという利点もあります。また、連絡の窓口は一本化することも大切です。複数の人との接触は休職者にとってストレスとなることもあります。日頃の仕事の直接の上司、部下、同僚ではない、労務担当者がよいでしょう。

休職中の賃金

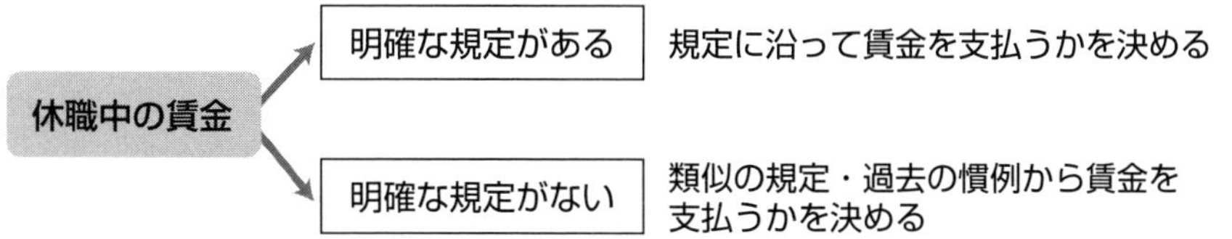

	条件	対応
休職中の賃金	明確な規定がある	規定に沿って賃金を支払うかを決める
	明確な規定がない	類似の規定・過去の慣例から賃金を支払うかを決める

8 休職②

傷病手当金や有給など給与等に関する理解も必要になる

原則無給だが例外もある

休職中の賃金の支払いについては、休職中は労務の提供はなく、休職事由も使用者に責任があるわけではないため、有給とするか無給とするか、休職期間を勤続年数に算入するかどうか、といった点については個々の休職のケースや企業ごとに定めることができます。一般的には「ノーワーク・ノーペイの原則」（121ページ）によって休職期間中の賃金を無給とするケースが多いようです。

なお、私傷病休職の場合、本人には休業４日目より健康保険から、原則として１日あたり賃金額（標準報酬日額）×３分の２に相当する傷病手当金が支払われます。傷病手当金の支給期間は、最長１年６か月です（次ページ図）。健康保険法の改正により令和４年１月１日から、傷病手当金の支給期間の通算化が行われます。これによって出勤に伴い傷病手当金が不支給となる期間、その分を１年６か月より延長して支給を受けることが可能となります。

ただし、会社が賃金を支給する場合、調整が行われます。私傷病休職中に、会社が本人の標準報酬日額の３分の２に相当する金額以上の賃金を支給した場合は、傷病手当金は不支給になります。会社が支払った賃金が標準報酬日額の３分の２に満たない場合には、標準報酬日額の３分の２に相当する金額と賃金との差額が支給されることになります。たとえば、会社側が休職中の労働者に、１日あたり標準報酬日額の半分に相当する賃金を支給していた場合、３分の２との差額である標準報酬日額の６分の１（３分の２から２分の１を差し引いた分）に相当する金額が傷病手当金として支給されます。

結局、会社から支給される１日あたりの賃金が標準報酬日額の３分の２に相当する金額未満であれば、労働者の受け取る総額はほとんど変わらないということになるでしょう。

なお、休職中の給与をめぐり注意すべき点があります。休職期間中の給与が無給でも、病院等の医療機関を用いる場合がほとんどであり、会社の従業員として在籍しているため、社会保険料の納付義務が生じるということです。

無給の労働者自身が支払うのが困難であれば、労働者負担分を会社が立て替える必要があるかもしれません。

病状の確認と復職の判断

うつ病からの復職には時間がかかります。このタイミングを誤り、早く復職させてしまうと再発のリスクが高まります。順を追って職場復帰を考えるようにしましょう。まず、「朝決まった時間に起きられる」「三度の食事がきちんととれるようになった」など、日常生活が送れるようになったかどうかについて確認します。その後、外出できるか集中力が回復しているかを確認します。

次に主治医との連絡が取れるようにします。これは休職者本人および主治医の許可が必要なので、協力が得られるようお願いします。休職中の情報収集は、職場復帰には不可欠なものとなります。

うつ病を発症した場合、その完治には時間がかかります。一方で会社の規定する私傷病での休職期間は、うつ病を想定していないケースが多く、比較的短い期間が設定されています。そのため、休職期間満了後も復職できないこともあります。

責任感の強い休職者ほど完治していなくても復職しようとします。しかし無理して復職すると再発してしまいますので、主治医の意見を基に休職者、労務担当者、産業医でしっかりと話し合い、通常の勤務ができる状態であるかを確認することが必要です。

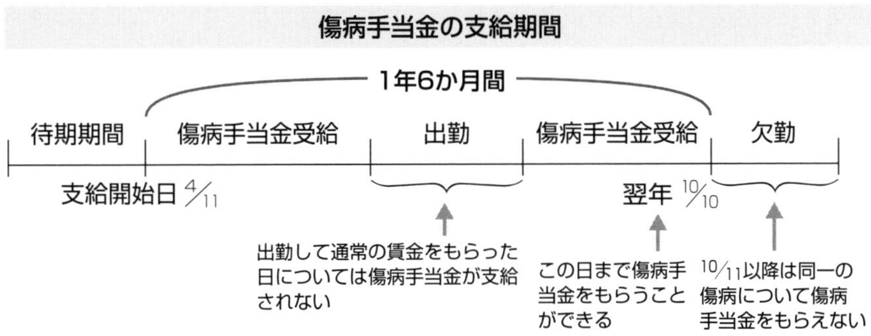

※令和３年の法改正により、出勤して通常の賃金をもらった期間について支給期間が延長される（令和４年１月施行）

傷病手当金の支給金額

標準報酬日額の３分の２　標準報酬日額

報酬

報酬　傷病手当金

報酬　傷病手当金

傷病手当金は支給されない

復職①

徐々に休職前の仕事ができるような体制を作る

休職から復職までの流れをおさえる

休職中の労働者をどのような流れで職場に復帰させるかが問題となります。特にメンタルヘルス疾患で休職した労働者の復職については、厚生労働省が発表している「心の健康問題により休業した労働者の職場復帰支援の手引き」が参考になります。この手引きでは、休職から復職に至るまでの流れを５つのステップに分けて説明しています（次ページ図）。

疾患が原因で休職している労働者を復職させるかどうかは、原則として医者の診断書を見て決定します。専門家である医者の意見を尊重して、労働者の復帰時期を決定することは妥当な方法です。しかし、労働者を診断している医者は、会社の状況などを十分に把握しているわけではありません。労働者がどのような仕事をしているか、労働者の負担になる仕事が行われるのか、といったことは、会社関係者がよく理解しているでしょう。

そのため、労働者の職場復帰を決定する際には、専門家である医者の意見を採り入れつつも、会社としての意見を医者に伝えることで、復帰時期を決定することが大切です。

リハビリ勤務はどのように行う

メンタルヘルス疾患にかかった労働者を復職させるために、段階的に労働者にかかる仕事上での負担を増やしていくことをリハビリ勤務といいます。

メンタルヘルス疾患にかかった労働者が復職する際に、最初から以前と同じ仕事をこなすよう要求することは、ある程度の期間仕事から離れていた労働者にとっては大きな負担となってしまいます。そのため、復職した直後は負担の軽い仕事を行ってもらい、徐々に仕事の量を増やして、段階的に元の状態に戻していくことが必要です。

具体的には、勤務時間を短縮した状態で復職してもらったり、仕事量を減らすことになります。勤務時間が長くなると、労働者にとっては負担になります。そのため、復職した最初の１週間は半日勤務とするなど、勤務時間の面で労働者に過度な負担がかからないように配慮します。また、勤務時間を減らしたとしても、仕事量が多ければ労働者にとっては負担になります。復職当初の仕事量は、通常の半分程度にするなどの配慮をすることが必要です。

仕事の量だけではなく、仕事の内容の面でも復職した労働者への配慮が必要です。たとえば、裁量権の広い仕事は労働者が自由に決定できる事項が多いのですが、その分だけ労働者の責任が重くなります。重い責任がかかることは労働者にとって負担になりますので、復職当初の労働者には裁量権の狭い仕事を与える配慮が必要です。

また、リハビリ出勤については、仕事の量が減り、仕事内容が簡素化していたとしても、労働の提供であることには変わりがありません。したがって、会社は、リハビリ出勤についても、賃金を支払う必要があります。リハビリ出勤に対しては、書面で労働者本人が同意していたとしても、会社があらかじめ賃金を支払わない、という取り決めは無効です。

なお、これらのことは、労働者の意向や医者の意見も採り入れながら決定します。たとえば、労働者に意欲がある場合は、復職当初から積極的に仕事を与えていくこともあり得ますが、ドクターストップがかかった際は、労働者に意欲があっても負担の大きい仕事を回さないように配慮します。

◯会社としてどのように対応するか

復帰する労働者に対しては、復職後の会社としての対応方針を示しておくことが必要です。職場から離れていた期間が短い場合には、労働者もすぐに職場に復帰できる可能性が高いので、会社としての方針を特別に決めておく必要性は低いといえます。しかし、長期間職場から離れていた労働者の場合、職場復帰のために段階的なステップを踏むことになるので、方針を決めておく必要があります。

特に会社側が、基本方針をきちんと定めておくべき事項として、労働者が当初の復職計画通りに出勤できていないときに、会社としてどう対応するか、といったことが挙げられます。

復帰支援の流れと各段階で行われること

① 病気休業開始および休業中のケア
└→労働者からの診断書の提出や管理監督者によるケアなど

② 主治医による職場復帰可能の判断
└→産業医などによる精査や主治医への情報提供など

③ 職場復帰の可否の判断および職場復帰支援プランの作成
└→情報の収集、職場復帰の可否についての判断、職場復帰支援プランの作成

④ 最終的な職場復帰の決定
└→休職していた労働者の状態の最終確認など

⑤ 職場復帰後のフォローアップ
└→職場復帰支援プランの実施状況の確認や治療状況の確認など

10 復職②

復職のためには家族も含めたサポート体制も重要

復職する際の方針を決めておく

メンタルヘルス疾患にかかった労働者は、会社に出勤することも難しい状態から復職してくるので、当初の復職計画通りに出勤できない可能性があります。そのような事態に備えるために、復職後に欠勤した場合にどうするか、労働者と会社との間で取り決めておくことが必要です。具体的には、どのような場合には有給休暇の扱いとするか、医師の診断書の提出を必要とするのはどのような場合か、といったことを詳しく決めておきます。

また、復職後の労働者に与える仕事の内容についても、あらかじめ会社で方針を定めておきましょう。たとえば、復職後の労働者に対する仕事の進捗状況の管理は誰が行うかといったことや、仕事が過度な負担となっていないかについての労働者と話し合う機会をどのくらいのペースで設けるかといったことを決めておくようにします。

家族や労務担当のサポートも大切

メンタルヘルス疾患にかかった労働者が職場に復帰する際には、人事労務担当者や労働者の家族のサポートも必要です。

人事労務担当者は、会社全体として復職した労働者をどのようにサポートするかを決定します。たとえば、復職した労働者が、当初の所属していた部署で働くことは難しいと判明した場合には、その労働者を他の部署に配置転換します。そして、労働者が仕事に慣れて当初の部署に戻っても問題ないようであれば、労働者を元の部署に戻します。会社内に医療スタッフがいる場合には、医療スタッフと労働者がよく話し合いをすることが必要です。

労働者の家族には、職場外で労働者をサポートしてもらいます。メンタルヘルス疾患は、職場内での出来事だけでなく、家庭内でのことも原因となって発症している可能性があります。そのため、家庭で労働者がストレスを感じることがないように家族に配慮してもらうことが必要です。たとえば、特に女性の労働者の場合は、家事や育児が大きな負担となっている可能性もあります。このような場合に、家族には家事や育児の負担が大きくならないように配慮してもらうことが重要です。また、私生活の乱れが原因で健康に悪影響が生じている可能性もあるため、家族には、労働者が規則正しい生活を送るようなサポートをしてもらうことも大切です。

セクハラとは

セクハラには対価型と環境型がある

どのような分類がなされているのか

職場におけるセクハラ（セクシュアル・ハラスメント）とは、職場における性的な言動により、労働者の就業環境を害することをいいます。

職場におけるセクハラは、①対価型(性的関係の要求を拒否した場合に労働者が不利益を被る場合)、②環境型(就業環境を不快にすることで、労働者の就業に重大な支障が生じる場合)に分類されることが多いといえます。

たとえば、上司が部下に対して性的な関係を要求したものの、拒否されたことを理由に、その労働者を解雇する場合や降格させる場合、配置転換する場合などが対価型セクハラの例です。

自分自身に対する性的な嫌がらせだけでなく、日常的に他の部下に性的な嫌がらせをする上司に対して、そのような行為をやめるよう抗議したことを理由に、上司が抗議をした部下を解雇または降格とした場合なども、対価型セクハラに含まれます。

これに対し、労働者の身体に対する接触行為や、事務所内でのヌードポスターの掲示といった行為により、労働者の就業に著しい不都合が生じる場合が環境型セクハラの例です。その他、上司が部下に抱きつき苦痛を感じさせることや、女性労働者の胸や腰を触るなどの直接的な身体接触を伴う行為も、環境型セクハラに分類されます。

また、直接的な接触はなくても、従業員に対する性的な経験や外見、身体に関する事柄について発言する場合や、取引相手に対して他の従業員の性的な事項に関する噂を流すことで、その取引に支障を生じさせる場合なども、環境型セクハラにあたります。

セクハラにあたる行為

①言葉によるもの
性的な冗談やからかい、食事・デートへの執拗な誘い、意図的に性的な噂を流す、性的な体験等を尋ねる

②視覚によるもの
ヌードポスターを掲示する、わいせつ図画を配布する

③行動によるもの
身体への不必要な接触、性的関係の強要

12 セクハラと企業の責任

社員のセクハラが認められれば、会社もセクハラに対して責任を追う場合がある

注意しなければならない点とは

ある言動がセクハラにあたるかどうかの判断については、男女の認識の仕方によってもセクハラと感じるかどうかは変わります。そのため、労働者の感じ方を重視しつつも、一定の客観性を保った上で、セクハラにあたるかどうかを判断することが必要です。

なお、セクハラの場合、男性（加害者）から女性（被害者）に対するセクハラが目立ちますが、女性から男性に対するセクハラや、同性から同性に対するセクハラも存在します。事業主は男性社員もセクハラ被害を受けないような体制を構築しなければなりません。

具体的には、事業主は、社内ホームページ・社内報・就業規則などに、職場におけるセクハラに対する方針や、セクハラにあたる言動を明示して従業員に広く知らせる必要があります。また、セクハラの相談窓口や相談マニュアルも用意しておくことが必要です。

会社にはセクハラ防止義務がある

会社内でセクハラが行われた場合、セクハラを行った本人が法的責任を負うことは当然です。しかし、セクハラを防止できなかったことを理由に、会社も法的責任を負うことがあります。

男女雇用機会均等法11条は、職場において行われる性的な言動に対する労働者の対応により労働者が不利益を受け、労働者の就業環境が害されることのないよう、事業主が必要な体制の整備その他の雇用管理上必要な措置を講じなければならないと定めています。

この規定により、会社（事業主）はセクハラを防止する措置を講じる義務を負います。また、厚生労働省が発表している「事業主が職場における性的な言動に起因する問題に関して雇用管理上講ずべき措置についての指針」では、事業主が講ずべきセクハラ対策について措置の内容が紹介されています。

会社側はどんな責任を負うのか

セクハラの加害者は、強制わいせつ罪（刑法176条）などの刑事上の責任を負う可能性があります。さらに、民事上の責任として、不法行為（民法709条）に基づき、加害者は被害者が受けた精神的損害などを賠償する責任を負います。この他、セクハラは就業規則の懲戒事由に該当しますので、加害者は勤務している会社から懲戒処分を受けることになります。

一方で、セクハラによる被害が明らかになった場合、会社も法的責任を負います。まず、民事上の責任として、会社は使用者責任（民法715条）を負います。使用者責任とは、従業員が職務中の不法行為により他人に損害を与えた場合に、使用者である会社もその従業員とともに損害賠償責任を負うという法的責任です。

また、会社は、従業員との労働契約に基づく付随義務として、従業員が働きやすい労働環境を作る義務を負っています。しかし、セクハラが行われる職場は労働者にとって働きやすい環境とはいえないので、会社が労働契約に基づく付随義務に違反したとして、被害者に対して債務不履行責任（民法415条）を負う可能性があります。

さらに、行政上の責任として、会社は男女雇用機会均等法に基づく措置義務を負っています。会社内でセクハラがあり、厚生労働大臣の指導を受けたにもかかわらず、それに従わなかった場合には、会社名が公表されます。

セクハラが訴訟になったとき

会社側としては、セクハラが訴訟まで発展する可能性があることを知っておかなければなりません。会社側の対応に非があったケースで、加害者本人だけでなく、会社側の使用者責任を認めた判例もあります。裁判で争うとなると、高度な法律知識や訴訟対策が必要ですから、会社の顧問弁護士などに相談してみるとよいでしょう。

典型的な例であれば、誰でもセクハラであることはわかりますが、これが果たしてセクハラになるかどうかを判断しにくいという場合もあります。労働者側は、メモなどの記録を残す（日時、場所、話の内容、周囲の状況など）、友人や家族、信頼のおける上司に相談する、写真や音声を記録する、といった形で、セクハラの証拠を確保していることも多いですから、会社側も、加害者とされる人と入念に話し合いを行い、対策を立てなければなりません。

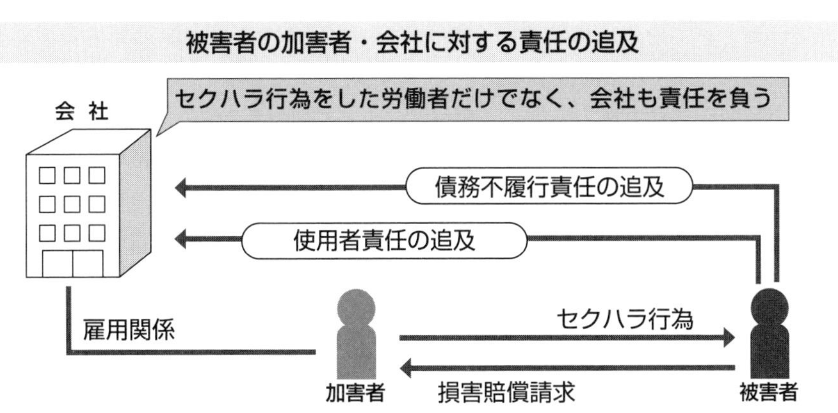

13 セクハラの予防法とトラブル対処法

まずは相談しやすい環境作りをする

相談を受けたら何をすべきか

実際にセクハラ被害などについて相談を受けた場合、まずは相談者からの訴えを十分に聞くことが重要です。他の人に話が聞こえない場所で、必要に応じて同席者を立てて話すようにするとよいでしょう。その際、途中で「勘違いではないのか」などと相談者の話を疑うような言葉を投げかけたり、「よくある話で大したことはない」と相談者の悩みを否定するようなことをせず、最後まで十分に話をしてもらうようにして下さい。不用意な対応をすると、相談者との信頼を裏切ることにもなりかねませんので、慎重に対応すべきでしょう。

次に、必要になるのが事実確認です。たとえ被害者からの訴えであったとしても、当事者の一方の話を聞くだけで対応を決めることはできません。直接加害者とされている人に話を聞く他、事情を知っていそうな同僚などからも情報を収集します。このとき、プライバシーなどの面を考慮して相談を受けた人が直接対応することも考えられますが、社内にセクハラ対策の窓口などがある場合は、できるだけその担当者に対応をしてもらう方がよいでしょう。

客観的な事実を確認した場合、必要に応じて迅速に対応するとともに、同じ問題が起きないよう、社内で防止策を講じるようにします。また、相談した被害者のプライバシーが侵害されたり、相談したことを理由に社内で不利益を被ることがないよう配慮しなければなりません。

経営者や管理者の注意すべき点とは

職場におけるセクシュアルハラスメント対策は事業主の義務です。厚生労働省では「事業主が雇用管理上講ずべき措置」として９つの項目を示し、会社の事情に応じた対策を実施するよう促しています。９項目の内容としては、次ページ図のようなものがあります。

事前予防するには

セクハラを防止するために必要なことは、「どんな行為がセクハラにあたるのか」「セクハラを誘発する発言や行動にはどんなものがあるか」「セクハラ問題が起こることによってどんな影響があるのか」、ということを周知徹底することです。

① パンフレットの配布やポスターの掲示

セクハラの具体的な事例を示したパンフレットを配布したり、セクハラを禁ずる旨のポスターなどを掲示することによって意識付けをします。これにより、会社がセクハラに対して厳しい態度で臨むという姿勢を示すこともできます。パンフレットやポスターには、セクハラが働きにくい職場環境を作る原因になってしまうこと、それにより職場のモラルが低下するおそれがあり、通常の業務の遂行に影響を与えかねない重要な問題であることを示す必要があります。

そして、会社がセクハラに対して毅然とした対応を採ることを端的に示し、実際にセクハラを行った社員に対しては、就業規則などに照らして、厳重な懲戒処分などが与えられることを示しておくとよいでしょう。

あわせて、実際にセクハラ問題が生じた場合に、被害者が相談や苦情を申し立てることができる窓口を記入しておくことも重要です。

② 研修会の開催

社員教育の一環として、セクハラ防止の研修会を行います。社員のセクハラに対する認識度を図り、セクハラにあたる言動をしないよう注意喚起する他、セクハラの被害者となった場合の対処方法、セクハラ問題が起こることによって職場に与える影響などを指導します。

③ アンケートを実施して社内の状況を把握する

セクハラの実態を知るためのアンケート調査を実施します。これにより、社員のセクハラに対する認識度を図り、セクハラの自覚のない加害者や、声を出せない被害者の存在を把握し、被害の拡大を防止する効果を期待することができます。

事業主が講ずべきセクハラ対策

① セクシュアル・ハラスメントの内容や、セクシュアル・ハラスメントがあってはならない旨の方針を明確化し、周知・啓発すること
② 行為者については、厳正に対処する旨の方針や、具体的な懲戒処分などの内容を就業規則等に規定し、周知・啓発すること
③ 相談窓口をあらかじめ定めること
④ 窓口担当者は、内容や状況に応じ適切に対応できるようにすること。また、広く相談に対応すること
⑤ 相談の申し出があった場合、事実関係を迅速かつ正確に確認すること
⑥ 事実確認ができた場合は、行為者および被害者に対する措置をそれぞれ適切に行うこと
⑦ 再発防止に向けた措置を講ずること
⑧ 相談者・行為者等のプライバシーを保護するために必要な措置を講じ、周知すること
⑨ 相談したこと、事実関係の確認に協力したこと等を理由として不利益取扱いを行ってはならない旨を定め、周知すること

14 マタハラ

妊娠や出産に関する差別は禁止されている

マタハラとは何か

マタニティハラスメント（マタハラ）とは、妊娠・出産・育児休業などに関係するさまざまな嫌がらせのことです。たとえば、採用の際に「妊娠・出産の予定はないか」と質問する、産前産後休業や育児休業を請求するとあからさまに嫌な顔をする、職場復帰の際に勤務を継続できないような遠隔地の部署への異動を言い渡す、「妊娠・出産すると残業や出張ができないから困る」などと言い、遠回しに退職を勧奨するといったことが挙げられます。

この他、妊娠で体調を崩し短時間勤務や職場変更を求めている女性について、「妊娠は病気ではない」などと言って要求を拒否する、非正規雇用の女性について、妊娠や出産を理由に契約更新をしないといったこともマタハラに該当します。なお、マタハラの性質上、被害者は女性であることがほとんどですが、育児休業の取得などに関して男性が被害者となる場合もあることに注意を要します。

不利益取扱いについての問題

妊娠・出産に伴って給料の減額や配転が行われた労働者すべてが、マタハラや不利益取扱いを受けていると評価されるわけではありません。なぜなら、妊娠を例にとると、妊娠中の労働者は体調の変化に伴い、以前と同様の業務に就くことが困難なケースもあるためです。

会社側が「妊娠したことによって十分に働けないから給与を40％減額する」と一方的に言い渡すケースは、マタハラや不利益取扱いに該当しますが、会社側が妊娠中の労働者の体調を気遣い、業務の量や内容などについて話し合いを持って、合意の上で出勤日数を減らして給料を適切に減額するという措置は、マタハラや不利益取扱いに該当せず、労働者の妊娠・出産に対して理解している企業側の姿勢として、むしろ好ましい措置だといえます。

具体的には、妊娠中の労働者について、それ以前の業務量と体調の変化などの負担を考慮した結果、妊娠以前よりも業務量を40％減らすことで無理なく業務の継続が可能であると、企業側・労働者の間で合意に至ったとします。この場合、以前に比べて40％業務量が減ったことにより、給与（賃金）が40％減額になったとしても、労働者が自由な意思に基づいて合意しているのであれば、不利益取扱いとは評価されません。

妊娠を理由とする降格を違法とする最高裁判決

「妊娠をきっかけとする降格は、特段の事情がない限り、男女雇用機会均等法に違反する」と判断した最高裁判決（平成26年10月23日）があります。原告の女性は副主任のポストに就いていましたが、妊娠時に負担の軽い業務への異動を希望したところ、異動と同時に副主任の任を解かれました。そして、育休終了後も副主任に戻されなかったため、原告の女性は「妊娠を理由とした降格で均等法違反である」として、勤務先を相手取り損害賠償などを求めて提訴しました。

最高裁は「降格について女性の明確な同意はなく、事業主側に特段の事情があるとは言い切れない」として判断しました。企業側としては、最高裁判決を重く受けとめ、「どのような働き方を望んでいるか」という点について妊娠・出産をした労働者と話し合い、あわせて職場環境の整備や、均等法や育児・介護休業法などに準じた労務管理の徹底を進めなければなりません。

どのように予防したらよいのか

マタハラの防止にあたり、企業側が留意すべき点は、概ね他のハラスメントの場合と同様です。したがって、厚生労働省が示した指針に従って、ハラスメント対策をとることが求められます。もっとも、マタハラは、妊娠・出産という他のハラスメント類型にはない特色があります。具体的な企業側の講じるべき予防措置については、下図のようにまとめることができます。

マタハラの予防

企業側のとるべき予防	具体的な内容など
① 企業側の方針の作成と労働者への周知	・マタハラが禁止行為であること明示 ・マタハラの加害者への懲戒処分などの明確化 ・パンフレットや説明会、研修会などにより企業の方針を労働者に周知
② マタハラ相談窓口の設置など	・マタハラ被害に遭った労働者に対する相談窓口の設置（労働者が相談先に迷わないように相談窓口はハラスメント全般を扱うものとする） ・相談窓口の周知
③ マタハラ発生時の適切な対応	・迅速な関係者からの聴き取り調査 ・就業規則などに基づく懲戒処分など
④ マタハラが発生する原因を解消するための措置	・妊娠・出産に伴う業務量の調整や、休業・休暇の取得に関するルールの明確化

15 パワハラ防止法

会社も使用者責任として、その従業員とともに同様の責任を負うこともある

パワハラの定義

職場におけるパワハラ（パワー・ハラスメント）の定義について厚生労働省は、職場において行われる①優越的な関係を背景とした言動であって、②業務上必要かつ相当な範囲を超えたものにより、③労働者の就業環境が害されるものであり、①から③のすべてを満たすものとしています。暴行・傷害などの身体的な攻撃はもちろん、脅迫・暴言・無視などの精神的な攻撃も含む、幅広い概念です。

パワハラを行った従業員は、その被害を受けた者に対して不法行為に基づく損害賠償責任を負う可能性があります。さらに、会社も使用者責任として、その従業員とともに同様の責任を負うこともありますので、会社としてパワハラ対策を十分に講じておく必要性があります。

また、令和２年６月施行の労働施策総合推進法の改正により、事業主に対してパワハラ防止のための雇用管理上の措置が義務付けられました（中小企業は令和４年３月までは努力義務）。具体的には、パワハラ防止のための事業主方針の策定・周知・啓発、相談・苦情に対する体制の整備、相談があった場合の迅速かつ適切な対応や被害者へのケアおよび再発防止措置の実施などが求められることになります。

具体的なパワハラの類型

パワハラの代表的な類型として以下の６つがあり、いずれも優越的な関係を背景に行われたものであることが前提です。

①　身体的な攻撃

暴行や傷害が該当します。たとえば殴打、足蹴りを行ったり、物を投げつけたりする行為が考えられます。

②　精神的な攻撃

相手の性的指向や性自認に関する侮辱的な発言を含め、人格を否定するような言動や、業務上の失敗に関する必要以上に長時間にわたる厳しい叱責、他人の面前における大声での威圧的な叱責などが該当すると考えられます。

③　人間関係からの切り離し

自分の意に沿わない相手に対し、仕事を外し、長期間にわたって隔離する、または集団で無視して孤立させることなどが該当すると考えられます。

④　過大な要求

業務上明らかに不要なことや遂行不可能なことの強制が該当します。必要な教育を施さないまま新卒採用者に対して到底達成できないレベルの目標を課す、上司の私的な用事を部下に強制的に行わせることなどが該当すると考えられます。

⑤　**過小な要求**

業務上の合理性なく能力・経験・立場とかけ離れた程度の低い仕事を命じることなどが該当します。自ら退職を申し出させるため、管理職に対して雑用のみを行わせることなどが該当すると考えられます。

⑥　**個の侵害**

私的なことに過度に立ち入ることが該当します。合理的な理由なく従業員を職場外でも継続的に監視したり、業務上入手した従業員の性的指向・性自認や病歴、不妊治療等の機微な情報を、本人の了解を得ずに他の従業員に漏洩したりすることが該当すると考えられます。

職場におけるパワー・ハラスメントに該当するかどうかを個別の事案について判断するためには、その事案におけるさまざまな要素を総合的に考慮することが必要です。一見パワハラに該当しないと思われるケースであっても、広く相談に応じる姿勢が求められます。

◎パワハラに該当する事例

パワー・ハラスメントに該当するかどうかは個別に判断する必要があります。また、パワハラと指導の区別がつきにくいという特徴もあります。

たとえば、労働者の育成のために現状よりも少し高いレベルの業務を与えることはよくあることです。しかし、それを達成できなかった場合に厳しく叱責するなどはパワハラに該当することがあります。

逆に、労働者の能力不足によって、一定程度業務内容や業務量を軽減することもあります。しかし、退職を勧奨するため、嫌がらせのための行為はパワハラに該当します。

パワハラ防止法とは

パワハラ防止法（労働施策総合推進法）

大企業　　令和２年６月施行
中小企業　令和４年４月施行

↓

パワハラ防止措置が事業主の義務となった

- 義務①　事業主の方針等の明確化及びその周知・啓発
- 義務②　相談に応じ、適切に対応するために必要な体制の整備
- 義務③　職場におけるパワハラについて事後の迅速かつ適切な対応
- 義務④　相談者・行為者等のプライバシー保護　など

16 パワハラ対策

パワハラ予防の研修を行うとともに、実際に起きた場合の調査体制を整える

社員や管理職への周知徹底・教育研修

パワハラを防止するために、会社がパワハラに対して毅然とした態度を示すことを明らかにし、その上で従業員に対してどのような教育研修を行うかを検討する必要があります。

次に、就業規則や社員の心得の中にパワハラ防止のための項目を作成することが必要です。パワハラの定義、パワハラの具体例、パワハラの加害者に対して会社はどのような処分をするか、パワハラの被害者に対して会社はどのような措置を講じるかといったことを記載します。もっとも、就業規則の本則にパワハラについての詳細な規程まで盛り込むと、就業規則が膨大になってしまうので、別途、ハラスメント防止規程などを作成し、他のハラスメントを含めて詳細なルールを定めるとよいでしょう。

就業規則などの文書に記載した後には、従業員に対する研修の実施が必要です。

従業員に対する研修は、管理職とその他の一般の社員を分けて行います。従業員を直接指揮監督する管理職に対する研修では、自分自身がパワハラの加害者になる可能性があることを意識させる内容の研修を行うことが必要です。逆に、一般の社員に対する研修では、パワハラの被害者となった場合にはどうするか、同僚からパワハラの相談を受けた場合の対応方法などを中心に研修などを行います。

また、パワハラは、人権問題等との関連が深いため、パワハラ研修を他分野の研修と同時に行うことが、より効率的・効果的であると、厚生労働省などが推奨しています。

社内調査をしっかり行う

社内で行うパワハラに関する調査には、事前の調査と、パワハラが起きた後に行う事後調査とがあります。

まず事前調査の方法としては、社内でアンケートなどを行い、職場のパワハラの実態について把握し、予防・解決のための課題を検討します。

また、会社の従業員が、現段階でパワハラに対してどのような認識をもっているのかを把握できれば、会社の実態に則した対策を立てることができます。従業員に対する調査では、過去にパワハラがあったか、現在パワハラが行われている場合には、具体的に被害者はどのような被害を受けているのか、パワハラ対策として会社に要望することはあるか、といった項目を挙げて従業員に回答させます。

一方、管理職に対する調査では、一般の従業員と比べて、管理職はパワハラを行いやすい立場にあるので、異なる項目の調査が必要になります。

パワハラ問題で一番難しいのは、事案発生後に行う、事実関係についての事後調査です。相談窓口の担当者、あるいはパワハラ対策委員会などが、被害者と加害者の双方から事情を聴取して事実関係を見極めることが重要です。

調査の担当者は、パワハラの加害者とされた人の言動を、聞き取りから客観的かつ時系列的に整理し、判定する必要があります。

なお、調査を行ってもパワハラの事実関係を確認できず、調査を終わらせることもあり得ます。ただし、その際には、パワハラを受けた被害者とされる相談者に対しては、十分に調査を実施した上で調査を終了させ、会社としての対応を終えることを説明することが大切です。もし、それ以上の調査を、相談者が求めてきても、会社としてはそれに応じる必要はありません。その後、相談者が労働局や裁判所などの公的な機関に訴える可能性を会社として想定しておく必要があります。

◎専門家を入れて体制を強化する

弁護士など労働問題の専門家を入れてパワハラ問題に対応することも必要です。専門家は、弁護士でなくても心理カウンセラーや社労士など労働問題に対する専門的知識をもっている人であれば問題はありません。パワハラ問題に対応する場合には、最初は社内で解決することを考えますが、パワハラに対する知識をもち、カウンセラーの役割ができる人材を社内で確保できるとは限りません。そのような場合には、外部の専門家を招いてパワハラ問題に取り組むことになります。数多くの労働問題を扱ってきた専門家は、一般的にどのようなパワハラ対策が行われており、どのような対策が効果的かといったノウハウを持っています。

ただし、ここで気をつけなければならないことは、外部の専門家にパワハラ対策を任せきりにしてはいけないということです。それぞれの会社の事情に応じてパワハラの性質は異なっています。そのため、会社の詳しい内部事情を知らない外部の専門家だけで、その会社にあったパワハラ対策を立てることはできません。

就業規則中のパワハラ防止規程の例

第○条（パワー・ハラスメント行為に対する対応）
パワー・ハラスメントについては、服務規律及び懲戒処分の規定の他、「ハラスメント防止規程」により別途定める。

17 労災保険

労働者が仕事中にケガをしたときの補償である

仕事中・通勤途中の事故が対象

労働者災害補償保険（労災保険）は、仕事中または通勤途中に発生した労働者の負傷（ケガ）、疾病（病気）、障害、死亡に対して、迅速で公正な保護をするために必要な保険給付を行うことを主な目的としています。主な給付の対象は業務に起因した負傷や疾病であることはいうまでもありません。しかし、いかなる行為を「業務」と呼ぶべきかは難しい問題であり、この線引きが労災保険による補償が認められるか否かを決定する重要な要素になります。

一般に、労災保険にいう「業務」とは、傷病等（負傷・疾病・障害・死亡）が業務に起因して発生したのか否かにより判断されています。その際、事業主の管理・支配が及んでいるのかが重要なポイントであり、事業主の管理・支配の下で、業務に従事している中で労働者が直面した危険な行為に基づく傷病等が含まれることはもちろんです。しかし、傷病等が業務から直接発生したもの以外は、すべて労災保険の適用対象外になるわけではありません。一般的に業務が傷病等の有力な原因であると認められれば、労災保険の補償の対象に含まれます。

他にも、労災にあった労働者やその遺族の救済を図るため、さまざまな社会復帰促進等事業を行っています。つまり、労災保険は労働者の稼得能力（働いて収入を得る能力）の損失に対する補てんをするため、必要な保険給付を行う公的保険制度ということになります。

労災保険は事業所ごとに適用されるのが原則です。本社の他に支社や工場などがある会社は、本社も支社も、それぞれ独自に労災保険に加入します。ただ、支店などで労働保険の事務処理を行う者がいないなどの一定の理由がある場合には、本社で事務処理を一括して行うこともできます。

また、労災保険の特徴として挙げられるのが、労働者が負った傷病等について、使用者側に故意や過失が認められない場合にも、補償が認められるという点です。本来は、労災による労働者の傷病等の内容は、個々の労働者ごとに異なり、必要な給付等も個別のケースに応じて異なるはずです。しかし、個々のケースごとに補償を行っていては、同程度の傷病等を負っているにもかかわらず、補償される金額に差が生じてしまい、不公平を生じて適切な補償が労働者に行き届かないおそれがあるため、補償給付の内容が定率化されていることも、大きな特徴のひとつとして挙げることができます。

◎１人でも雇うと自動的に労災保険が適用になる

労災保険は労働者を１人でも使用する事業を強制的に適用事業とすることにしています。つまり、労働者を雇用した場合には、自動的に労災保険の適用事業所になります。したがって、届出があってはじめて労災保険が適用されるわけではありません。

◎適用される労働者と保険料

労災保険の対象については、その事業所で働いているすべての労働者に労災保険が適用されます。労働者とは、正社員であるかどうかにかかわらず、アルバイト、日雇労働者や不法就労外国人であっても、事業主に賃金を支払われているすべての人が対象となります。しかし、代表取締役などの会社の代表者は労働者でなく、使用者であるため、原則として労災保険は適用されません。一方、工場長や部長などが兼務役員である場合は、会社の代表権をもたないことから、労災保険の適用があります。

労働者にあたるかどうかは、①使用従属関係があるかどうか、②会社から賃金（給与や報酬など）の支払いを受けているかどうか、によって判断されます。

労災保険の保険料は、業務の種類ご

労災保険給付（労災給付）の内容

目　的	労働基準法の災害補償では十分な補償が行われない場合に国（政府）が管掌する労災保険に加入してもらい使用者の共同負担によって補償がより確実に行われるようにする	
対　象	業務災害と通勤災害	
業務災害（通勤災害）による労災給付の種類	療養補償給付（療養給付）	病院に入院・通院した場合の費用
	休業補償給付（休業給付）	療養のために仕事をする事ができず給料をもらえない場合の補償
	障害補償給付（障害給付）	身体に障害がある場合に障害の程度に応じて補償
	遺族補償給付（遺族給付）	労災で死亡した場合に遺族に対して支払われるもの
	葬祭料（葬祭給付）	葬儀を行う人に対して支払われるもの
	傷病補償年金（傷病年金）	療養開始後1年6か月を経過し一定の場合に休業補償給付または休業給付に代えて支給されるもの
	介護補償給付（介護給付）	介護を要する被災労働者に対して支払われるもの
	二次健康診断等給付	二次健康診断や特定保健指導を受ける労働者に支払われるもの

とに、1000分の2.5～1000分の88まで定められています。保険料は全額事業主が負担しますので、給与計算事務において、労働者の給与から労災保険料を差し引くことはありません。

申請手続き

労働災害が発生したときには、被災労働者またはその遺族が労災保険給付を請求することになります。

保険給付の中には傷病（補償）年金のように職権で支給の決定を行うものもありますが、原則として被災労働者あるいはその遺族の請求が必要です。

労災の保険給付の請求には時効が設けられており、時効が過ぎた後の請求は認められません。原則として、２年以内（障害給付と遺族給付の場合は５年以内）に被災労働者の所属事業場の所在地を管轄する労働基準監督署長に対して請求する必要があります。労働基準監督署は、必要な調査を実施して労災認定した上で給付を行います。

なお、「療養（補償）給付」については、かかった医療機関が労災保険指定病院等の場合には、「療養の給付請求書」を、医療機関を経由して労働基準監督署長に提出します。その際に療養費を支払う必要はありません。しかし、医療機関が労災保険指定病院等でない場合には、いったん医療費を立て替えて支払わなければなりません。その後「療養の費用請求書」を直接、労働基準監督署長に提出し、現金給付してもらうことになります。

被害者などからの請求を受けて支給または不支給の決定（原処分）をするのは労働基準監督署長です。この原処分に不服がある場合には、都道府県労働基準局内の労働者災害補償保険審査官に審査請求をすることができます。審査官の決定に不服があるときは、さらに厚生労働省内の労働保険審査会に再審査請求ができます。労働保険審査会の裁決にも不服がある場合は、原処分の取消を求めて、裁判所に取消訴訟（行政訴訟）を起こすことになります。

労災保険給付の申請

労災保険法に基づく保険給付等の申請ができるのは、被災労働者本人かその遺族です。

ただし、労働者が自ら保険給付の申請その他の手続きを行うことが困難な場合には、事業主が手続きを代行することができるため、実際には会社が手続きを代行して労災申請をするケースが多くあります。

「会社が不当に労災の証明に協力しない」ような場合には、本人がその旨の事情を記載して労働基準監督署に書類を提出することになるため、会社は労働者の請求に対し誠実に対応する必要があります。また、労災給付を受けるためには、所定の請求書の提出などの手続きをすることが必要です。

労災申請されたときの会社側の対応

労災の療養補償給付では、負傷または発病の年月日、負傷または発病の時刻、災害の原因及び発生状況について会社の証明が必要とされています。

労働災害であることについて疑いようがないケースであれば、会社としても労災の証明に応じることになるでしょう。しかし、労災であることがはっきりとはわからない場合には、対応を検討しなければなりません。特に、メンタルヘルス疾患の場合には原因がわかりくいこともあります。従業員側が「過度の業務や上司の圧力が原因でメンタルヘルス疾患になった」と主張してきた場合でも、会社としては「本当に業務だけが原因なのだろうか」「プライベートな事柄にも何か問題があったのではないだろうか」などと考えることがあります。

ただし、はっきり労災事故とは思われないからといって、直ちに労災の証明を拒絶するのは、従業員との労働トラブルを引き起こす可能性があるため、避けた方がよいでしょう。逆に、労災事故でない可能性が高い場合にまで安易に労災の証明をしてしまうと、虚偽の証明をしたことを理由に徴収金の納付を命じられることもあります（労災保険法12条の３）。被災した従業員側の考えと異なる部分については、その旨を記載することができるため、会社側としては顧問弁護士や社会保険労務士に相談した上で、記載方法や対応などを検討するのが効果的です。

労災にあたるかどうかについては、提出された書類を基に労働基準監督署が判断することになるため、最終的には労働基準監督署が下した判断に従う流れとなります。

労災認定の申請手続き

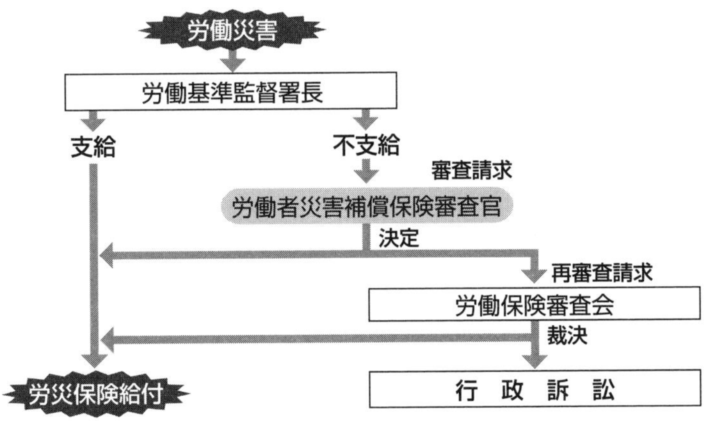

第8章 職場の安全衛生をめぐるルール

18 過労死

過重業務や異常な出来事による過重負荷の度合いが認定の基準になる

◎過労死の認定基準

長時間労働や激務などによる疲労が蓄積し、脳血管障害や心臓疾患などの健康障害を起こして死亡することを過労死といいます。過労死が社会問題になったため、平成26年11月からは過労死等防止対策推進法が施行されています。

過労死は、激務に就いたことで持病が急激に悪化した場合には、業務が有力な原因であり労災の対象になります。

しかし、業務で使用する有害物質を起因とする病気や、職場内の事故による負傷と異なり、業務と発生した傷病との間の因果関係の証明が難しく、必ずしも労災認定されるとは限りません。

過労死の労災認定については、厚生労働省の行政通達である「脳血管疾患及び虚血性心疾患等（負傷に起因するものを除く）の認定基準」に従って判断します。この認定基準では、脳・心臓疾患は長く生活をする中で自然に発症するということを前提としつつ、「業務による明らかな過重負担」が自然経過を超えて症状を著しく悪化させることを認めています。

そして、過労死の対象疾病として、脳血管疾患は「脳内出血（脳出血）、くも膜下出血、脳梗塞、高血圧性脳症」を挙げており、虚血性心疾患等は「心筋梗塞、狭心症、心停止（心臓性突然死を含む）、解離性大動脈瘤」を挙げています。

◎どんな要件があるのか

認定基準では業務において次のような状況下に置かれることによって、明らかな過重負荷（脳・心臓疾患の発症を誘発する可能性があると思われる出来事）を受け、そのことによって発症したと認められる場合に、「労災」として取り扱うとしています。

①　異常な出来事

発症直前から前日までの間に、大きな事故を目撃したなど、業務に関連して極度の緊張や興奮、恐怖、驚がくなど強度の精神的負荷を引き起こす突発的または予測困難な異常事態に遭遇した場合をいいます。

また、「作業中に海中に転落した同僚を救助した」など、緊急に強度の身体的負荷を強いられる突発的または予測困難な異常事態に遭遇した場合や、「急な配転で、なれない肉体労働をさせられた」など、急激で著しい作業環境の変化に遭遇した場合も含まれます。

②　短時間の過重業務

発症前１週間程度の間に、特に過重な業務に就労することによって身体的・精神的負荷を生じさせたと客観的に認められる場合をいいます。

③　**長期間の過重業務**

発症前６か月程度の間に、著しい疲労の蓄積をもたらす特に過重な業務に就労することによって身体的・精神的負荷を生じさせたと客観的に認められる場合をいいます。

著しい疲労の蓄積をもたらす要因として特に重要視されるのが労働時間です。認定基準では、発症前１か月間から６か月にわたって、１か月あたり概ね45時間を超えて時間外労働が長くなるほど、業務と発症との関連性が徐々に強まるとされています。また、発症前１か月間に概ね100時間、または発症前２か月から６か月間にわたり１か月あたり概ね80時間を超える時間外労働が認められる場合は、業務と発症との関連性が強いと評価されます。

残業については、会社の残業命令に基づき労働者が残業をすることを前提としていますが、多くの企業の実態として労働者自らの判断で長時間の残業に従事することも少なくありません。この場合、会社が長時間残業の事実を知り、または知り得た場合は、法的責任を問われることになります。もし労働者が、１か月あたり100時間を超える残業をしていたり、２か月以上連続で１か月あたり80時間を超える残業をしている場合には、会社は残業禁止命令を出し、産業医の診察を受けさせるなど、メンタル不調を防止する適切な措置を講じる必要があります。

なお、厚生労働省の有識者検討会で、長時間の過重業務の他に、拘束時間が長い、休日のない連続勤務、勤務間インターバル（78ページ）が短い勤務、を脳血管障害や心臓疾患の発症との関連性が強いケースとして認定基準の見直しが進められています。

業務の過重性の評価項目

チェック項目とその内容

- **労働時間**
  時間の長さ・休日の有無
- **勤務体制（不規則かどうか）**
  スケジュール・業務内容の変更の頻度・程度
- **拘束時間**
  拘束時間数、実労働時間数・労働密度、休憩・仮眠施設の状況
- **出張の実態**
  出張の内容・頻度・移動距離、宿泊の有無、休憩・休息の状況
- **交代制・深夜勤務の実態**
  シフトの変更の頻度・程度、休日の割合、深夜勤務の頻度
- **勤務先の環境**
  温度環境・騒音の有無・時差の有無
- **業務内容の特性（緊張を伴う業務かどうか）**
  ノルマの厳しさ・時間的制約の有無・人前での業務・他人の人生を左右するような重要な業務など

精神疾患等の労災認定

3つの判断基準があり、基準を満たす場合労災認定がなされる

精神疾患にも判断基準がある

精神疾患は心理的負荷が業務に起因する場合に労災認定されますが、同じ心理的負荷を与えられても、労働者個々のストレス耐性の差により、疾病を発病するかしないかが変わってきます。また、労災保険では故意による災害を給付対象としておらず、「自殺」は適用対象外とされています。一方、「過労自殺」については精神疾患によって正常な判断ができず自殺に至った場合には業務起因性を認めて適用対象とする、とされています。そのため、精神疾患の原因が、業務に起因するかどうかを判別する必要があります。

厚生労働省ではその判断基準として「心理的負荷による精神障害の認定基準」を作成しています。この判断基準では、労働者に発病する精神障害は、業務による心理的負荷、業務以外の心理的負荷、各々の労働者ごとの個人的要因の３つが関係して起こることを前提とした上で、次の①～③のすべての要件を満たす精神障害を、労災認定の対象である業務上の疾病として扱うとしています。

①　対象疾病を発病していること

判断指針における「対象疾病に該当する精神障害」は、原則として国際疾病分類第10回修正版（ICD-10）第Ⅴ章「精神および行動の障害」に分類される精神障害とされています。

②　対象疾病の発病前概ね６か月の間に、業務による強い心理的負荷が認められること

業務による心理的負荷の強度の判断にあたっては、精神障害発病前６か月程度の間に、対象疾病の発病に関与したと考えられる業務によるどのような出来事があり、また、その後の状況がどのようなものであったのかを具体的に把握し、それらによる心理的負荷の強度はどの程度であるかについて、認定基準の「業務による心理的負荷評価表」を指標として「強」「中」「弱」の３段階に区分します。

具体的には次のように判断し、総合評価が「強」と判断される場合には、②の認定要件を満たすものと判断されることになります。

・「特別な出来事」に該当する出来事がある場合

発病前６か月程度の間に、「業務による心理的負荷評価表」の「特別な出来事」に該当する業務による出来事が認められた場合には、心理的負荷の総合評価が「強」と判断されます。「特別な出来事」に該当する出来事がない場合は、どの「具体的出来事」に近いかの判断、事実関係が合致する強度、個々の事案ごとの評価、といった方法により心理的負荷の総合評価を行い、「強」「中」または「弱」の評価をします。

・出来事が複数ある場合の全体評価

対象疾病の発病に関与する業務による出来事が複数ある場合、それぞれの出来事の関連性などを考慮して、心理的負荷の程度を全体的に評価します。

・時間外労働時間数の評価

長時間労働については、たとえば、発病日から起算した直前の1か月間に概ね160時間を超える時間外労働を行った場合などは、当該極度の長時間労働に従事したことのみで、心理的負荷の総合評価が「強」とされます。

③　業務以外の心理的負荷および個体側要因により対象疾病を発病したとは認められないこと

「業務以外の心理的負荷」が認められるかどうかは、「業務以外の心理的負荷評価表」を用いて検討していきます。評価の対象となる出来事としては、次のようなものが挙げられています。

・自分の出来事

離婚または自分が重い病気をした場合など

・自分以外の家族や親族の出来事

配偶者や子供、親または兄弟が死亡した、配偶者や子供が重い病気やケガをした場合など

・金銭関係で多額の損失をした場合
・事件、事故、災害の体験

つまり、②の評価において、業務による強い心理的負荷が認められたとしても、業務以外の心理的負荷や個体側要因（既往歴やアルコール依存など）が認められる場合には、どの要因が最も強く精神障害の発症に影響したかを検討した上で最終的な評価が出されるということです。

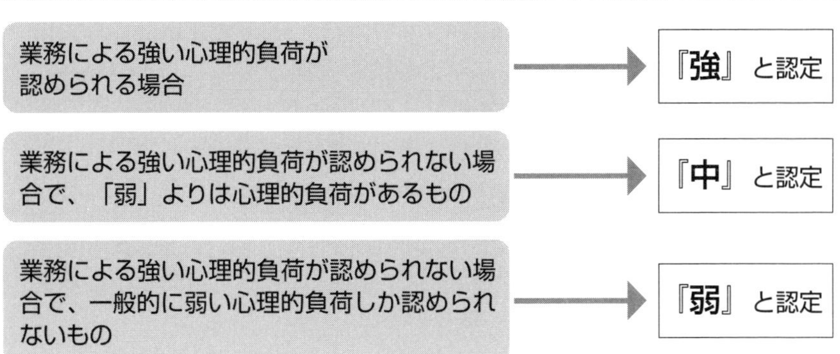

Column

休職中の社員への減給や降格

体調が思わしくなく、本来は休職してもよいくらいの状況で、本人が休職を希望せず、会社命令で休職させることも難しい状況である場合、会社の対応が問われることになります。

労働者に対し「減給や降格処分をすることができるか」という点は、体調を考慮して業務を軽減したという事実だけでは、減給や降格は難しいでしょう。もし勤務時間を短縮するような状況であれば、勤務していない部分は給与を支払わなくてもかまいません。しかし、勤務している部分は今まで通りに支払う必要があります。職務内容が大幅に軽減され、他の労働者とのバランスを欠くようなときは、本人と相談し、真に納得した状況下で減給の同意を求める必要があります。その時期としては、就業規則に記載された規定に従うことになります。

一方、労働者の降格については、「役職を外す」といったことはできますが、給与に直接影響を及ぼすような降格は、減給と同様の手続きが必要です。

ところで、実際に減給をするとして、どの程度の減給が可能でしょうか。給与は職務とのバランスを考慮して設定されるため、配置転換などで職務が大幅に軽減されたり、職務遂行能力が大幅に低下している場合は、その職務や能力に見合った給与が設定されれば問題ないように思われがちです。しかし、急激に給与が下がると労働者の生活維持が困難となります。労働条件の不利益変更にもなり得るため、減給には合理性な根拠が要求されると思われます（労働契約法10条参照）。

雇用保険の被保険者が退職すると、離職証明書をハローワークに提出しますが、退職理由が「自己都合退職」としている場合でも、その原因が「賃金が従前の85％未満に低下」したことによる場合は会社都合の退職と同様に扱っています。したがって15％というのが減給限度額の１つの目安になります。

第９章

その他知っておきたい実務ポイント

人事異動

大きく分けると、社内異動と社外異動がある

人事異動のメリットとは

社員の昇進や配転といった、人事上の決定をする上で必要な情報を把握するために行われる評定のことを人事考課といいます。会社は、人事考課で得られた社員の能力や状況など総合的な情報を活用し、適正な人材の配置を行わなければなりません。ある部署の社員の能力が不足していて、教育訓練を実施しても結果が芳しくなかった場合に、その社員の能力に見合った部署に異動させることは、社員自身のためにもなりますし、会社の経営にとって、人材を適材適所に配置するという意味でも非常に有効です。

また、社会の状況が変化した結果、社内のある部署では余剰人員が出ているのに対し、別の部署では人手不足となった場合に、余剰人員のいる部署から人手不足の部署に社員を異動させることも有効です。

このように、労働者の職種や勤務地を変えることを人事異動といいます。人事異動には、人件費のムダを省くとともに、むやみに社員を解雇せずにすむ、というメリットがあります。社員にとっても、解雇されることなく別の部署で働き続けることができるという点で、大きなメリットになります。

大きく分けて４種類ある

社員の職種や勤務地を変える人事異動は、効率的な人員配置をするために行われます。人事異動には大きく分けると、社内異動と労務の提供先が変わる社外異動があります。社内異動としては配置転換や転勤があります。配置転換とは、同じ使用者の下で職種や職務内容が変更される人事異動のことです。使用者が同じで勤務地が変わる転勤も配置転換のひとつです。転勤命令が権利の濫用にあたる場合、社員は転勤を拒否することができます。

一方、社外異動としては在籍出向や転籍があります。在籍出向は、元の会社の社員としての地位を維持したままで、異なる使用者の指揮命令に従うことになる人事異動を意味します。そのため、勤務地は変更になりますが、社員は元の勤務地の会社との雇用契約が継続しています。在籍出向のことを単に出向と呼ぶこともあります。転籍とは、元の会社の社員としての地位を失い、異なる会社の社員となる人事異動のことをいいます。この他、応援（所属会社に在籍のまま通常勤務する以外の事業場の業務を応援するために勤務すること）や派遣も、広い意味では人事異動ということができるでしょう。

昇進・昇格・降格

昇進決定は人事権の行使

昇進決定は人事権の行使

「昇進」とは、役職制度において、部長、課長、係長など、組織上の上位の役職に進むことです。つまり、会社での自分のポジションが上がることを意味します。一方、「昇格」は職能資格制度における資格等級の上昇をいいます。

役職制度は、役職者以上の指揮命令の序列であるのに対して、職能資格制度は、すべての労働者の職務遂行能力の発揮度や伸長度によって格差を設けた賃金の序列です。日本企業では、このように社内のランキングシステムが二本立てになっており、ある程度対応関係にあるのが一般的です。

人事権の行使としての昇進

昇進は、組織の指揮命令の序列を決めるものであり、企業経営を大きく左右します。また、供給ポストにも限りがあります。

したがって、昇進決定は人事権の行使として、使用者の一方的決定や裁量にゆだねられています。ただし、無制限に一方的な行使が許されるわけではありません。労働基準法、男女雇用機会均等法、労働組合法による一定の制約があります。つまり、国籍・社会的身分・信条による差別的取扱いや、性別による差別的取扱いによって昇進に格差をつけることは許されていませんし、労働組合の正当な活動を不当に侵害するために昇進で差別するなどの行為は禁止されています。もっとも、企業の人事権である以上、裁判で昇進をめぐる争いが生じた場合、企業の判断が尊重されることが多いようです。

降格について

昇進の反対措置である役職の引下げと資格の引下げがあります。人事権の行使による役職降格の場合、就業規則に根拠規定がなくても裁量的判断で可能ですが、人事権の濫用とされる場合もあります。懲戒処分による場合は、客観的、合理的理由を欠き、社会通念上相当と是認できない場合には権利の濫用になるとされています。

職能資格の降格については、すでに認定した職務遂行能力を引き下げる結果になり、本来想定されていません。したがって、職務内容が従来のままで降格することは、単に賃金を下げることに他ならないため、労働者との合意によって行う以外は、就業規則などにおける明確な根拠と相当な理由が必要であるとされています。

3 配置転換と転勤

労働者やその家族の生活に重大な影響を与える

配転命令権の行使と限界

配置転換とは、使用者が労働者の職場を移したり、職務を変更することです。一般的には「配転」と略称されます。配転のうち、勤務地の変更を伴うものを特に「転勤」といいます。配転は労働者やその家族に大きな影響を与えることもありますが、会社には人事権がありますから、原則として必要性がある場合に配転を命じること（配転命令）はできます。

ただ、労働基準法による国籍・社会的身分・信条による差別、男女雇用機会均等法の性別による差別、労働組合法の不当労働行為などに違反する配転命令は認められません。つまり、使用者が労働者を差別的に取り扱ったり、労働組合の正当な活動を不当に侵害したりするために配転命令権を行使することは許されないということです。

なお、配転命令については、従来、配転命令権は使用者の労務管理上の人事権の行使として一方的決定や裁量にゆだねられていると解釈されていました。たとえば、「会社は、業務上必要がある場合は、労働者の就業する場所または従事する業務の変更を命ずることがある」と就業規則に一般条項を定めている場合、使用者は一方的に配転命令権を行使できました。

ただ、最近は配転命令権の行使が労働契約の範囲を超える場合は、使用者側から労働契約の内容を変更する申し出をしたものととらえ、労働者の同意がない場合、配転は成立しないと考える立場が有力です。労働契約の内容の変更に該当するかどうかは、配転による勤務地あるいは職種の変更の程度によって判断されます。

配置転換が行われる目的は、人事を活性化させて、社員を適材適所に配置することで、会社の業務の効率を向上させることにあると考えられています。その他にも、新事業に人材を配置する場合や、職務能力の開発・育成を行う手段として、配置転換が行われる場合もあります。さらに配置転換により、会社内の各部署の力の過不足を調整することも可能です。

勤務場所の限定

たとえば、新規学卒者（特に大学以上の卒業者）は社員と会社との間で勤務地を限定する旨の合意がある場合は別ですが、全国的な転勤を予定して採用されるのが一般的だといえます。この場合は、住居の変更を伴う配転命令であっても、使用者は業務上必要な人事権として行使することができます。これに対して、現地採用者やパート社員などのように採用時に勤務地が限定されている場合は、本人の同意なく一方的に出された配転命令は無効とされます。また、勤務地が労働契約で定まっていない場合の配転命令は、業務上の必要性や労働者の不利益を考慮した上で有効性が判断されます。

職種の限定

職種については、採用時の労働契約や、会社の労働協約・就業規則などによって、または労働契約の締結の過程で職種を限定する合意が認められれば、原則として他の職種への配転には労働者の承諾が必要になります。

たとえば、医師、弁護士、公認会計士、看護師、ボイラー技師などの特殊な技術・技能・資格をもつ者の場合、採用時の労働契約で職種の限定があると見るのが通常です。

このような場合、労働者の合意を得ずに出された一般事務などの他の職種への配転命令は無効とされます。

また、厳密な職種の概念が定義されていない職場でも、職種の範囲を事務職系の範囲内に限定して採用した場合は、職種のまったく異なる現場や営業職への配転は同様に解釈することができます。実際の裁判例では、語学を必要とする社長秘書業務から警備業務へ職種を変更する配転命令を無効としたケースがあります。その一方で、昨今のように不況の時期には、整理解雇を防止するために新規事業を立ち上げて異動させることもあります。単に同一の職種に長年継続して従事してきただけでは、職種限定の合意があったとは認められにくいといえます。

転勤についての判例の立場

転勤に伴う家庭生活上の不利益は原則として甘受すべき

▼

ケース		判断
●全国に支店や支社、工場などがあり、毎年定期的に社員を転勤させるような会社の社員	➡	転勤を拒否する事は難しい
●共稼ぎのため、転勤すると単身赴任をしなければならない	➡	権利の濫用がない限り社員は転勤を拒否できない
●新婚間もない夫婦が月平均2回ぐらいしか会えない	➡	会社側の事情を考慮しても転勤命令は無効となり得る
●老父母や病人など介護が必要な家族を抱えているケース	➡	一緒に転居する事が困難な家庭で他に介護など面倒をみる人がいないような事情があれば社員は転勤命令を拒否できる

配転命令

権利濫用にあたるような配転命令には、労働者は従う義務はない

配転命令を拒否した場合

使用者が配転命令を出す場合、労働契約の中で労働者が配転命令を受け入れることに合意していることが前提であり、そのような合意がなければ配転命令は無効です。就業規則の中で「労働者は配転命令に応じなければならない」と規定されていれば、配転命令に応じる内容の労働契約が存在すると一般に考えられています。

ただ、配転は労働者の生活に重大な影響を与えることがありますから、配転命令の受入れに合意している場合でも、正当な理由があれば配転命令を拒否できることがあります。たとえば、老いた両親の介護を自分がしなければならない場合です。労働者が配転や出向の命令に納得しない場合、最終的には裁判所で争うことになります。その場合、判決が出るまでには通常長い期間がかかるため、比較的早く結論が出る仮処分（判決が確定するまでの間、仮の地位や状態を定めること）の申立てが一緒に行われるのが普通です。

なお、労働者は、業務命令に違反したという理由で懲戒解雇されることを防ぐため、仮処分が認められるまでは、とりあえず命じられた業務につくという方法をとることもあります。

配転命令が権利濫用にあたるか

配転命令も目的や状況によっては、権利濫用としてパワハラ（224ページ）となる場合があります。パワハラには、たとえば業務上の合理性がないにもかかわらず、能力や経験とかけ離れた程度の低い仕事を命じることなども含まれるとされているからです。

つまり、嫌がらせや退職強要を目的とした合理性のない配転命令は、パワハラに該当する可能性があります。特に遠隔地や経験のない職務への配転が該当しやすいでしょう。

裁判等になった場合には、①業務上の必要性がない、②不当な動機・目的である、③労働者が通常甘受すべき限度を超えた著しい不利益である、という主として３つの観点から配転命令が権利濫用にあたるか否かが検討されます。①業務上の必要性とは、その者以外の他人を配転させても、業務を処理することができないという程度の必要性が認められる必要はなく、業務の合理的な運営にとってメリットがあるといえる場合には、業務上の必要性は肯定されると考えられています。

次に、②不当な動機・目的とは、退職に追い込む目的で行う配転や、会社の経営方針に反対する社員を本社から遠ざける、いわゆる「左遷」目的で行う配転などのことです。

そして、③「通常甘受すべき限度を超える」というと、かなり基準が曖昧ですが、実際の裁判例では、単に単身赴任となる場合はおろか、高齢の母親や就学前の娘との別居においても通常甘受すべきものとされています。

その一方で、疾病、障害等のある家族を支える社員の転勤については、通常甘受すべき限度を超えたものと判断される傾向があります。つまり、③は配転により病気の家族等の看病や介護に支障があるなど、限定的な場合を指していると考えられます。

いずれにしても、配転命令では不当な目的がないか、業務上の合理性がないかについて注意が必要です。

◎労働者とトラブルが生じた場合

必要な時に、必要な部署に、自由に労働者を配転できるのが経営合理化のために望ましいといえます。ただ、当初の労働契約で労働者の勤務場所や職種を限定しているにもかかわらず、使用者が一方的に配転命令を下すことはできません。

配転命令をめぐり、労働者とトラブルが生じた場合には、各都道府県にある労働委員会や労働基準監督署などに相談するのがよいでしょう。労働者の場合には労働組合に相談するのも1つの方法です。嫌がらせがあった場合には不当労働行為（公正な労使関係の秩序に違反するような使用者の行為）になりますので、労働者は都道府県の労働委員会や中央労働委員会に対して、救済を申し立てることもできます。

配転命令権が権利濫用になる場合

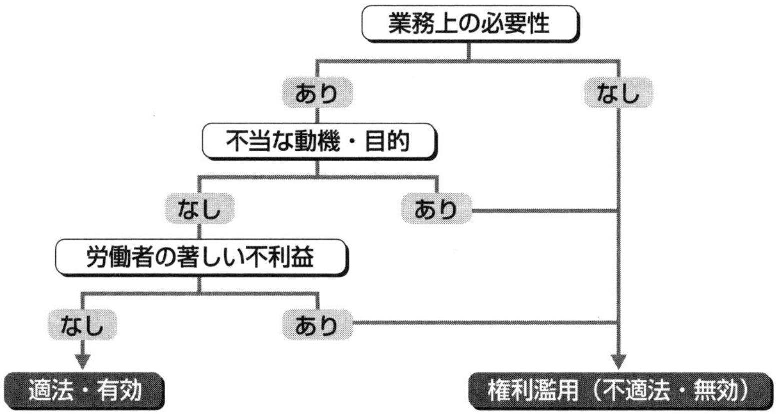

業務上の必要性
- なし → 権利濫用（不適法・無効）
- あり → 不当な動機・目的
  - あり → 権利濫用（不適法・無効）
  - なし → 労働者の著しい不利益
    - あり → 権利濫用（不適法・無効）
    - なし → 適法・有効

5 出向

在籍出向と転籍がある

労働者の同意があるか

出向といっても、そのタイプは2つあります。1つは、労働者が雇用先企業に身分（籍）を残したまま、他企業で勤務するもので在籍出向といいます。在籍出向の場合、出向期間終了後は出向元（雇用先企業）に戻ります。もう1つは、雇用先企業から他企業に完全に籍を移して勤務するもので、移籍出向または転籍と言われます。

在籍出向命令の有効性

労働者にとっては、労働契約を締結しているのは雇用元、つまり出向元の企業ですので、労働契約の相手方ではない別の企業の指揮命令下で労働することは、労働契約の重要な要素の変更となります。そのため、出向命令を下すためには、原則として労働者の個別の同意が必要とされています。

ただ、就業規則または労働協約に在籍出向についての具体的な規定（出向義務、出向先の範囲、出向中の労働条件、出向期間など）があり、それが労働者にあらかじめ周知されている場合は、包括的同意があったとされます。

たとえば、就業規則に「労働者は、正当な理由なしに転勤、出向または職場の変更を拒んではならない」などの条項がある場合、これが出向命令の根拠規定となり、労働者に周知されていれば、包括的同意があったことになります。そのため、企業は出向について労働者個々の同意を得ることは必要ありません。ただし、実際の判例は、出向規程の整備、出向の必要性、労働条件の比較、職場慣行などを総合的に考慮して包括的な同意があったかどうかについて判断しています。

人事権の濫用に該当しないか

在籍出向について、労働者の包括的同意があったとしても、無制限に出向命令が有効となるわけではありません。

出向命令が、その必要性や対象労働者の選定についての事情から判断して、権利を濫用したと認められる場合には、その出向命令は無効となります（労働契約法14条）。結局、有効な出向命令として認められるためには、労働者の同意の存在と具体的出向命令が人事権の濫用にあたるような不当なものでないことが必要だといえます。

転籍とはどのようなものか

転籍は、雇用先企業から他企業に身分（籍）を移して勤務するもので、移籍出向ともいわれます。タイプとしては、現在の労働契約を解約して新たな労働契約を締結するものと、労働契約上の使用者の地位を第三者に譲渡するもの（債権債務の包括的譲渡）があります。最近は、企業組織再編が頻繁に行われており、これに伴い後者の地位の譲渡による転籍も少なくありません。

長期出張、社外勤務、移籍、応援派遣、休職派遣、などと社内的には固有の名称を使用していても、転籍は従来の雇用先企業との労働関係を終了させるものです。

転籍では、労働契約の当事者は労働者本人と転籍先企業になります。したがって、労働時間・休日・休暇・賃金などの労働条件は当然に転籍先で新たに決定されることになります。

転籍条項の有効性

こうしたことから、転籍を行う際には、労働者の個別的な同意が必要と考えられています。就業規則や労働協約の転籍条項を根拠に、包括的同意があるとすることは認められていません。そのため、労働者が転籍命令を拒否しても懲戒処分の対象にはなりません。

ただし、転籍条項について、①労働者が具体的に熟知していること、②転籍によって労働条件が不利益にならないこと、③実質的には企業の他部門への配転と同様の事情があること、のすべての要件を満たせば、個別的同意がなくても転籍命令を有効とする判例も見られますが、極めて異例です。

なお、会社分割が行われて事業が別の会社に承継された場合、労働契約承継法により、原則としてその事業に従事していた労働者は、事業を承継した会社で引き続き雇用されます。しかし、その事業に従事していなかった労働者は、会社分割を理由として事業を承継した会社への配置転換（転籍など）を命じられたとしても、会社に対して申し出れば、元の会社に残ることができます。

出向と転籍の違い

	出向(在籍出向)	転籍(移籍出向)
労働者の身分	雇用先企業に残る（雇用先との雇用契約が継続する）	他の企業に移る（新たに他の企業と雇用契約を結ぶ）
期間経過後の労働者の復帰	通常は出向元に戻る	出向元に戻ることは保障されていない
労働者の同意	必要	必要
同意の程度	緩やか(個別的な同意は不要)	厳格(個別的な同意が必要)

労働組合

使用者側の利益代表者は組合員になれない

労働者の生活と権利を守る存在

憲法により、労働者が労働条件について使用者と交渉したり、団体行動を行うために自主的に組織する権利が保障されています。それが労働組合です。

労働組合の中には労働者固有の利益ではなく、使用者の利益を代弁するいわゆる御用組合もあります。最近では経営環境の変化による整理解雇が他人事ではなくなり、労働者自身の生活を守るため、労働組合の存在に大きな期待を寄せている場合もあります。

また、管理職のような使用者の利益代表者が参加すれば、本来使用者に対抗しなければならないはずの労働組合が使用者から干渉されることになりかねません。そこで、使用者の「利益代表者」が参加する組織は労働組合とは認められません（労働組合法２条ただし書１号）。

使用者の利益代表者にあたるかどうかを判断する重要なポイントは、名目上の役職名だけでなく実際にどのような権限を持つのかによって判断します。

管理職組合は労働組合なのか

企業経営が悪化した場合、管理職の中高年労働者は労働組合の保護もないため、真っ先に「雇用調整」の対象とされ、希望退職の募集だけでなく、配転、出向、転籍、賃金・賞与の切下げといった形で退職せざるを得ないように追い込まれるなど、不当な扱いを受けることがあります。

使用者の利益代表者（管理職）を参加させている労働組合もありますが、労働組合法上の労働組合とは認められないため、組合員差別があっても労働委員会に対し救済を申し立てて保護を受けることはできません。

そのため、最近では非組合員の管理職だけで労働組合を結成し、会社側に労使交渉を求めるケースが増えています。会社の利益代表者が入った労働組合は労働組合法の適用外であるため、会社側は管理職組合自体を認めない場合もあります。しかし、裁判所の判断として、「労働組合に会社の利益代表者が含まれていても、会社が団体交渉を拒否する正当な理由にはならない」と述べたものがあります。管理職組合に対しても憲法により労働三権が保障されるからです。

団交を申し入れてくる場合とは

経営者が降格・降職・配置転換など、労働者にとって不利益になる人事権の行使があったときに、たいていの社員は、社内に労働組合がある場合にはその社内の労働組合を通じて、社内にない場合には社外の労働組合に加入した上で、その労働組合を通じて交渉してきます。社員に退職をうながす目的で配置転換や降格処分を行った際に、対象になった社員が、労働組合を通じて会社に対しそれらの取消を求めてくることはよくあるケースです。

人事権自体は会社に認められた権利です。しかし、人事権の行使が嫌がらせのように見える場合には、結果的に労働組合や労働委員会が介入する契機となるため、社員に不利益を与える人事権の行使をする場合には、細心の注意を払うようにしましょう。

どのように対処したらよいのか

労働者が労働組合を通じて団体交渉を申し入れてきた場合、団体交渉の申入れをその場で断ることは決してしないようにしましょう。団体交渉の申入れを受けた段階で断ると、労働組合法が禁じている不当労働行為（団交拒否）と認定される可能性が高いからです。団体交渉への対応を労働関係の専門家に任せるにしても、自分で対応するにしても、団体交渉の申入れは必ず受け入れ、これに対応する際には、次の点に注意するようにします。

まず、多人数で交渉を行わないようにします。あまりに人数が多いと収拾がつかなくなるからです。ただ、会社側が１人で対応する、というのも心理的に不利な立場となるので、結局、双方２、３人ずつの人員で交渉のテーブルにつくのが基本となります。会社側の人数の方が少ない状況は避けましょう。

交渉の場所は他の社員への動揺を避けるように、通常の就業場所とは離れた場所などで行うとよいでしょう。会社は、団体交渉時の労働組合側の要求を受け入れる義務までは負っていません。適切な人事権の行使である場合は、そのことを具体的に説明し、理解を求めるために誠実に対応しましょう。

労働組合の種類

企業別組合	同じ企業に勤務する労働者を組合員として組織する組合
産業別組合	鉄鋼業、運送業、建設業など同じ産業に属する企業で働く労働者を組合員として組織する組合
職業別組合	看護師やパイロットなど同じ職業を持つ労働者を組合員として組織する組合
一般(合同)組合	企業や産業、職業などの枠にとらわれず、労働者であれば個人で加入できる組合

合同労組との交渉

会社は合同労組を無視することや団体交渉を拒否することはできない

ユニオンとはどう交渉する

ユニオン（合同労組）とは、企業内組合とは異なり、それぞれが異なる企業に勤めている一個人から成る労働組合のことをいいます。労働者自身が主体となって労働条件の維持改善のために組織されたものであれば、労働組合法上の労働組合として認められます。

労働組合が社会的にも力を持っていた時代には、多くの会社に労働組合がありましたが、今では、労働組合自体が存在しない会社も多くなってきました。また、中小企業の多くは労働組合を持たないため、労働者にとってユニオンが「駆け込み寺」の役割を果たします。労働組合のない会社の従業員であっても、ユニオンに加入している場合には、労働組合の組合員として活動することができるわけです。

もともと労働者には、憲法で保障された団結権・団体交渉権・争議権という労働三権が認められています。したがって、たとえば、ユニオンに社員が1人だけ加入している場合であっても、使用者が団体交渉を正当な理由なしに拒むことは、不当労働行為（公正な労使関係の秩序に違反するような使用者の行為）として禁じられています。

また、解雇などをめぐってトラブルになった場合に、ユニオンから労働委員会に労働争議の申立を行うことも認められています。したがって、ユニオンが会社に対し団体交渉を申し入れてきた場合、会社は無視することはできません。

しかし、団体交渉に応じる場合、使用者側としては、交渉のテーブルに着いて誠実に交渉を行うことが義務であって（誠実交渉義務）、必ずしも労働組合の要求に応じる義務ということではありません。具体的にどう対応するかは、ユニオンの要求内容を確認してから慎重に対処するといった姿勢で臨むことになります。

上手な交渉術は

団体交渉に応じる前に、労働問題に精通している弁護士や社会保険労務士などの専門家に相談し、会社側の行動が法的に問題のないことを確認します。従業員の解雇や賃金引下げが権利の濫用にあたるような場合には、専門家のアドバイスを聞き、改めて対応を検討するようにします。

次に、実務における具体的な対応方法を考えてみましょう。通常、団体交渉の申入書には、回答期日が記載されていますが、多くの場合、会社の体制が整わないタイミングを狙って、組合側に都合よく、早めの期日が設定されています。その場合には、社内の対応策がまとまるまでの時間を考慮して、「諸般の事情により、×月×日の期日までには回答できません。したがって、○月○日までに文書にて回答します」と通知するようにします。また、団体交渉の申入書に、日時を「△月△日」、場所を「本社大会議室」、参加人数を「労働組合員25名」などと条件をつけてくる場合があります。しかし、これが不相当なものであれば、会社側から「△月△日の１週間後の□月□日の午後１時から１時間30分、場所は会社の隣にある市民会館の小会議室、参加人数は双方３名まで」などと、適切と考えられる条件を提示して回答することは不当労働行為にあたるものではありません。

また、労働組合側の言い分をすべて聞き入れる必要はありません。会社の誠実交渉義務とは、労働組合との団体交渉に臨む会社の態度が誠実であるかどうかを問うものであり、交渉結果が労働組合の満足がいくものでなくても誠実交渉義務違反とはなりません。会社として、労働組合の要求に応じられない理由について誠意を尽くして説明できれば問題ないとされています。

なお、団体交渉の際には原則として社長自ら対応した方がよいでしょう。場合によっては、交渉時に弁護士などの専門家に同席を依頼し、実情を把握している社内の労務担当者にも参加してもらうようにすれば、専門家による専門的な助言に加えて実情に即したより柔軟な対応をしやすくなるといえます。

合同労組（ユニオン）による団体交渉

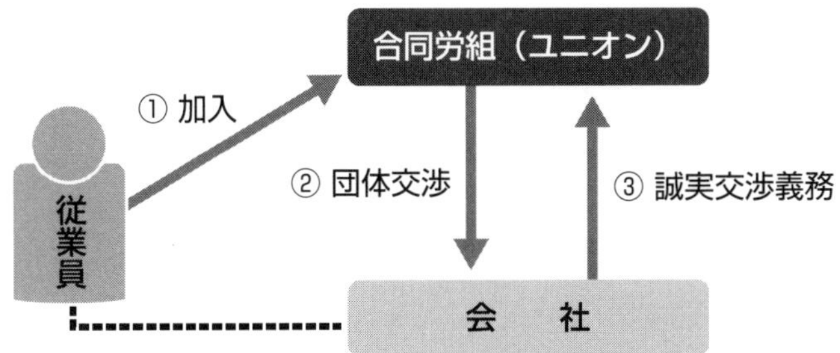

＊ 合同労組(ユニオン)を無視したり、団体交渉を拒否することはできない
＊ 合同労組の要求にすべて応じなければならないわけではない

8 労働基準監督署の調査①

早期決着のために書面をそろえて迅速かつ誠実に対応する

監督署＝労働者の味方ではない

労働基準監督署はあくまでも会社に労働基準法を遵守させるために設置された機関であって、労働者の味方というわけではありません。労働基準監督官が実際に対応できる案件は、労働基準法などの規定に違反している可能性があるものに限られています。

たとえば、解雇予告または解雇予告手当の支払については、労働基準法上の規定に従わなかった場合には労働基準監督署が介入してきます。社員を解雇する場合には、解雇予告を行うか解雇予告手当を支払って即日解雇する必要があります。しかし、これに違反して即日の退職を強制してしまうと、労働基準監督署が介入する原因となります。労働者への解雇の通告、退職勧奨の仕方には注意しなければなりません。

調査や指導とは

労働基準監督署が行う調査の手法には、「呼び出し調査」と「臨検監督」の2つがあります。

呼び出し調査とは、事業所の代表者を労働基準監督署に呼び出して行う調査です。事業主宛に日時と場所を指定した通知書が送付されると、事業主は労働者名簿や就業規則、出勤簿、賃金台帳、健康診断結果票など指定された資料を持参の上、調査を受けます。

臨検監督とは、労働基準監督署が事業所へ出向いて立入調査を行うことで、事前に調査日時を記した通知が送付されることもあれば、長時間労働の実態を把握するために、夜間に突然訪れることもあります。また、調査が行われる理由の主なものとしては、「定期監督」と「申告監督」があります。

定期監督とは、調査を行う労働基準監督署が管内の事業所の状況を検討した上で、一定の方針に基づき、対象となる事業所を選定して定期的に実施される調査です。

一方、申告監督とは、労働者の申告を受けて行う調査です。近年ブラック企業などと呼ばれ、法律に違反して、もしくは法律ギリギリのところで、労働者を酷使して利益を出している企業が問題視されています。労働基準監督署の役割が認知されるようになったためか、以前は泣き寝入りしていたような事案でも、労働者が労働基準監督署に通報するケースが増えています。労働基準監督署はそういった情報を基に、対象事業所を決定して調査に入ることになります。調査に入り、重大な法律違反が発見されると、是正勧告が行われ、そして、それを確認するために再監督が行われることになります。

肝心なのは法律違反をしないこと

社員が退職を申し出てきた場合、申出日よりも前に会社を辞めてもらいたいのであれば、合意を得ましょう。

合意を得られない場合には、当初の申し出通りに勤務してもらった方が無難でしょう。その社員に退職日まで会社に来てもらいたくない場合には、残った有給休暇を消化してもらうのも１つの方法です。その他、休業手当を支給した上で退職日まで休んでもらう方法をとってもよいでしょう。

また、賃金カットを行う場合も、一方的に行わずに対象者の同意を得ることができれば、労働基準法には違反しません。ただ、口頭では「言った、言わない」といった問題が後から生じかねませんから、社員の同意を得た場合には必ず書面で残すようにしましょう。

解雇したり不利益な労働条件に変更しなければならない事態が生じた場合には、労働基準法に違反しないように定められた手続きを踏んでいれば、労働基準監督署の介入を受けることはないでしょう。介入を受けたとしても、違反している疑いがあると見ているだけで、実際はどうなのかを探ろうとしている段階ですから、違法なことを行っていないこと、適法な対応をしてきたことの証拠書類を提示して冷静に説明しましょう。

労働基準監督署への相談から是正勧告にいたるまでの流れ

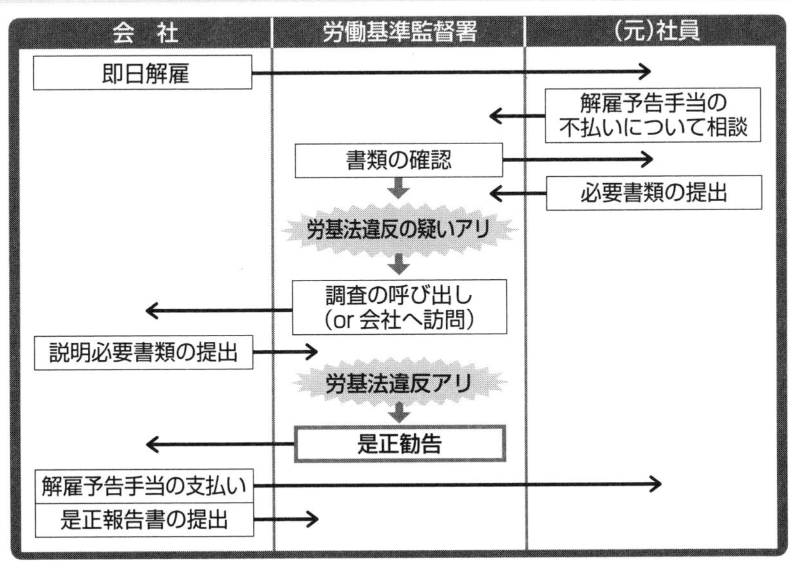

労働基準監督署の調査②

調査や是正勧告に従わないと、会社にとって大きなマイナスになる

残業代未払いを申告された場合には

労働基準監督署の調査で是正勧告がなされる事案で代表的なものに残業代の未払いがあります。特に「名ばかり管理職」の問題が多くなっています。労働基準法では、管理監督者には残業代の規定を適用しないと定めていますが、これは一定の権限が付与されている管理監督者が対象です。しかし、実際には勤務時間についてまったく自己裁量の余地がない労働者にも管理職の地位を与えることで、残業代の支払を免れようとする事業所があります。

このような場合は法律違反になってしまい、調査で明らかになると是正勧告の対象となります。もっとも、是正勧告は、法的には行政処分ではなく行政指導にあたると言われています。つまり、是正勧告自体は、警告としての意味を持つことになります。

残業代の未払いについて是正勧告がなされると、時効消滅する前の過去3年分に遡って残業代を支払うように命じられます。また、悪質であると判断されると、刑事訴追されて罰金刑などが科せられることもあります。会社の存続に関わる大きなペナルティになり得ますので、残業代の未払いが発生しないような対策が必要です。

是正勧告に応じないとどうなる

解雇や賃金カットされた労働者から相談を受けた労働基準監督署が、会社に労働基準法に違反している疑いがあると判断すると、監督署に出向くよう、あるいは監督官が会社を訪問する旨を連絡してきます。いずれの場合も、会社側は、関連する書類を提出することになります。調査に応じないと、最悪の場合は事業所に対し強制捜査が入ることもありますから、必ず調査には応じるようにしましょう。労働基準監督署の調査権限は非常に強く、労働基準法違反などの事件に関しては、警察と同等の捜査権限を持っています。調査の拒否や、妨害行為等に対しては、罰金刑が規定されています。調査の際に提出する書類は、労働者名簿や賃金台帳、就業規則などの他に、その社員の出勤簿やタイムカード、雇用契約書などです。

また、問題社員を解雇した場合などに準備しておいた証拠書類なども提出します。監督官は提出された書類を基に事実関係を調査します。

事実関係について説明をする時には、事前に準備しておいた証拠書類を基に明確に冷静に説明するようにします。

10 内部告発

内部告発者を保護する法律がある

内部告発とは

ある組織に属する人間が、組織内で行われている（行われようとしている）不正行為について、行政機関等に通報することを内部告発といいます。

ただ、従業員が内部告発をすることで、会社から報復的な措置を受けてしまうということになると、違法行為を察知しても通報することを控えてしまうのが心情です。そこで、公益通報者保護法が制定されました。公益通報とは、公益のために事業者の法令違反行為を通報することです。

公益通報者保護法により、公益通報を行ったことを理由とする解雇、降格や減給などの不利益な扱いは禁止されます。通報先は、①事業所内部、②監督官庁や警察などの行政機関、③マスコミ（報道機関）や消費者団体などの事業者外部となっています。ただし、③の事業者外部への通報が保護されるためには、証拠隠滅のおそれがある、または人の生命や身体に危害が及ぶ状況にあるなど、クリアすべき条件があります。

差別的な取扱いと裁判所の評価

不正行為が表面化すると、会社は社会的信用を失い、倒産の危機にさらされます。このため、会社の経営陣はもちろん、同僚たちも内部告発者に対し、閑職や遠方に異動させる、正当な評価をせず昇進させない、仕事を与えない、部署内で孤立させる、といった差別的な取扱いをすることがあります。このような差別的な取扱いについて、内部告発者が会社を相手取り、損害賠償請求訴訟を起こした際の判例を見ると、公益通報者保護法の保護対象となる事案だけでなく、その内部告発が保護対象の要件を満たしていなくても、総合的に見て会社側の対応に違法性があると判断される場合には、内部告発者の損害賠償請求を認めています。

公益通報者保護法は内部告発者の保護を目的とした法律ですが、取引先や退職した元従業員、役員など、部外者は保護の対象とされていません。なお、令和２年度の法改正により、退職１年以内の従業員、役員が対象に加えられます（令和４年を目途に施行）。

内部告発者の保護が法的義務として課されていること、公益通報が違法行為を未然に防ぐ役割を果たすこと、SNSなどの飛躍的な普及によって違法行為を隠し通すことが難しくなっていること等から、企業が公益通報を適切に受け止める窓口や通報を行いやすくする等の法改正も予定されています。

索引

【監修者紹介】

森島　大吾（もりしま　だいご）

1986年生まれ。三重県出身。社会保険労務士、中小企業診断士。三重大学大学院卒業。観光業で人事労務に従事後、介護施設で人事労務から経営企画、経理まで幅広い業務に従事する。2020年１月に「いちい経営事務所」を開設。会社員時代には、従業員の上司には言えない悩みや提案を聞くことが多く、開業してからも経営者の悩みに共感し寄り添うことをモットーに、ネガティブな感情をポジティブな感情に動かす『感動サービス』の提供を行っている。人事労務から経理まで多岐にわたる業務に従事していた経験と中小企業診断士の知識を活かして、給与計算代行や労働保険・社会保険の手続き代行だけでなく、経営戦略に寄与する人事戦略・労務戦略の立案も行い、ヒト・モノ・カネの最大化に向けたサポートをしている。

監修書に、『入門図解 テレワーク・副業兼業の法律と導入手続き実践マニュアル』『入門図解　高年齢者雇用安定法の知識』『入門図解　危機に備えるための 解雇・退職・休業・助成金の法律と手続き』『失業等給付・職業訓練・生活保護・給付金のしくみと手続き』『図解で早わかり最新　医療保険・年金・介護保険のしくみ』『株式会社の変更登記と手続き実務マニュアル』『最新　親の入院・介護・財産管理・遺言の法律入門』『社会保険・労働保険の基本と手続きがわかる事典』『労働安全衛生法の基本と実務がわかる事典』（小社刊）がある。

図解

労務管理の基本と実務がわかる事典

2021年10月30日　第１刷発行

監修者　森島大吾（もりしまだいご）

発行者　前田俊秀

発行所　株式会社三修社

〒150-0001　東京都渋谷区神宮前2-2-22

TEL　03-3405-4511　FAX　03-3405-4522

振替　00190-9-72758

https://www.sanshusha.co.jp

編集担当　北村英治

印刷所　萩原印刷株式会社

製本所　牧製本印刷株式会社

ISBN978-4-384-04877-3 C2032